《包头政协文史资料》第三十二辑

包头市脱贫攻坚史料选编

赵 君 主编

包头市政协文化文史和港澳台侨外事委员会 编

中国文史出版社

《包头市脱贫攻坚史料选编》
《包头政协文史资料》第三十二辑

编辑委员会

序

党的十八大以来，包头市全面贯彻落实习近平总书记关于扶贫工作的重要论述和党中央决策部署，坚持把脱贫攻坚作为重大政治任务和第一民生工程，尽锐出战、精准务实，开拓创新、攻坚克难，自治区级贫困县固阳县如期摘帽，27个贫困嘎查村全部退出，23900名贫困人口到2020年底全部脱贫，历史性解决了绝对贫困问题。

为了把脱贫攻坚政策落到实处，包头市各单位抽调精兵强将，成立驻村工作队、委派第一书记，长期入驻各个贫困村进行扶贫。广大驻村干部克服远离亲人、生活条件简陋等困难，走访各村及所辖的每个自然村，根据不同情况，制定针对性脱贫方案。各单位还派出一些干部、职工深入贫困户家中，与贫困户结对子，成为贫困户的帮扶责任人。他们详细了解各户的家庭困难、致贫原因，根据具体情况进行精准扶贫。广大的基层乡村干部也积极行动，全身心地投入脱贫攻坚之中。他们积极协助上级派来的驻村人员搞好各项工作，让上级的帮扶政策落地生根，促使贫困村、贫困户早日走出贫困。作为帮扶主体的贫困户，致贫原因多种多样，他们每一个人的脱贫过程，都是在党和政府的关怀帮助下，靠自己的勤劳和坚强而不断进取的励志故事，让人感动，令人感慨。

为了全面、真实地记录包头市脱贫攻坚所取得的成就，政协包头市委员会决定编撰《包头市脱贫攻坚史料选编》。本书按照文史资料工作"三亲"（亲历、亲见、亲闻）要求，选择参加全市脱贫攻坚驻村第一书记、帮扶责任人、驻村工作队队员、乡村干部及贫困人员等130位亲历者，介绍自己的亲身经历，反映脱贫攻坚战面临的困难、采取的措施、付出的艰辛、取得的成绩，从而为脱贫攻坚战留下全面、系统、珍贵的历史资料。全书分设三个篇章，分别是"驻村纪事""访谈亲闻""脱贫感怀"。

在编撰工作中，坚持以习近平总书记关于扶贫工作的重要论述为统揽，注重理论和实际相结合，总结包头扶贫经验，弘扬包头扶贫精神，讲好包头扶贫故事；坚持正确政治方向，处理好政治性和故事性、真实性、生动性之间的关系，弘扬主旋律、激发正能量；

坚持以重点人物为主要线索，以文字记述为主要形式，辅之以必要的图片资料，力求发挥好"存史、资政、团结、育人"的作用；坚持将扶贫实践引发的思想观念的变化、精神文化的积淀贯穿始终。

　　谨以此书，献给包头这片古老而又充满希望的热土，献给为打赢包头市脱贫攻坚战作出重大贡献的广大干部群众。

赵君

2024 年 11 月

目 录

二、访谈亲闻

三、脱贫感怀

一、驻村纪事

古道热心　把扶贫重任扛在肩上 —— 邓　毅

2018 年 5 月，邓毅受市委办公室党组委派，到固阳县兴顺西镇圪妥忽洞村驻村任第一书记，开展精准扶贫工作。

热心肠的好书记

69 岁的薛占宽是圪妥忽洞村的一名贫困户，妻子吴爱荷因患类风湿关节炎、颈压迫神经，导致手指变形，长年卧床不起，老薛因为照顾妻子荒废了自己的事业。邓毅将了解到的情况向市委办公室结对帮扶的第八党支部进行详细说明，支部党员捐款购置了 1000 多元的康复床，送到老薛家里，并合计着帮他重操旧业，早日脱贫。

一天，老薛的妻子突然感觉不适，他首先想到请第一书记帮忙。邓毅和工作队队员立即联系镇卫生院院长，次日一早，众人将老人抬上救护车，卫生院院长亲自驾车驶向一机医院。因老人病情复杂，需要多科会诊，又逢周日，医生建议转院治疗，但辗转两个医院未果，老人病情愈加严重，家人心急如焚。情急之下，邓毅通过多方联系，最终找到包钢医院，医院为老人提供了对路的治疗方案。老人住院期间，他多次到医院看望，与相关医生沟通，第八党支部得知消息后送去了慰问金。一个月间，吴爱荷老人的病情得到有效控制。"邓书记帮了我们家大忙。"每次提起这事，薛占宽都特别激动。

虽然驻村扶贫只有半年多时间，但邓毅已经跑遍了方圆 30 多公里的屹妥忽洞村，一传十，十传百，7 个村民小组的 1000 多户村民都知道村里来了个热心肠的第一书记。薛占宽说，许多村民遇到难事都会找到邓毅，让他帮着想办法，"大家觉得邓书记有思路，也有门路"。

为村民留下长久的脱贫产业

屹妥忽洞村拥有耕地 4.2 万亩，村民靠传统的种植养殖业谋生，但该村自然条件相对恶劣，且农副产品销路一直不畅通，限制了村民稳定地脱贫致富。

2018 年，在市委办公室的积极协调下，村里获得专项资金 40 万元，在板申图自然村建设三栋温室大棚作为村集体经济项目。邓毅驻村扶贫后，先是积极协调市、县两级国土部门解决大棚的土地规划问题，然后又联系大棚出租事宜。大棚租赁给本村的壹品农嘉合作社，年租金 3 万元，村集体收入一下子增加了一大块。

为了推动合作社更好地开展种植，市委办公室协调市农牧局，邀请市农科院专家实地指导，按照专家建议于 2018 年 10 月初对三栋大棚进行了外墙保温施工，此举可提高室温 8 摄氏度，有效保证了农作物平稳过冬。如今，大棚运营良好，既提升了村集体收入，又为 3 户贫困家庭解决了就业问题。

同时，通过实施产业、就业帮扶，邓毅和扶贫工作组帮助屹妥忽洞村的 78 户贫困户实现了稳定脱贫。2018 年，该村 22 户家庭养鸡 1650 只，18 户家庭养猪 66 头，10 户家庭养羊 36 只，光伏扶贫工程项目收益覆盖 10 户，资产收益项目覆盖 8 户，合作社土地流转 87 亩覆盖 3 户，6 人被安排在村内打扫卫生，1 人被安排为护林员。年末，贫困户取得农副产品销售收入近 7 万元。当年，全村贫困发生率从 0.98% 降至 0.54%。

邓毅说，坚持党建统领，凝聚脱贫攻坚合力，才能让全村村民得到精准扶贫的实惠，坚定他们增收和脱贫致富的信心。"作为一名扶贫工作干部，我希望为村民留下更长久的脱贫产业。"

冲在抗洪救灾最前线

2018 年 7 月 19 日，固阳县下起百年一遇的大暴雨，洪水造成圪妥忽洞村部分房屋损坏，许多农田被冲毁，牲畜被冲走，水源井、机电井及道路、通信设施都不同程度地受到损坏，全村大面积断电、断网，给群众生产生活造成了严重影响。按照镇党委统一部署，该村第一时间成立抢险救灾指挥部，作为市派第一书记的邓毅，立即和村委书记、县环保局工作组长、兴顺西镇包村干部 4 人带队分赴各自然村，展开抢险救灾工作。

连续多天，邓毅坚守一线，担负起现场指挥员的角色，既是统筹组织者，又是具体落实执行者，力保全村抗洪抢险工作井然有序。大雨期间，他带领抢险队员深入低洼受灾的大毛忽洞村民家中查看情况，转移人员。雷雨期间，他奔赴自己帮扶的板申图村农户家中，普及抗灾知识。因洪水隔断出村道路，他的车陷入泥泞之中，受灾村民反过来帮助他，互帮互助的情感令他感动。雨后，他马上安排装载机开挖堵塞的河道，对村落房屋周边坍塌处进行取土回填。贫困户王忠效曾患脑梗失去了劳动能力，他就带领村干部在其院墙后建起防洪坡，并对因漏雨而积水过多的粮房进行打墙穿洞，以便排出洪水。天晴了，他步行深入最偏僻的河沿村了解情况，帮地处孤岛的受灾群众解决实际困难。灾情平稳后，他联系帮扶单位和互助单位争取救援物资，并妥善解决全体驻村干部的吃住行问题。虽然驻村工作时间很短，但当地村委、工作队一提到他，无不竖起大拇指，称赞这位第一书记在危急时刻是大家的"主心骨"。

求真务实　精准扶贫步步向富裕 —— 高宏伟

2017 年 3 月，市人大常委会内务司法工作委员会副主任高宏伟由市人大常委会办公室选派，到土右旗将军尧镇仁义昌村进行驻村扶贫。作为一名共产党员，在全面建成小康社会的决胜阶段，能够成为奋战在扶贫最前沿的一员，参与到头号民生工程中来，他觉得有责任也有挑战，有压力更有动力，有艰辛但很光荣。

坚持认真学习，思想是行动的先导，认识是行动的动力

一个干部需要在不断学习、不断实践、不断总结的过程中提高自己的思想境界和能力水平。所以在任何时候都必须不断地更新知识，丰富自己的工作技能和实践本领，善于在工作中开拓创新，提出新的思路和见解，这样才能把良好的愿望和实际工作效果结合起来，实现动机与效果的统一。作为一名精准扶贫的新队员，高宏伟认真掌握上级有关扶贫工作的文件精神；虚心向优秀的驻村干部请教，力求把精准扶贫的理论搞懂，把工作方向搞清，把工作帮扶措施搞准，把帮扶工作搞好。在自己加强学习的同时，组织驻村工作组集体学习，明确工作任务、分工及重点，确保工作有的放矢、务实高效。积极参加市委组织部和市扶贫办举办的精准扶贫培训班，努力在学习中增强党性修养，在实践中强化党性锻炼。在驻村工作中，他时刻不忘自己的职责

高宏伟入户调查贫困户危房改造工作

使命，坚持发扬艰苦奋斗的优良传统，坚持廉洁自律，切实做到了严以律己，以自己的言行来维护共产党员的良好形象。

求真务实，注重调研，增强精准扶贫的针对性

为确保"六个精准"等工作要求落实到位，高宏伟坚持求真务实的工作作风，坚持工作为重、调研先行。在全市 3 月 26 日召开动员会之后，及时与原来的驻村干部进行了工作对接，3 月 29 日就到村委会进行了走访，查阅了贫困户档案，入户进行了调研。此后重点对 2016 年以来的国贫户进行入户了解情况，特别是尚未脱贫的 4 户，进行了多次走访和 5 人小组集体走访，了解他们的所需所盼，帮助制定脱贫规划和计划。对其中的 3 户确定了易地搬迁为主，种植养殖为辅的脱贫措施；对一户确定了协助开网店，办理大病保险为主，种植养殖为辅的脱贫措施。并和对口帮扶的市领导积极对接、汇报情况、争取支持。对仁义昌村的基本情况进行了全面了解，对计划实施的黄河湿地公园项目进行了实地查看，并形成了汇报材料，通过市人大常委会领导

报送市发改委。

积极向常委会分管领导、办公室领导反映精准扶贫工作情况，努力寻求支持。联系协调了生态湿地保护中心、市规划设计研究院两家协助帮扶单位，了解他们的帮扶计划，发挥他们的帮扶作用。凝集社会力量，挖掘多方潜能，努力构建主导扶贫、协助扶贫和社会扶贫"三位一体"的大扶贫格局。与人大常委会机关党委和党支部协调策划了"支部联支部，帮扶国贫户"活动，并在"七一"之前进行了落实。为4户国贫户、1户残疾人、3名老党员送去了米、面、药品等慰问品。给市人大多年连续帮扶的郝巧霞送去一台电脑，帮助她实现开网店的愿望。与镇里的分管领导、旗派干部、包村干部通力合作，为贫困户先后发放了小鸡、化肥、生活用品等物资。在注重物质帮扶的同时，重视智力帮扶，协调市人大党组织印制了包括扶贫工作内容的学习资料，通过进村入户宣传各级党和政府的扶贫政策和措施，帮助贫困户制定脱贫措施和计划，帮助贫困户克服"等、靠、要"思想，树立"我要脱贫"意识，增强"我要脱贫"动力。组织村民进行了种植养殖知识培训，既扶智、也扶志，为仁义昌村增添了工作活力，为贫困户增加了脱贫动力。

高宏伟在工作中与将军尧镇有关领导和扶贫队员确定了"1153"工作保障机制，即一套脱贫方案：一户贫困户制定一套脱贫方案制作成识别牌，内容包括贫困户基本情况、帮扶责任人联系方式以及与贫困户的合影等相关信息，实现贫困户精准识别全覆盖和帮扶责任人与帮扶对象的无缝对接，切实提高脱贫攻坚的精准度。一套扶贫措施：根据每一户贫困户的具体致贫原因结合"五个一批"制定切实可行的帮扶措施，全面实行"一户一策"。五方资金保障：采取"驻村干部带一部分、包联部门帮一部分、民政临时救助一部分、乡贤会募集一部分、镇扶贫专项资金列支一部分"五种渠道，强化资金整合，提高扶贫资金使用效益和整体合力。三级干部联动：充分调动市旗镇三级脱贫攻坚五人工作组的工作积极性，协调配合，形成合力。市人大帮扶的15万元落实到位，在壮大集体经济等方面选择实施脱贫项目，实现全村稳定脱贫。

履行职责　全村扶贫工作见成效 —— 李文忠

李文忠是包头市政府机关事务管理局基建科副科长。

2014 年 4 月到温都不令村驻村帮扶，担任第一书记。驻村以后，他积极协调有关部门，争取项目资金，在市政府办公室的帮助下，通过多方支持和努力，2014 年争取资金 6 万元（办公室 4 万元，中国银行 2 万元），为温都不令村委会翻修屋顶，粉刷墙壁，购置办公用品。安装篮球架 1 副，并购置文

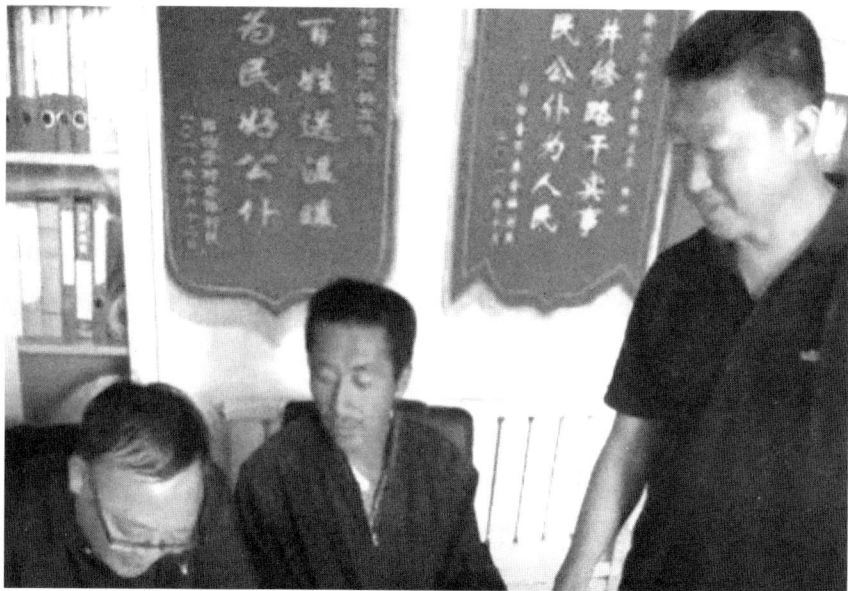

李文忠在村委会办公室工作

体活动用品。

　　他认真细致地研究村内和贫困户的实际情况，通过多方调研论证并和村民达成了一致意见，积极筹建肉驴养殖项目。2017 年，由润丰种养殖合作社牵头，和山东东阿阿胶股份有限公司对接，签订购销合同。投资 1000 多万元，在温都不令巴音新村建设肉驴养殖基地，购买肉驴 500 只，包括种公驴 50 只，基础母驴 450 只，配套建设棚圈、饲草料储存室、防疫室等基础设施 10000 平方米，饲草料种植基地 500 亩，为整村脱贫注入强大牵引力。多方争取项目资金 10 万元，建设完善了村内连锁超市，极大方便了村民的生活。同时中国银行 3 万元支持资金为西沟子村购买种鸡 1000 只，配发 20 户，每户 50 只，使贫困户有了脱贫渠道和希望。加大对贫困户的慰问和关爱，给 14 户贫困户发放慰问金 6500 元，慰问品 14 份。与达茂旗民族宗教局、中国银行包头分行协调，为贫困户购买黑猪 50 头，购买农家鸡 3000 只。争取温州商会支持硬化道路 7000 平方米。

　　李文忠将"两学一做"学习教育与扶贫攻坚结合起来，教育发动党员干部在"做"上下功夫，使党员先锋模范作用得到了有效的发挥。通过努力使村民纯收入达到 6000 元以上，实现了稳定脱贫。

全力奋战　倾心做扶贫一生荣幸 —— 吴利民

包头市政协机关干部吴利民说："再有两年我就退休了，能够担任脱贫攻坚驻村第一书记，是我一生的荣幸。"从 2018 年 10 月起，吴利民开始担任市政协派驻石拐区五当召镇新曙光村第一书记，他全身心奋战在脱贫攻坚第一线，以实际行动履行了驻村第一书记的应尽职责。

全力驻村抗疫情

2020 年年初，一场突如其来的新冠肺炎疫情打破了平静祥和的新年。大年初三，吴利民放弃和父亲、女儿团聚的机会，第一时间赶回村里，以村为家和村民并肩作战，以忘我的精神投入疫情防控阻击战，入户排查、值班值守、宣传引导，在疫情防控的每一项工作中，都能看到他的身影。

为了更好地推动疫情防控工作，村委会安排工作人员网格化管理包户到人。吴利民主动承包了 19 户，是工作人员中包户最多的。"疫情防控不能马虎，必须细之又细！"这句话成了吴利民的口头禅。那段时间，吴利民每天都要与这 19 户村民联系，检查他们的体温测量情况，了解最近是否有外村人来访。

疫情初期，由于物资储备不足、道路封锁等原因，全村人的买菜难成为一个棘手的问题。为了能让村民们吃到平价菜，吴利民主动向村里捐款 3000

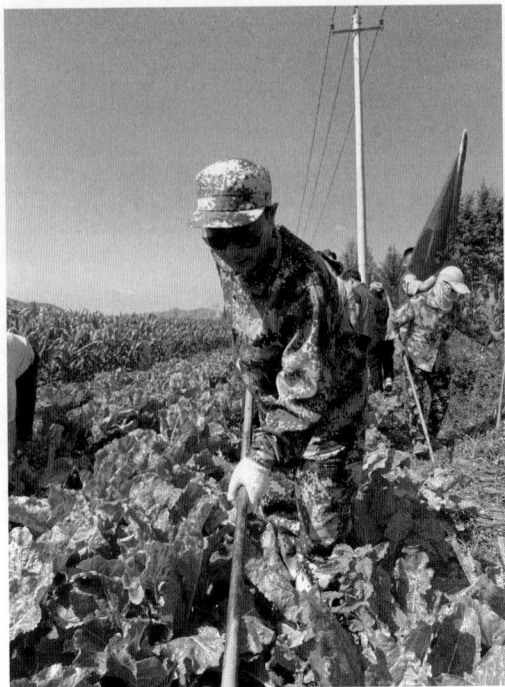

吴利民和村民们在甜菜地劳动

元，用于补贴蔬菜差价和其他防疫所需费用，并积极为村里协调争取到口罩、酒精等防疫物资。

村党支部书记温宽一开始坚决不收吴利民的捐款，说不能让吴书记驻村抗疫，还拿出自己的钱补贴村里。吴利民把钱塞进温书记手里，说："驻村一年多，村里人已经成了我的家人。这点钱我还是拿得出来的，温书记一定要收下！"在吴利民的精神感召下，不仅全村党员干部在2月底前就捐款近2万元，全区干部也被他的事迹所深深感动，纷纷捐款。时任石拐区委书记陈建忠说："吴利民发挥了党员干部先锋模范作用，为全区干部职工树立了榜样！"

平时，吴利民都是半个月左右回一次家，看望一下年迈的老父亲，陪他洗个澡。这次，吴利民驻村抗疫两个多月，直到整个包头疫情趋向平稳才匆匆回了趟家。吴利民说："我的任务虽然是脱贫攻坚，但面对突如其来的新冠肺炎疫情，我不冲在前面，乡亲们怎么能相信我能带领大家脱贫奔小康。"

真情帮扶贫困户

2019 年 11 月 15 日，时任市政协党组书记陈智深入石拐区调研脱贫攻坚工作，了解到新曙光村 60 多岁的村民王连云虽然已经在市政协的帮扶下顺利脱贫，但由于年事已高，且孤身一人生活，就要求村里继续做好帮扶工作，防止脱贫户返贫。

从那以后，吴利民隔三岔五就去一次王连云家，询问她还有什么困难。有一次，王连云说，多亏了市政协给家里盖鸡舍、买鸡苗，让自己有了稳定的收入，但鸡舍过冬和下个月的鸡饲料还有些困难。吴利民听后，主动垫资500 元为王连云购买鸡饲料，并联系帮扶单位捐助鸡舍过冬所需的燃煤和塑料篷布等物资。

问题解决了，鸡越养越好，鸡蛋销路又成了王连云的难题。吴利民看在眼里，又开始帮助王连云推销鸡蛋。向单位同事推销，向亲朋好友推销，每次回市里，吴利民都要拉上几篮鸡蛋送货上门，周一回村再把销售鸡蛋的收入一分不差地交给王连云。

这一来一回，吴利民搭上油费、搭上时间，有时还要搭上人情，但看到王连云的日子越过越红火，精气神越来越好，吴利民觉得自己的付出都是值得的。

吴利民实打实帮扶贫困户，不仅在本村家喻户晓，连远在固阳的几个村子都知道，这说起来又是一个感人的故事。

新曙光村贫困户樊荣患有脑瘫，生活自理困难。吴利民从驻村之初就多关注和照顾樊荣，为方便家人接着孩子上下学，帮助联系到了就近的幼儿园。

2019 年初春的一天，吴利民到樊荣家入户帮扶，得知樊荣的公公王海元住在固阳县下湿壕镇前海流村的危房里，本来可以享受国家的危房改造政策，但老人觉得自己年纪大，盖新房也住不了几年，就把危房改造的钱存起来不盖新房。这件事村委会劝、儿子劝，但老人就是不听，让樊荣一家也很头疼。

此后，吴利民往返五六次驱车到相距 160 多公里远的下湿壕镇前海流村，劝说王海元老人转变思想，与村镇领导协调工作，终于做通了老人的工作，危房改造于当年 5 月份开始施工，7 月份，王海元老人就住进了崭新的砖房。

樊荣一家不住地感谢吴利民，前海流村支部书记高三祥也感叹地说，我们反复做王海元老人的工作没有做通，没想到让兄弟村的扶贫书记把事办成了！

近年来，包头市政协深入开展石拐区对口帮扶工作，先后实施了一系列村集体经济发展项目。吴利民作为驻村第一书记，积极投入市政协扶贫项目中，参与推进新曙光年产 3000 头生猪养殖家庭农场项目、策划光伏后期维护项目、筹建肉羊养殖项目、参加新曙光村股份经济合作社筹备运营、实施土地流转、建设"爱心超市"，还努力帮助新曙光村协调市委组织部门，争取到位发展壮大村集体经济资金 125 万元用于购买规模化种植所需农机具。

然而对于这些脱贫攻坚中的成绩，吴利民总是谦虚地说自己做得很少，只是尽到了驻村书记的一点微薄之力。

吴利民就是这样真情付出，带领村民们奔走在脱贫攻坚的路上。目前，全村 18 户建档立卡贫困户已全部脱贫。

救难书记 帮扶从真心爱心做起 —— 王 玥

养甲鱼、修路、卖白菜……一年多的时间；我把家从包头搬到固阳，更把心沉在固阳，让自己真正成为带领群众脱贫致富、帮助群众解决实际困难的"救难书记"。

"固阳，请你等我，请你深深地注视我，我要努力让你的孩子们的脸上只有最甜的笑容，让幸福之花开遍你的大地。"在工作笔记本上，我写下了这样一段话。

2015年5月，我被包头市委组织部下派到固阳县金山镇旧城村任第一书记。两年多的时间，我把家从包头搬到固阳，把心沉在固阳，走村串户，与群众面对面交流，帮助他们确定脱贫致富的路子，多方筹措资金修路，联系企业解决滞销白菜20万斤，开通固阳县远程医疗通道……一桩桩，一件件，我把自己的"第一书记"做成了带领群众脱贫致富、帮助群众解决实际困难的"救难书记"。

试养甲鱼"捕获"村民的信任

旧城村辖8个自然村，农户2589人，其中贫困户275户455人，脱贫攻坚任务重。驻村后我用两周的时间走访了全村的贫困家庭、致富能手，掌握了第一手资料。通过对贫困户致贫原因的分析、分类，结合每个村组的实际情况，我确定了贫困户精准扶贫对策，上网入册，完善了建档立卡工作，做到扶贫工作有的放矢。驻村 20 个月，我走遍了村里的角角落落，开车走了 7 万多公里，每天平均要走 120 公里。

没日没夜的走村串户就是为了更好、更详细地了解旧城村，确定更适合旧城村的扶贫路子。通过实际走访调查，"两委"班子反复研究，最终决定在旧城村搞特色水产养殖。然而，旧城村的实际情况是，一缺资金、二缺技术、三缺人才。为了建特色水产养殖大棚，我到处厚着脸皮跑资金、要项目，最终把包头市委组织部、包商银行和包头市扶贫办的 140 万元帮扶资金带到了旧城村。2015 年 8 月，特种水产养殖大棚动工。作为试点，我们首先挖了 3 个面积为 1 亩的大池子，试投放了 3000 只甲鱼。

"王书记真能吹，咱们这儿还能养甲鱼？"听到村里打算建大棚养甲鱼，不少村民压根儿不相信，等着看我的笑话。但是我心里很明白，要想帮老百姓脱贫致富，必须发挥特色优势，发展集体经济。在专家的建议下，我将当地非常有名的正北黄芪混合到饲料里喂食，甲鱼不仅没有排斥，反而长得更壮实，营养价值也更高了。经过 4 个月的饲养，第一批甲鱼于 2016 年中秋节上市，卖出了 168 元一斤的高价，网上销售更是火爆，3000 只甲鱼一售而空，每只净赚 50 元。"这个书记还真神呢！"试养甲鱼一举成功让村民对我信服了。

这样一个大棚雇一个贫困户，一个月工资 1000 元，一年 6 个月，贫困户收入 6000 元。甲鱼收成后，村民还可以按土地入股分红，1 个农民大概分得 2000 元，1 栋大棚能脱贫 2 户，10 栋大棚可带动 20 户脱贫。为了能让更多的贫困户通过特色水产养殖脱贫，我还组织贫困户现场观摩教学，传授饲养技术。贫困户自己在家小规模饲养甲鱼，养好后企业负责收购、销售，所赚利润部分返给贫困户，这样可以更大范围地带动老百姓致富。

现在村里正式给试养的甲鱼取名为"固阳黄芪甲"，还申请了专利和商标，注明了原产地标识。黄芪甲的试验成功，让旧城村更有底气了。目前，村里正新建 40 栋大棚，试验养殖鳄鱼、罗氏沼虾、南美对虾、俄罗斯鲟鱼等水产品种，这些项目可以带动 100 人稳定脱贫。

开通远程医疗通道解决群众"疾苦"

七分子村的柴有贵，原来是技术工人，一场大病后腿脚不能活动。我到柴有贵家走访时，村书记介绍我是来扶贫的，柴有贵拉着我的手，啊啊地不停地说着什么。我猜大概是欢迎自己，因为他笑了。后来柴有贵又摇头看他自己的腿，我才意识到也许他在说他的病不能活动，所以不能招待自己，表示歉意。

曾经家里的顶梁柱就这样倒下了，一家人生活无比艰辛。看着柴有贵无助中透出渴望的眼神，我当时眼睛一下就红了。而他的表情、他的眼睛、他的声音，时至今日，都历历在目。

从柴有贵家出来，我便联系了在北京航天中心医院工作的同学，无偿开通了和固阳县医院的远程医疗通道。3月，设备全部调试完毕，我会带着他请北京的医生诊断，他也将是固阳县远程医疗通道的第一个受益者。

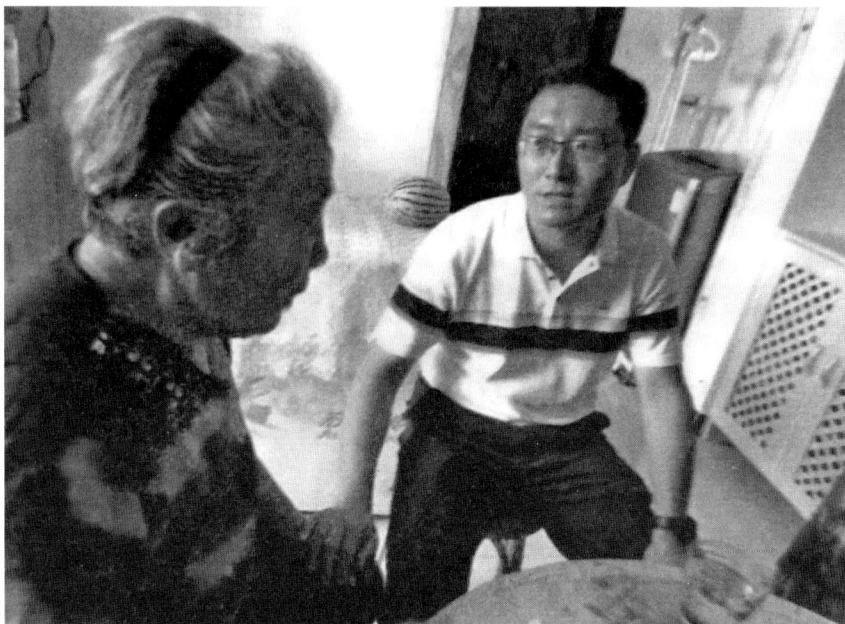

王玥给群众讲解救助政策

我成了群众的"救难书记"

"王书记，能不能给我们解决路的问题？"

"王书记，能不能帮我们解决一下大白菜的销路问题？"

驻村之后，我真真切切地帮助村民解决实际问题，成为村民们的"救难书记"，而村民一有困难，首先会想到我。

后岔沁村是旧城村的一个自然村，交通极度不便，没有公路，只有土路，遇到雨雪天气，外面人进不去，里面人出不来。我协调包头监狱和包钢轨梁厂帮扶十几万元资金为后岔沁村修建1.6公里的砂石路。路修好了，村里养殖大户开始养起了蛋鸡，仅卖鸡蛋一项，收入就比以前增加了3000多元。

2015年，固阳县旧城村种植的白菜获得大丰收。不巧的是，刚好遇到白菜价格急转直下。眼见已经11月，很多村民家种的白菜仍然还在地里。村支部书记杨国文坐不住了，找到了我，希望我能想想办法。我听说市区一家商城给职工发福利，我便急忙联系。经过协商，商城决定支持村里购买6万斤白菜。后来又联系到一家互联网企业，经过一番细谈，企业愿意运用自己的置换平台帮助这些村民。通过在置换平台及会员群内发布信息，联系到一位做白酒生意的会员，他同意用白酒置换村民们滞销的白菜。

打造属于旧城村的"嘉年华"

抓好产业发展，是促进群众增收的根本途径。在原有产业的基础上，2017年我联系了韩国QJ集团青岛文善商贸公司。该公司与旧城北村签订了种植5000亩"北京红"辣椒的收购协议，用于生产世界知名品牌"户户"辣酱，每亩可收益2400元。同时，我将引进一家企业，建设肉羊肉牛养殖场，饲养5000只羊和200头牛，进一步丰富旧城北村扶贫产品线。2017年下半年，我计划引进几家台湾企业和风险投资公司，准备开发农业嘉年华或者观光农业项目。

随着新项目的不断引进，旧城北村产业扶贫也逐渐形成规模，越来越多的贫困户通过产业获利，摆脱贫穷落后的境地。看着贫困群众脱贫致富过上小康生活，我的心里却五味杂陈。两年里，我一心扑在了扶贫工作上，虽然把家搬到了旧城村，但是家里的重担却仍旧在母亲和妻子身上。2016 年 6 月，父亲眼睛视网膜脱落并检查出白内障，前往北京做手术，作为独子的我却抽不出时间去北京照顾父亲。内心矛盾到了极点，然而我知道既然选择了扶贫，就得给广大贫困户一个交代。我暗暗下定决心：一定要更好地完成让旧城北村贫困户脱贫的任务，用自己的成绩回报家人对我的支持。

不忘初心　敢担当做脱贫铺路石 —— 吴子建

人民的福祉，就是党员干部行动的号角。

从 2019 年 7 月到包头市固阳县银号镇大营子村驻村扶贫以来，作为一名共产党员，包头市发改委派驻的驻村第一书记吴子建就一心扑在扶贫工作上，把满腔的热忱化作扶贫工作中的点点滴滴和对这片土地的深深热爱。守初心，担使命，驻村一年多，大营子村已成为吴子建名副其实的第二故乡。

投入真情，为民办事

驻村后，吴子建第一时间就将党组织关系转入村委，参加支部活动、参与建言献策。"没有调查就没有发言权"，吴子建的第一项工作就是挨家挨户上门摸排了解村情民意。一来二去，他和村民熟识了，大家有话也愿意跟他说。

吴子建吃住在村委，对自己参加高考的儿子也没怎么照顾，但对村民的事格外上心。2019 年农民喜获丰收，但是大量农产品却滞销了。他看在眼里，急在心头，多方联系，想尽一切办法将贫困户滞销的土豆、白面、胡油、肉食品销售出去。

驻村扶贫期间，他多次组织召开村委会，吸纳了 2 名大学毕业生进村"两委"班子担任副主任，并把一位有多年在外经商经验、有意愿回村创业的

吴子健入户了解贫困户生产生活情况

村民选聘为副书记。村支部的战斗堡垒作用增强，为大营子村的长远发展奠定了坚实的基础。

谋划产业脱贫致富

吴子建深刻认识到，发展长效产业才是实现稳定脱贫的根本之策。2019年，吴子建调研发现，在村里养猪成本相对低廉，适合规模化养殖，但缺乏资金。吴子建联系自己的工作单位市发改委，当年就争取到 8 万元资金进行猪舍扩建。规模上去了，猪饲料需求也大了，农户家的余粮不出村就可变现，农民收入上去了。

一花独放不是春，万紫千红春满园。一个常住人口 200 多户 400 多人的贫困村，屈指可数的产业是远远不够的，必须多头并进，遍地开花。

"村里最不缺的是土地，人均耕地 12.6 亩，何不在土地上做文章？"吴子建拜访了车铺自然村黄芪种植大户李英后，打算种植黄芪，发展特色产业。他和包头市远大恒成医药连锁公司总经理骆飞深入沟通后，骆飞在村里租地100亩做试验田，进行黄芪无害化、绿色化种植，并提供科学指导。

村民李和平深有感触地说："和远大恒成医药公司签订黄芪收购协议后，我今年准备种植黄芪30亩，按照承诺的收购价，一亩地稳赚3000元，再也不用为销路和价格犯愁了。"

做到四心　心心念念为民谋幸福 —— 秦　巍

按照市教育局的安排，我于 2021 年 9 月到固阳县下湿壕镇白银合套村任第一书记、驻村工作队队长，开展相关工作，以脱贫攻坚与乡村振兴有效衔接为工作主线，掌握相关政策，勤于入户走访，细致梳理了村内各种问题的来龙去脉，制订并实施了一系列工作措施，取得了较好的效果。

帮扶村基本情况

白银合套村委位于下湿壕镇镇政府西 1 公里处，交通便捷、区位优越，辖区总面积 15 平方公里，总耕地面积 8030 亩，其中水浇地 6500 亩，旱地 1530 亩。草地 1200 亩，公益林 4800 亩，退耕还林 3200 亩，种植业以马铃薯、玉米、黄芪、荞麦为主，养殖业以牛、羊、猪为主，现有农民合作社 7 个。

村委辖白银合套、新窑坡、此老图、田家渠 4 个自然村，户籍人口 838 户、1786 人，其中常住人口 285 户、528 人，共有党员 57 名。全村现有建档立卡贫困户 191 户、372 人，截至 2019 年已全部脱贫。

建强村党组织

围绕增强政治功能，坚持以党建工作为抓手，提升党组织战斗力，以党建带动乡村振兴。一是通过学习《习近平总书记关于实施乡村振兴战略重要讲话精神》等内容，推动村干部、党员深入学习和忠实践行习近平新时代中国特色社会主义思想，学习贯彻党章党规党纪和党的路线方针政策。认真执行党内政治生活制度，全力抓好党员培训全覆盖工作，完善和健全各项规章制度，加强党员教育管理监督，充分发挥党组织和党员作用。二是做好党员发展和村级后备干部培养工作。按照党组织"坚持标准、保证质量、改造结构、慎重发展"的原则，配合做好对入党积极分子的培养教育和考察工作，发展入党积极分子 1 名，递交入党申请书 2 名。三是按照"围绕基层抓党建、抓好党建促基层、党建工作引领乡村振兴"的思路，加强村委活动阵地建设，现包头市慈善总会党支部确认给予文化室建设物资扶持，为进一步做好基层党建工作提供基础保障。

登门入户，了解村情民意

驻村后，在村"两委"的大力支持密切配合下，克服种种困难，认真细致地开展调查研究。根据农时安排，参与村"两委"干部座谈会，参与村"两委"工作会议，研究民政救济、人畜饮水等工作。深入田间地头，走村串户倾心交谈，与村干部、村民拉家常、谋发展。走访所在村老干部、老党员、经济能人、退休教师等，掌握白银合套村的自然资源、社会资源、人力资源、教育资源，对群众的疾苦，老百姓的要求一一记在心头，也从中了解分析本村制约经济发展的原因，做到边调查研究，边宣传党的乡村振兴政策，边思考探索帮扶方案和措施。

解决村民难点实际问题

1. 销售土豆，农户增收。在市教育局的统一安排下为新窑坡 41 户村民销售滞销土豆 49 万斤（东河区 33 所学校购买 12.3 万斤、九原区 28 所学校购买 5.3 万斤、高新区 11 所学校购买 1.7 万斤、青山区 28 所学校购买 3.4 万斤、昆区 40 所学校购买 12.2 万斤、职教园区购买 2.1 万斤、万开公司购买 12 万斤），每斤土豆平均购买价高于市场价 0.4 元，实现总增收 20 万元，户均增收 4900 元，在销售土豆的工作过程中，统计了 152 所学校的订购信息。召开村民大会，按照学校所在位置分配销售指标，指导村民严把质量，亲自联系各学校帮助村民顺利把土豆运到指定地点。辛苦的付出，受到村民的高度评价。

2. 运行机井，解燃眉之急。了解到白银合套村民因机井缺乏设备影响春耕的问题，我先后行程 600 余公里，多次协调固阳县水利局、工程施工方、新建供电所，争取资金 3 万余元，修复 200 多个水阀，更换深井泵电缆 50 余米，新安装电表 2 个，配电线路 50 余米，为白银合套村民启动 2 眼机井，保证了 500 余亩土地的春耕灌溉。

巩固脱贫攻坚成果

推动巩固拓展脱贫攻坚成果，做好常态化监测和精准帮扶，防止群众因病、因灾等情况出现返贫。自 2021 年 9 月以来，参加巩固脱贫攻坚成果、防返贫监测和帮扶工作 10 余批次，通过摸排帮扶工作，共纳入监测范围 17 户 29 人，走访一般农户、脱贫户、监测户等 500 余人次。参加各级各类关于巩固脱贫攻坚成果与乡村振兴有效衔接培训 20 余次。按照"四不摘"要求，继续严格要求，积极组织落实各项帮扶措施。

全面推进乡村振兴

推动村集体经济快速发展，通过销售玻璃水及洗化用品，实现年纯收益金 235000 元；通过土地流转土地托管项目，带动后脑包村委、磴口村委等实现八村联动、抱团取暖，实现村集体经济年纯收益金 39000 元；2021 年由村书记领办的肉羊养殖项目收益金 26000 元，三项共计 30 万元。市教育局主要领导多次到村慰问，并实际解决驻村工作中问题。依托包头市教育局帮扶资源，帮助销售村集体经济生产的玻璃水、洗衣液 12 万余元、销售村集体自产黄芪、鸡蛋、羊肉、猪肉等农副产品 15 万余元，对村集体经济的可持续发展起到了很好的促进作用。还将帮销单位直接与农户对接，销售农户资产的各类农副产品 10 余万元。2022 年通过村集体经济收益金的再次投入，种植甜糯玉米 100 亩，并同时建设蒸煮、冷冻设施，利用反季节销售的模式，增加甜糯玉米产值，可实现农民增收约近 100 万元。联系包头市中心医院中医科教授到村坐诊，送医送药金额达 10000 元。

通过第一书记的任职锻炼，在与村民面对面的交流中，我与他们建立了深厚的感情，积累了宝贵的基层工作经验，提高了做好群众工作和解决问题的能力；增强了吃苦耐劳和克服困难的毅力，以及服务和奉献意识；丰富了自己的工作阅历，工作能力也有了较大提高。我深深地体会到，要想做好农村工作必须要做到"四心"。一是要虚心。必须放下架子，谦和待人，虚心向群众学习。二是要耐心。因为耐心是把事情做好的重要前提。三是要热心。要热心地加强与基层群众的沟通，求得他们的理解与支持，尤其要争取村委班子的支持和群众的理解，才有坚强的后盾。四是要细心。做到心细而周密，认真而不得有半点马虎。

扎根农村　满腔热情献给扶贫业 —— 石　岩

包头工业和信息化局科级干部石岩，于 2019 年 4 月 26 日，被选派到达茂旗石宝镇古碌碡村任第一书记，驻村开展脱贫攻坚工作。驻村后他始终带着"组织为什么派我来？驻村让干什么？我应该怎么干？"这个问题，以高度的政治责任感和使命感，全身心地投入驻村工作中。

为尽快适应农村工作，干好扶贫事业。石岩加紧学习精准扶贫精准脱贫

石岩入户开展调查摸底工作

相关文件精神，了解掌握各项政策，并主动向镇干部，工作队成员和市派第一书记们请教，探讨工作方式方法，拓宽思路。他经常到村干部和村民家里走访、唠家常，掌握村里的生产生活情况，并将学到的、看到的、听到的、想到的内容写进"民情日记"中，做到底数清、情况明。在前期学习走访了解情况的基础上，围绕村里实际情况，理清思路，与驻村工作队和村"两委"班子共同研究制定年度脱贫攻坚工作方案，着手开展抓党建、谋产业、跑项目、要资金、促脱贫各项工作，想方设法为村里办好事实事，切实履行驻村工作队队长和驻村第一书记工作职责。

驻村工作生活让石岩收获最大的就是学会了怎样和勤劳、朴实、善良的村民打交道、交朋友。特别是看到在大家的帮扶引导下国贫户赵玉根的日子一天一天好起来，"懒汉"吴志刚的思想和生活方式的转变，石岩心中有莫大的成就感，激励着他更好地为村民服务。同时，也能深刻感受到在党的各项惠民政策的推动下，基层老百姓的生活条件越来越好，始终洋溢着幸福的笑容，对美好生活的向往和憧憬更加强烈。石岩说："在新时代大背景下，能够不负韶华，勇担使命，深入农村亲自参与脱贫攻坚，服务老百姓，是我一生的荣幸。"

在开展古碌碡村脱贫攻坚工作中，先后有 5 名政治素质好、工作作风实、综合能力强的达茂旗优秀干部加入驻村工作队，他们分别是达茂旗林业和草原局工程师李月强、达茂旗林业和草原局实验林场书记杨俊生、达茂旗边境管理大队警员靳凯强、达茂旗边境管理大队警员王宝德、石宝镇古碌碡站长王珍。通过密切配合村"两委"，形成一个团结奋进、干劲十足的集体，扎实开展脱贫攻坚各项工作任务。在扶贫工作中，古碌碡驻村工作队和村"两委"成员无怨无悔，任劳任怨，经常入户走访、宣传政策、解决问题、商讨工作，古碌碡每个角落都有他们繁忙的身影。

两年多的时间里，古碌碡驻村工作队先后争取各类扶贫项目资金 485 万元，修通了羊盘壕村—红崖头村—城库仑村 6.9 公里通村水泥路；实施了红崖头自然村巷道硬化和休闲广场；完成了点素自然村整村人居环境综合整治工程；建成了 50 千瓦光伏发电项目。开展了三次"消费扶贫"活动，组织了 4 次村企对接，推进了 200 平方米党群服务中心工程建设和年产 15 万吨建筑保温砂浆项目。通过精准帮扶，古碌碡村基础设施逐步完善，人居环境明显改善，基层组织建设持续巩固，村集体经济规模壮大，党群干群关系更加密切。2020 年底，全村有建档立卡国贫户 36 户 69 人"两不愁、三保障"和饮水安全问题已全部解决，贫困户家庭人均纯收入全部达到 6000 元以上，村集体经济收入达到 20 万元，全体村民的幸福感、获得感、安全感显著增强。

守好阵地　打好扶贫攻坚持久战 —— 叶晓丹

盛夏的腮林村绿意盎然、生机勃勃，广袤的田野、律动的草原、成群的牛羊在草场上游动，在蓝天白云之下一切都显得那么清新迷人，像一幅山水画。怀着忐忑和激动的心情，我于 2019 年 6 月从市民委加入了驻村干部的大队伍中，两年来，脸晒黑了，但心更红了；眼哭红了，但目光更坚定了；脚磨破了，但步子更扎实了。这个距离包头城区 300 多公里的小村庄有太多的故事、太多的感动需要我用一生来铭记。

吃透"上情"，摸清"下情"，掌握"实情"

初到达茂旗小文公乡腮林村，迷茫、疑惑充斥着内心，如何做好村里的工作、扶贫的工作？怎样做好群众工作？从机关到驻村，岗位的转换、角色的变化，我自己能否适应？种种问题在心头萦绕。虽然驻村之前参加过一些培训，也听个别驻村干部聊起过他们的驻村日常，但理论转换为实践还需要一个过程，真正驻村后，我才深切地感受到、切实地体会到"转变角色"需要付出多大的努力。

俗话说"活到老，学到老"，人的一生都是在不断学习的，因为只有不断地学习才能丰富自身，让自己更好地在社会中工作和发展。同样，扶贫也离不开学习，所以我一有时间就不断地学习新的扶贫政策，更加深入地了解政

叶晓丹在蔬菜大棚与村民一起劳动

策的内容，更准确地了解中央落实的扶贫政策，把好的政策用到刀刃上，努力做到吃透"上情"。

第一天走进村委会的大院，稍显凌乱的院内，零散地停着几辆小汽车和农用车，办公区域时不时传来村民的说话声、爽朗的笑声，顺着声音的方向走去，烟雾缭绕的屋内坐了几个人。简单地自我介绍后，大家对我这个新来的驻村书记充满了期待，看我的眼神很友好也很复杂，从大家的眼神中我看到了期望，也看到了无力，从那一刻起，我就从内心深处更加坚定了自己的初心与使命：一定要在这片陌生而广阔的土地上，坚定信念、克服困难，真真正正地为村民办好事、办实事，发挥出一名驻村书记应有的价值。

自任职以来，我就深感责任重大，深知作为驻村第一书记、作为一名共产党员肩负的职责与使命。为及时了解当地的情况、及早进入角色，主动贴近贫困群众，不再说普通话改说方言。驻村最初的一个阶段，我每天像一个陀螺一样，从早到晚"转"着，与村"两委"成员"转"着了解村内基础设施、村民基本情况；于田间地头"转"着了解种养殖情况；于房前屋后走村入户"转"着了解村民的收入、贫困户的生产生活情况，在短短不到一个月的时间内，我就走遍了全村的每一个角落，走访了每一户贫困户，对贫困户致贫原因、村内的基本情况有了大致的了解，真正做到摸清"下情"。正如毛主席所说"没有调查就没有发言权"，这也为我日后顺利开展工作奠定了坚实的基础。

从慢慢熟悉到逐步适应，渐渐地，我把腮林村当成了自己的家，把这里的每一个村民当成了自己的家人，把村里的大事小情当成了自己家的事情，我也逐渐地感觉自己像一颗种子一样，深深地扎根在了这里。为尽快融入村"两委"的班子中，让大家真正地信我、服我、敬我，带着脱贫攻坚的目标与任务，在摸清村干部们粗放、随意的工作方式后，我也改变了自己在机关中一贯的工作作风，与村干部们一起闲聊，跟着他们起哄、跟着笑，村里的很多工作就是在这样的闲聊过程中有了思路，有了解决办法。有时下班后大家相约一起去其中一位村干部家中吃饭，也都邀请我去，吃饭喝茶的过程中，我们就在聊村上的工作、聊村集体经济的发展、聊贫困户脱贫的政策；再后来，村民们家红白喜事也会邀请我去，"代东"、随份子、跟着大家一起吃席……慢慢地，村里各家各户的大事小情，大家也都愿意和我分享了，村民们也都打心底认可了我，村干部们把我当成了自家人，说话办事也不再回避，我说话，他们也都愿意听；我做事，他们都拥护和支持；他们有啥想法了，也愿意跟我说，同我商量，我成为他们中真真正正的一员了，从而做到掌握"实情"，大家看我的眼神满是真诚和喜欢。

守好"主阵地"，种好"责任田"，打好"持久战"

要想带领群众致富必须建强基层党支部战斗堡垒，必须要砥砺"咬定青山不放松"的精神，强固"乱云飞渡仍从容"的定力，笃定"不破楼兰终不还"的决心。这既是摆脱贫困的治本之策，也是实现全面脱贫与乡村振兴的有效衔接。两年来，我带头组织开展政治理论学习，坚持用科学理论武装头脑，围绕腮林村中心重点工作，以党建为抓手，促进各项工作有序开展。

结合走访入户摸底情况及村内留守村民老龄化现状，我与村"两委"班子成员、党员干部及村民代表们多次召开支部会议和党员大会以及村民代表大会研究村集体经济发展方向和如何带动贫困户脱贫致富，你一言我一语，大家各抒己见，一番热烈的讨论后，一致决定推选出本村几名思想先进，生活条件相对富裕的农户代表，利用他们的发展经验广开思路，摸索出一条"推富带穷"的路子。比如集体经济种植大棚承包人王祯云，在签订承包合同时向村委会承诺种植运营期间，所有的用人用工都从本村按市场劳务价格雇佣贫困户，一年下来，累计雇佣劳务80人次，贫困户直接受益2万元；腮林村村民李国忠一直在外务工，2019年7月承揽"党建活动室"建设土建施工过程中，所用劳务人员全部是本村村民，劳务费达每人1.5万余元，年底劳务费全部结算到贫困户手中。种好脱贫攻坚这块"责任田"，实现政策落实全覆盖，确保每个贫困家庭都能享受党的优惠政策，通过"先进"带动"后进"的举措，贫困户手中的钱多了，心里也就乐开了花。

驻村的两年中，我对农村工作有了一定的了解，农民农作物种植难、农副产品销售难一直是制约农户经济增长的关键性因素，全国各地广大农民都在想方设法解决这一难题。我来驻村工作之初也正巧赶上2019年收获的秋季，村民们同样面临着这一难题，眼看着农作物就要烂在地里却一点办法也没有，他们焦头烂额、心急如焚地商讨着，我看着很不是滋味。老乡们着急，其实我更着急。时间不等人，我一人驱车前往周边武川县、四子王旗询问了解了当地农民们种植销售的情况，几经周折最终联系到武川县有机联创公司，为当年种植的贫困户以及非贫困户签订销售订单莜麦40万斤左右，实现销售收入65万元。多次的东奔西走、考察了解，同年年底，联系到武川县东霞农产品电商公司，解决了村民们50万斤南瓜滞销的难题，实实在在地解决了村民的燃眉之急。为打好扶贫"持久战"，2020年春天我继续与电商洽谈"种、收、售"一体化业务，积极探索闯新路，不断创新扶贫脱贫的工作机制，建立长效连接机制，切实带动我村农民农副产品的生产和销售。

抓统筹，促协调，吹响扶贫工作"冲锋号"

我一直认为"扶贫路上无小事，一件看似微不足道的事情对他们来说就是天大的事情，我们的工作就是要帮助他们解决问题，让他们感受到温暖"。什大股自然村贫困户林国华，长期在外打工挣钱养家，女儿2020年即将毕业，妻子患乳腺癌多年，无法下地劳作，拖着病歪歪的身子操持着家。每每入户看着那凌乱冰冷的旧房子，我心里很不是滋味。当询问到为什么不搬新家时，林国华妻子总是无奈地掉眼泪，"新房子紧贴旧房的后面，相隔1米，虽已建好，但是灶台未盘，家具未进，考虑到丈夫打工辛苦，自己又无力帮衬，所以迄今为止没有搬进去"。听到这里，如何让林国华家搬进新房过大年成了我那时最紧急的事情。2019年腊月，我带领村"两委"干部多次上门进行劝慰，在大家的共同努力下，林国华一家人的思想工作终于做通了。随后，我又分别联系了工匠，通过紧锣密鼓的赶工，崭新的灶台盘好了，洁白的墙壁刷好了，林国华一家三口终于在小年前一天顺利地搬入了新家，在温暖的新房子里欢欢喜喜地过上了春节。大年初六林国华邀请我到新家做客，我和他二人盘腿坐在炕头上欢喜地憧憬着党的扶贫政策带给这个贫困户越来越美好的未来生活。

解民困，消民忧，落实惠民政策"暖民心"

腮林村地处偏远，道路通行条件差，山路颠簸难行，通村道路每到雨季更是泥泞不堪。在了解情况后，我第一时间联系到了包联单位市石油公司，协调帮扶资金修建了腮林村至岔岔村5公里砂石路和腮林、岔岔至南毛安村4公里砂石路，解决了村民出行难的问题。同时，为腮林自然村新建卫生厕所两座，极大地方便了村民的日常起居生产生活。多次带领驻村工作队积极协调市、旗两级民委项目资金24万元，用三周时间打好两口200米吃水深井，解决了5个自然村居民生活饮水长期不足的难题，有效缓解了腮林村的用水困难。按照乡党委政府制定的小产业发展计划，结合村里贫困户实际情况，发展种植养殖业，为贫困户发放了雪菊 85 株、绿头蒜种子 3 斤进行庭院种植；每户发放 30 只青年鸡进行庭院饲养，为 11 户贫困户每户发放 1 只种公羊。作为一名退役军人，虽已脱去戎装，但军人雷厉风行的工作作风已成习惯，基础设施的进一步完善，赢得了村民对我工作的认可和称赞。

上项目，扩投入，贫困村落焕发"新面貌"

驻村工作中每天都要思考上百遍的问题就是：如何建立扶贫长效机制，改变"输血"多"造血"少的传统扶贫模式，怎样有效衔接乡村振兴？两年来，我总结经验、积极探索，深知"一定要有大的产业项目带动，整合资源，形成产业链，才能真正地为腮林村打造扶贫长效机制"，随着摸底、排查、宣传教育等基础性工作的扎实推进，我逐步将工作重心转移到了发展项目，形成产业，带动村集体经济发展的方向上。

2019 年，争取到上级项目资金 200 万元建设了腮林村集体经济绿头蒜繁育基地，为扩繁生产，我同乡领导积极对接跟进合作农业科研单位，与内蒙古农业大学园艺植保学院蔬菜教研室建立合作关系，利用蔬菜教研室组培实验室设施设备生产瓶苗，在繁育基地实施一、二、三级种蒜。现绿头蒜繁育基地蔬菜大棚经与村"两委"协商，同村民致富带头人签订入股合作协议，确保租金 2 万元基础上年利润分红 20%。与此同时，基地续建项目农机具出租为村集体收益 3 万元。如今大棚运行正常，反季蔬菜长势良好，实现村集体增收 5 万元。

同年末，向结对帮扶单位包头市民委申请资金 180 万元，建设了腮林村集体经济恒温库项目并于 2020 年 9 月中旬竣工、投入使用。在工程修建期间，因电力设施存在问题，我多次往返于百灵庙和腮林村之间，协调达茂旗供电局新装一组 200A 变压器，确保恒温库如期投入运营。为督促施工进度，我果断放弃周六日休息，长期驻扎在村，跑工地、搞协调、稳保障，整天忙于工作，不修边幅，路过的村民看到我长了的胡子、晒黑的脸、熬瘦的身体，又是提醒、嘱咐地安顿我注意身体，又是给我送自家做的油饼、饭菜，村民们的体贴与关心让恒温库的建设更有了温度。恒温库建成这天，妻子给我发来一张女儿画的画，画面上的我戴着高高的草帽，扛着铁锹在太阳下劳动，女儿叫我"农民伯伯"。一时间我百感交集，内心就像打翻了调味瓶一样五味杂陈。既有对家庭、对女儿的愧疚感；又有对腮林村、对全体村民未来美好生活愿景的喜悦感。

恒温库在建设和生产过程中，围观的村民、贫困户也多，为了加快施工进度，大家积极主动地申请帮忙，后经与村"两委"的成员们商量后，我们采取了雇佣方式，参与建设的贫困户与非贫户共计 12 户 80 余人次，工程结束时，人均发放劳务报酬 1800 元。现在恒温库项目已经正式投入使用，达到农副产品贮存量 200 万斤的目标，为腮林村集体实现年增收 10.8 万元。为积极响应上级号召，结合实际，按照上级要求村里投资 45 万元安装了 50 千瓦光伏发电项目，已经投入使用，实现村集体经济年增收 3 万余元。

身为一名民族工作战线工作多年的驻村书记，在驻村工作中融入少数民族特色文化既是我的工作任务，也是符合当地文化特色的需求，2019 年我争取到市级少数民族发展资金 38 万元建成腮林村民族文化活动中心项目，实现了党建、脱贫和民族工作融合发展，丰富了村民的业余文化生活。虽然脱贫攻坚的任务结束了，但驻村书记不撤队，为衔接乡村振兴打牢基础，2021 年初，再次协调市民委项目资金 60 万元实施了腮林村朗德鹅养殖项目，项目现已审批，准备实施。届时，将更加有力地带动村集体经济的发展，让农民真正得到实惠，过上富裕的生活。

初心不改，难以割舍驻村情

脱贫攻坚的历史任务已经圆满完成，回想起两年来在村里做的工作："科学谋划压实责任"添干劲；"修好房子＋建致富路"强基础；"发展产业＋培训就业"促增收；"公共服务＋政策兜底"固保障。一幅幅画面汇成农民脱贫致富的场景：有直通农户门前的一条条砂石路、水泥路；有照亮人们心田的一盏盏路灯；有便捷生产、生活的一口口深水井；有整齐划一、干净靓丽的街道，宽阔的文化广场、民族文化活动中心；有带动村集体经济发展的绿头蒜繁育基地、恒温库、光伏项目；有协调解决的农副产品滞销问题、带队压紧压实的疫情防控工作、化解村民的矛盾纠纷的司法问题……

只有群众满意了，我们的汗水才没有白流；只有群众满意了，我们的日夜加班才没有白费；只有群众满意了，我们驻村人的价值才得以最终实现。事事件件桩桩都办到了村民的心坎上，村里的环境越变越好，村民脸上的笑容越来越多，这个曾经涣散软弱的小村庄，正在大家的共同努力、奋力耕耘下慢慢地发生变化，变得积极向上、变得朝气蓬勃，看到这一切变化我心里感到特别欢喜和欣慰，我爱这片土地，爱这里的人们！我感觉自己是党撒在腮林村土地里的一粒种子，深深地扎根，慢慢地发芽，在腮林这片沃土上努力开出一朵绚烂的花。如果说必须要给两年的驻村工作做一个总结，那我觉得自己为腮林村留下了"三笔财富"：建强村党支部战斗堡垒的"政治财富"、助推农村产业发展的"物质财富"以及创新乡村治理的"精神财富"。

在脱贫攻坚和乡村振兴衔接之初，我又参加了嘎查村"两委"换届选举，并当选了村支部书记兼主任，这就要求我在履行好驻村第一书记职责的基础上，担负起村支部书记兼主任的责任，从注重减贫进度向更加注重脱贫质量转变；从注重完成脱贫任务向更加注重增强贫困群众获得感转变；从开发式扶贫为主向开发式与保障性扶贫并重转变。以昂扬的斗志、饱满的状态、旺盛的干劲，不忘初心，牢记使命，继续扎根农村广阔天地，带领村支部一班人开展乡村振兴工作。

脱贫摘帽不是终点，而是新生活、新奋斗的起点。作为一名驻村第一书记、一名"兵支书"，在接下来的乡村振兴过程中，我将突出一个"准"字，严格落实"六个精准"要求；突出一个"实"字，用实功出实招求实效；突出一个"早"字，早部署早到位早实施早见效；突出一个"稳"字，多管齐下巩固脱贫成果。我相信，在我的带领下，一个村强、民富、景美、人和的"腮林村"正大步走来，一张共同富裕的"新蓝图"正加速成为现实。

致力脱贫　引导村民致富奔小康 —— 王　鹏

2016 年 4 月，包头市公安局乌素图治安分局刑侦大队大队长王鹏被派驻固阳县银号镇银号村驻村开展扶贫工作，并担任驻村第一书记。几年间，王鹏不辱使命，扎实工作，使银号的扶贫工作取得明显成效。

银号村的帮扶贴心人

老尹渠村吃上"甜"水了！老尹渠村终于有了一口直径 3 米、深 8 米的水井，清澈甘甜的井水通过供水管源源不断地流进村民的家里。

时间回到一年前，银号村委老尹渠自然村的村民喝的可不是这样甘甜的井水。村里的老井是 20 多年前打的，由于井周围的杨树根伸到了井里，浸泡了树根的井水充满苦味，再加上井内的管道严重老化，老井基本抽不出水了。

2018 年，老尹渠自然村合并到银号行政村，原来的村队长、贫困户张兰锁拽着王鹏说："这么多年我们村一直喝苦水，我这把年纪了，就想喝点正常水，这个村子的井不行。"听到张兰锁的话，王鹏很受震动，但他不太懂打井的事，到处跟别人请教。这时包头市公安局的 7 万元扶贫资金到位了，他决定利用这笔扶贫资金帮助老乡们重新打一口井。2018 年 7 月中旬，这口井终于打成，甘甜的深井水冒出，20 多户将近 50 位村民奔走相告，喜不自禁。

"那几天正好赶上固阳'7·19'洪灾，我在达茂旗参加宣传部组织的一个演讲活动，因为担心洪水把新打的井灌了，没有参加演讲就往回赶，结果回来一看井挺好。"王鹏欣慰地说。村民们感念这口井的来之不易，专门在井边立了一块石碑，上书"饮水思源"四个大字。"现在只要我一走进那个村子，村民不管谁家，都喊我去吃饭。"王鹏颇有些感动地说。

银号村 11 个自然村中，黑土窑村因为靠山，土地下面全是石头，王鹏带领村民通过改造自来水，使得全村有了安全饮用水。2019 年，他又与对口帮扶单位包钢钢管厂对接，申请扶贫资金 5 万元，为三元城村维修了一眼机井，解决了村里 300 多亩土地浇水难的问题。

王鹏扎扎实实搞扶贫，一心一意为群众，一件件实事办在老百姓心坎上，与村民的关系也越来越近。村民都说，银号村来了帮扶贴心人，离脱贫致富的日子不远啦。

脱贫路上的刑警大队长

王鹏走遍了固阳县银号村的每一寸土地，了解村里每一户人家的基本情况，为全村解决了土豆冬储无窖的难题；他帮助农民销售土豆、洋葱 10 万余斤，为村里硬化居民区路面 2000 多平方米；他实现了银号村 500 余亩耕地的旱改水滴灌种植……精准识别只是第一步，产业才是脱贫致富的源头活水。

"今年的地种得咋样？种子都挺好哇？""可以哇，在你的带领下，山药也卖了，黄芪咱们去安国走了一趟也能卖个好价钱。挺好了，今年比往年都好。"

"以前种地是靠天吃饭，种地也就能种点小麦、土豆，种下的也卖不了，收入确实挺紧困，着急连大年也过不了。自从王书记来我们村对口扶贫以后，跟我们村的张书记领我们种黄芪的一起去外地考察，原来一公斤黄芪卖十四五块钱，现在通过个人加工，一公斤黄芪能卖到 160 块钱左右，价格翻十倍了！"刘瑞国乐呵呵地说。"今年，我在帮扶干部的帮助下，成功注册'固银虹'商标，黄芪远销安徽、河北等地。咱们这儿主要生产黄芪和土豆，每年村民们收的黄芪很多，但是却卖不上价，在这种情况下，我就联系到了河北省安国市，对当地的药材市场进行调研，其实咱们缺少的是对药材的深加工。"

土豆窖里长出的"脱贫菇"

走进银号村的土豆存储地窖，一股清凉之气迎面扑来，只见一排排摆放整齐的菌棒分列两排占满了土豆窖。

"你一定是头一次见种在地窖里的蘑菇吧？"看到记者惊讶的眼神，银号镇党委副书记兼银号村第一书记王鹏笑嘻嘻地说，"今年一共种了3000棒，目前已经采摘了3000多斤。蘑菇批发价已经从上月每斤2元涨到了4元，收入十分可观。"

银号村是固阳县后山地区一个农业村，大部分村民种植土豆。看到村里有一些秋冬季土豆存储地窖，王鹏就开始打起了地窖的主意。一次外地学习给了他启发，是否可以利用扶贫资金在村土豆窖种植蘑菇呢？这个想法得到了银号镇党委的大力支持。说干就干，购置菌种配料、聘请专业技术人员……2017年7月，5个土豆窖成功种植出了4万多棒蘑菇。从此，食用菌种植成了该村发展产业的一条路子。

"我们利用春夏两季土豆窖空置阶段种植食用平蘑，秋收前清理菌棒、消毒，又可以储存土豆，储存种植两不误。"王鹏说，通过发展集体经济，银号村探索出了一条脱贫致富的有效途径，极大地增强了村集体的造血能力，也让贫困户脱贫有了后劲。

为人民服务的"土豆书记"

"我今年一下子卖了5万多斤马铃薯，每斤比市场上收购多1毛钱，收入3万多元。真得感谢王书记帮忙。"银号村村委会碾房村民寇渠高兴地说。

寇渠口中的"王书记"就是王鹏。

　　银号镇银号村地处大后山地区，交通不便，为了改善生活，村里的年轻人大多外出打工，留守村里的村民基本都是老弱病残没有劳动力。王鹏到村民家走访时发现，这里的农民们每年都种很多土豆，一部分出售、一部分自己留着慢慢吃，需要很长一段时间才能陆陆续续处理掉，很多农户都渴望他能帮忙销售些土豆，变钱补贴家用。王鹏看着村民们为土豆销售发愁时，也急在心里，便积极联系市公安局及下属单位推销农产品，还四处找熟人帮忙推销。

　　王鹏的努力和真诚还获得了大家的关注和支持，人们亲切地称他为"土豆书记"。2019 年短短 15 天时间，为银号村 20 多户村民销售了将近 26 万斤土豆、3 万多斤葱、黄芪饮片 1000 多斤。看着堆在家里的土豆等农副产品全部卖了出去，不少农户拿着王鹏送来的钱都激动地落下了眼泪，握着他的手感动地说不出话来。据不完全统计，几年来，王鹏累计为银号村上百户村民销售土豆 50 多万斤，黄芪饮片 5000 多斤，其他农副产品更是数不胜数。

　　作为一名扶贫干部，他对村民们的关心，具体到了柴米油盐的生活小事上。吕天仓渠村贫困户王大连患有脑梗，生活不能自理。王鹏在入户时发现他住的那间房子台阶高 1 米多，每次推着进出，很不安全。于是就帮助他们在房子的台阶上修建了一个斜坡，现在推着轮椅进出安全多了。

　　天义公村村民安明反映，昆都仑河天义公段由于夏秋两季的山洪，两侧多处塌方，严重影响村民耕地的安全。王鹏迅速和村委会工作人员一起到达现场，经过商讨，王鹏用单位的扶贫资金给该段做了 50 米护洪坝，确保了农民的农田不受山洪威胁……不论是村民家中有困难，还是村里出现险情，总能看到王鹏忙碌的身影，村民们也纷纷夸他是个热心的驻村干部。

　　春耕时节，固阳县的大地上一派繁忙。银号镇银号村满洞渠自然村外的田地里，村民马三军一家正忙着种黄芪。

　　"去年在王书记的带领下，我们种黄芪、卖大葱，一年收入就翻了番。"老马高兴地指着地里的滴灌管线说，今年村里又用上了滴灌，这都要感谢王书记，是他冒着疫情的危险到市里买电缆，又联系农电技术人员通上了电，让祖祖辈辈靠天吃饭的村民有了指望，也让今后的日子更有奔头了。

银号村党支部书记张建伟说，王鹏自驻村以来，认真负责，不辞辛苦走村串户，在推销农产品方面下足绣花功夫，把小事做细，把大事做实，真心真意为村民办好事、办实事。

刑侦大队长进村扶贫田间地头的"温暖警色"

硬化村路 2000 多平方米，下雨下雪出行不再难；帮助银号村 500 多亩耕地实现旱改水滴灌种植；先后印发 500 多张便民联系卡，方便年纪大、有病的村民与帮扶干部联系……王鹏对村民的关心无处不在，不论是村民家中有困难，还是村里出现险情，总能看到王鹏忙碌的身影，村民们都夸他是个热心的驻村干部。

从铁血办案到蹲在田间地头关心庄稼地里的收成，王鹏吃住在农村，工作在基层，穿行在田间地头，面对面和群众交流，了解当地治安状况，积极配合派出所管区民警开展治安纠纷、民间纠纷的调解工作，化解了大量村民之间的矛盾纠纷，及时消除各类安全隐患。

"自从王书记来到村里，打牌赌博的少了，他还经常帮着调解邻里纠纷，有他在，村里更安全了，群众更安心了。"提起王鹏，村民们都竖起了大拇指。

进入盛夏，银号村一望无际的农田里，土豆苗已经长得老高，黄芪也开出了黄白色花朵，王鹏和农民们一样，渴望着新一年的丰收。

与农民关注自己的小家不同，作为已经驻村 4 年多的扶贫干部，王鹏要考虑的是全村这个"大家"的日子。

"市局的扶贫资金 3 月份就拨下来了，我用扶贫资金给白洞渠村买了 960 米铝芯电缆线，能解决 580 亩土地旱改水。还给河楞村买了 260 米铝芯电缆线和 150 个接滴灌喷水的水嘴，又给老尹渠村的井买了 40 米铜芯线……"种庄稼，水是关键，所以王鹏首先想到的是得让庄稼"喝"上水。

2016 年暮春时节，刚刚到银号村扶贫的王鹏在村里走访了一圈后，摸清了贫困户底数和致贫的原因，他觉得，银号村的贫困户大多是年老体弱、没有劳动能力的大病患者，所以只能根据他们的实际情况实行政策兜底。

这些贫困户的情况，王鹏全都记在心上。"韩毕有脑梗，走路不行，耳背得厉害。王大连70多岁，也患有脑梗，他老伴儿患有类风湿病，48岁的儿子双目失明，小时候因为玩雷管，手指头被炸掉了。他们两户，我们通过县里的光伏发电项目进行帮扶。62岁的徐明有一些劳动能力，所以我们给他安排了公益性岗位，打扫卫生每月能收入600元，我们又通过县里给他分配了60只鸡……"从这样的讲述中，可以听出王鹏对贫困户家庭人员情况、收入情况的熟识，帮扶措施也都是精准而有针对性的。

转眼到了2017年3月，王鹏见有不少村民种植黄芪，就思量着是不是可以搞黄芪深加工呢？这年春天，他带领银号村11户种植黄芪的村民到河北安国学习考察，回来后，鼓励村民走黄芪深加工的路子，河楞村60多岁的农民刘瑞国动了心。"他有了这个想法后，我帮他联系了包头市工商局，替他申请了'固银虹'黄芪切片商标。"王鹏说，2018年底碾房村合并到银号村，他又忙活开了。"我一个朋友在村里投资建了一个黄芪切片加工厂，现在机器和厂房都弄好了，农民种植的黄芪可以在这里深加工，商标名字已经想好了，叫大后山，我正在帮着他们跑商标的事儿，估计今年11月就能下来。"

王鹏还带着农民去赤峰学习参观，2019年春天，银号村下面的一个自然村发展种植了20多亩黄豆，刘瑞国还种植了一些黑枸杞。

种植出来的东西需要考虑销路，这也是王鹏需要操心的事儿。"2018年'7•19'洪灾发生后，老乡的土豆卖不出去，我通过我们单位帮着销售完了。2019年8月6日，银号村遭受了一场雹灾，11个自然村里有四五个自然村受灾非常严重，在这种情况下，土豆是他们唯一能保证收成的农产品，我通过单位、个人和朋友帮忙，一共帮老乡卖出去23万斤土豆。"王鹏说，他简单算了笔账，4年时间里，他帮助村民销售了50万斤马铃薯、1.5万斤葱头，钱都及时结清拿了回来。

疫情防控期间，王鹏协助村委会从事抗疫宣传和疫情防控工作，得知白洞渠村村民马三军家种的 1 万多斤大葱运不出来、销售难时，立即想办法帮助他家都卖掉了，当马三军拿到 7000 多元卖葱钱时，感动得不知道说什么好。

4 年来，银号村的变化还有很多。2019 年 9 月，王鹏和村干部跑回资金，给银号村村委会办公室全部更换了石墨烯地暖，大家再也不用烧煤和生火炉子，村民来办事也不用受冻了；市公安局给银号村村集体经济投入了 10 万元，养了 100 只羔羊，王鹏的单位将负责包销……2019 年底，银号村已经整村实现了脱贫摘帽。银号村正像它的名字一样，在致富的大路上不断前进。而村民们对王鹏的满意度评价也连续 4 年达到百分之百。"我们每年都会在全村随机入户走访，老百姓对他都特别满意，都说他是大好人。"包头市公安局警务保障科民警杜敏说："银号村村民不仅把他当作脱贫路上的贴心人，更是维护平安的'守护神'。"

厘清家底　凝心聚力扶贫解民忧 —— 马钢城

马钢城，包头市交管支队东兴大队大队长，2019 年 10 月组织选派到达茂联合旗小文公乡大井村担任驻村第一书记。到村以后，积极主动开展各项工作，多措并举促进脱贫致富，推动大井村集体经济建设逐步加强、民生条件明显改善，2019 年底大井村所有贫困户全部实现脱贫。

从驻村的第一天，马钢城就把熟悉村情民情、掌握实情底数作为开展工

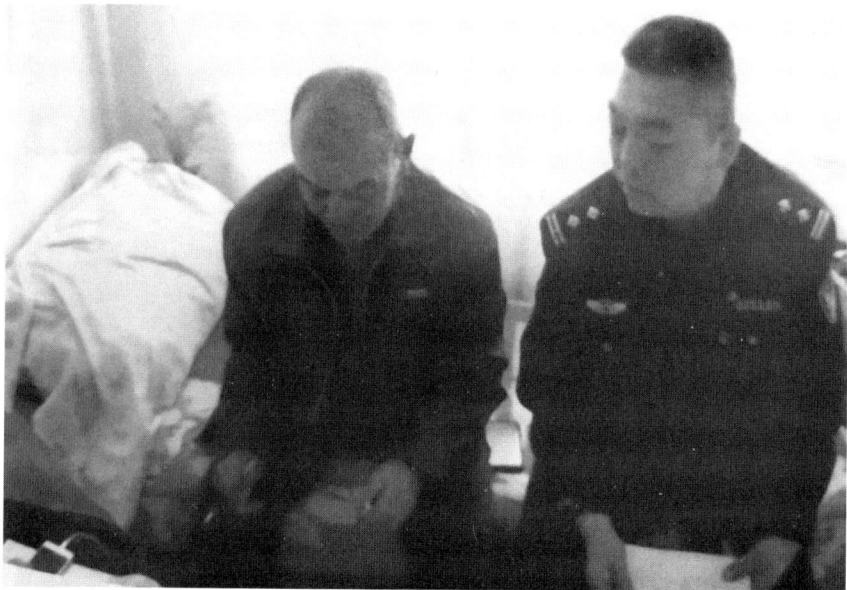

马钢城与贫困户交谈

作的第一步，他深入走访贫困户，与农户拉家常、交朋友，听群众说真话、讲实话，遍访全村 11 个自然村 195 户常住户，重点走访 41 户 82 名贫困群众，精准掌握大井村村情。

马钢城始终坚持把党的建设作为打赢脱贫攻坚战的重要法宝，把夯实支部作为硬任务硬指标，从抓好驻村工作队和村"两委"班子队伍建设入手，通过"主题党日"活动、"三会一课"等形式主动破冰，带动抓好全村党员思想政治建设，为决战决胜脱贫攻坚提供了坚强的政治保障。

马钢城积极协调帮扶单位销售面粉、菜籽油等农副食产品 1149 份，使村集体增收了 5 万余元，协调派出单位为小文公乡销售文公雪菊 5000 余桶，实打实帮助群众增收。他千方百计争取项目资金，修建大以克到小以克、二道壕到小以克、二道壕到大井通村路，会同移动通信分公司为每户村民安装资费低廉的无线通信网络，为村委会购置各种办公设备改善办公条件，极大改善了大井村发展环境和村民生产生活环境。他注重产业夯实脱贫成果，立足大井村孵化基地，全力以赴推动建设运营，多渠道畅通销路，个人出资为姜小青等两户贫困户购买青年鸡 60 只，帮助贫困户销售鸡、鸡蛋 3 万余元，力保村集体经济健康发展。

一面旗帜　实干苦干精神传塞北 —— 李广江

"一名党员一面旗帜，攻克时艰舍我其谁。" 2017 年 3 月，市司法局干部李广江到达茂旗石宝镇腮吾素村任驻村第一书记、驻村扶贫工作队队长。驻村以后，他把坚守加奉献、实干加苦干的精神带到乡村，把农民群众期盼牢记于心，积极寻求资金支持，争取扶贫项目，为村民办好事、实事，赢得了乡亲们的信任和支持。

他担任第一书记以来，坚持抓好党建引领扶贫工作，建立完善各项规章制度，指导规范村党建工作，定期组织党员开展"三会一课"活动，开展与帮扶单位党日活动，研究扶贫工作和村内重大事项，提高党员干部的政治素养和村党支部的凝聚力和战斗力。

初到新的工作岗位，李广江把尽快熟悉情况作为首要任务，在农户庭院、田间地头，与村民面对面交流沟通，问民意，访民情，迅速掌握了腮吾素村的基本情况，和村民在种植、养殖、土地、民生以及在脱贫致富方面的想法和意愿，协助村委会制定精准脱贫工作计划，并针对 21 户 36 人致贫原因，制定相应精准脱贫工作措施，做到因户施策。

李广江带领驻村工作队把宣传和落实党的扶贫政策作为工作重点，每月到贫困户家里走访宣传一遍，不仅让每个贫困户享受到政策，感受到党的扶贫政策温暖，更要让他们有话说出来，引导他们自觉地、积极地、主动地参与到脱贫攻坚战中来。

李广江参加村党支部主题党日活动

　　为实现集体经济"零"的突破，他与村"两委"干部精心谋划，制定了集体经济发展的总体思路，积极争取各方资金建立了黄芪生产加工厂房，实施旱地改水浇地项目。利用入股扶贫整改资金47.3万元入股丰域合作社和幸福养猪场，这样，使村集体年收入达到10万元，用于村集体自身发展和村公益事业，真正使村集体富起来，村干部说话"硬"起来。

　　李广江时刻关心贫困户的生活冷暖，每当走访贫困户时，他都要看看百姓的生活情况，并及时予以帮助和解决。贫困户李玉达是异地搬迁户，搬迁之后，李广江和村干部根据李玉达实际情况，及时安排后续产业，并协调相关部门帮助他免费安装电热淋浴器，解决了洗澡难的问题。

　　为进一步改善腮吾素村党群服务中心条件，李广江积极争取市、旗资金150余万元，在村里建设新的党群服务中心，并为村里购买了挖掘机、垃圾清运车和垃圾箱用于环境卫生整治。修建人畜饮水井2口，修建东泉子沟至二道边村2.9公里砂石路铺设，争取资金22万元解决红井滩和后腮吾素村自来水管道更换，确保人畜饮水保障。他把乡村治理与"智志双扶"工作相结合，开展文明家庭、最美家庭、自主脱贫示范户评比活动，进行积分奖励，每季度评比公布一次，发放 80—120 元不等的购物卡给予奖励，聘用 3 名贫困户为村街道清扫卫生，改善了村里的卫生环境。

在新冠肺炎疫情防控期间，李广江严格落实疫情防控要求，组织村干部对全村人员全面普查，做好台账登记，实现排查全覆盖。同时加强村界检查点防控工作，坚持"白＋黑"工作模式值守检查点，严防死守，保村护民。同时通过村民微信群、大喇叭等宣传载体，广泛宣传防疫知识，坚持做到宣传"不漏一户"，排查"不漏一人"，切实提高村民防疫意识。

精准扶贫工作是一项光荣而艰巨的任务，也是义不容辞的使命。现在的腮乌素村风、民风都有了很大的提升，为夺取脱贫攻坚的胜利和乡村振兴起到了积极的促进作用。

不忘重托　引导村民脱贫奔小康 —— 田　蔚

1969 年 9 月出生的田蔚，毕业于北京理工大学会计学专业，时任市财政局综合科科长。2017 年，受财政局党组委派到固阳县锦绣办事处兴隆村开展驻村帮扶工作，并担任驻村第一书记。

兴隆村地处固阳县城西北 2 公里处，面积约 20 平方公里，辖 4 个自然村，户籍人口 424 户 1227 人，常住人口 357 户 1034 人，是国家级贫困村。因常年干旱，土地贫瘠，加之人多地少，村民的主要生活来源靠外出务工和小规模的种养业。村党员有 34 人，建档立卡的贫困户 160 户 368 人，其中缺资金、缺劳力和因病致贫的占 70%。

自驻村以后，田蔚不忘重托，全身心投入脱贫攻坚的战役中。为了深入了解贫困户致贫原因，他经常加班加点，甚至深夜与村民促膝交谈，与贫困户共同探讨脱贫的规划和措施。面对兴隆村贫困户多为缺乏劳动能力或缺乏资金，加之人均耕地少又基本是旱地的生产条件和比邻县城的区域优势，他提出了"依托庭院发展种养业，依托市场发展手工业"的战略定位，并以党建引领扶贫，党员带动脱贫，全村上下比学赶帮，谋脱贫、愿脱贫、争脱贫的良好氛围日渐形成，广大贫困户以饱满的热情共同奔赴在脱贫致富的道路上。

调动社会力量参与脱贫攻坚

作为驻村第一书记，田蔚经常向派出部门市财政局汇报帮扶工作情况，并积极争取组织的支持与帮助，切实解决帮扶工作中存在的困难。局机关和局属单位先后五次到兴隆村开展结对共建党支部和扶贫活动，局机关二支部在对贫困老党员慰问的同时，还对贫困户家庭的学生进行了捐资助学；市财政集中收付中心与村委党员一起重温入党誓词，帮助村委签订了 50 幅麦秆画购买协议，局机关服务中心在帮助贫困户销售农副产品的同时还为社区文体中心捐赠了 5 台多功能跑步机。注重协调"五联五帮"单位开展党建促脱贫活动，如九原区阿嘎如泰苏木免费为兴隆村珍禽养殖协会会员赠送了 2000 羽珍珠鸡和野鸡雏禽，并签订了保底价回购协议；包头市九州泌尿、东河区医院和中心医院的专家先后在兴隆村和杨圪楞社区开展了两期义诊活动，铁路一中为村委捐赠了价值 3.4 万元的 2000 册图书。另外各单位和部门均达成了农副产品、麦秆画、荞麦壳产品购买协议。

田蔚在村委会办公室工作

在党的十九大闭幕后，田蔚积极协调市财政机关两个支部到兴隆村上壕村文体活动中心与村里的全体党员和部分村民代表召开了"学习贯彻十九大精神，推动脱贫攻坚座谈会"，宣讲了十九大报告的主要内容，党员群众踊跃发言，谈感想、谈认识，抒发了对党的富民政策的感激之情和对美好生活的向往追求，会议气氛非常热烈，会后全体党员在党旗下重温了入党誓词。

创新开拓脱贫致富门路

根据兴隆村的自然条件和生产生活实际，田蔚想贫困户所想，急贫困户所急，积极开展工作。

积极帮助发展小规模种养业，让小庭院不再"沉睡"。按照"黑白红绿"的思路，在贫困户小小的庭院里倡导特色养殖，大力推广养黑猪、养杜泊羊、养珍珠鸡和野鸡的特色养殖，种植绿色蔬菜，实现"菜喂禽、饲养畜、肥施田"循环利用。先后帮助 31 户贫困户进行棚圈改造，建设羊圈 1546 平方米，并引进了基础母羊 1023 只，杜泊种公羊 16 只。建设猪舍 375 平方米，为 38 户贫困户引进改良猪 147 头。在兑九湾、兴隆村重点发展珍禽养殖，为 24 户贫困户建设禽舍 960 平方米，购进野鸡、珍珠鸡 2000 只。为 54 户贫困户发放伴养鸡 1285 只。另外，帮助 16 户贫困户办理扶贫贷款 58 万元。

帮助实施退耕还林和土地流转，努力让低产田实现"高效益"。在对上壕、下壕村的低产旱地全部实施退耕还林 4500 亩的同时，对兑九湾、兴隆村的易耕地通过打井上电全部进行喷灌、滴灌改造，改造后的 90% 土地进行了流转承包。在为贫困户减绑释放种地劳动力的同时，也通过土地流转和退耕还林让贫困户实现稳定收入，户均年收入 1000 多元。

探索建设"扶贫工厂"，努力让贫困户实现"家门口就业"。根据兴隆村传统的劳动技术和劳动力状况，先后成立了建筑工匠协会、珍禽养殖协会和麦秆画协会，吸纳会员 60 人。通过协会这个平台，架起贫困户与用工单位的桥梁，引导和带动贫困户就业和创业。麦秆画和荞麦壳加工基地建立后，可安排 40 余人的贫困家庭人员实现稳定长期就业，月均收入可达到 1000 元以上，而且员工可以计件居家制作，在打工、务农和家务事之间自由切换，开辟了家门口就业的新渠道。在为贫困户人员解决就业的同时，还积累和壮大了集体经济，实现了集体经济的"破零增收"，并通过集体经济收入对无劳动能力的贫困户进行生活和医疗救助，真正构建起了长效持续脱贫机制，同时也带动了固阳县的荞麦和小麦产业发展。由于将低成本的劳动力优势与丰富的荞麦壳、麦秆资源优势有效结合，经济优势凸显，麦秆画和荞麦壳产品的订购意向日益增多，已实现产值 20 万元，销售额达到 5 万多元，呈现出广阔的发展前景。

推动和谐美丽乡村建设

田蔚在努力帮助贫困人员解决"两不愁，三保障"的基础上，最大限度地满足群众的物质文化需求，努力让老百姓过上幸福美好的生活。

全力帮助开展基础设施建设，让贫困村"美"起来。先后为兴隆村和下壕村争取财政奖补资金 60 万元安装太阳能路灯 66 盏，协调体育部门为上壕村和兴隆村安装健身路径 4 套 52 件。协调市财政投资建设 400 平方米上壕文体活动中心，对室内进行了装修，对院落进行了地面硬化和围栏安装。启动使用后已召开了动态调整村民民主评议大会、免费义诊、二人台艺术演唱等活动，极大地丰富了村民文化生活，并为村民提高公益服务创造了条件。

积极帮助开展教育、医疗救助，让保障政策"全覆盖"。先后协调民政部门为 71 户贫困户 119 人办理低保待遇，协调市财政集中收付中心、市执法局为兴隆村的 20 户贫困户家庭学生进行教育救助，协调卫计部门先后为 30 多名患者办理慢性病鉴定和送药服务，为 20 多名住院贫困人员及时办理基本医疗和大病保险报销，帮助达到年龄的贫困户享受到了养老保险待遇，让每一位贫困户真正感受到党的关怀和温暖。

支部联合共建助力脱贫

2018 年，市扶贫办明确财政局牵头，农行包头支行、东疆国际公司为成员单位，共同帮扶杨圪楞社区贫困村脱贫。作为牵头单位，5 月中旬，田蔚积极联系协调市农行以及东疆国际公司，确定了"党建引领，联合共建助脱贫"工作思路，制定了《联合帮扶助脱贫工作方案》，明确了共建目标，建立了以市财政局主要负责人为组长的领导机构，通过党组织联合共建，助力脱贫攻坚。四个基层党组织开展"五共建"活动，即"党建理论共学习、基层组织共建设、产业项目共推动、困难群体共帮扶、党日活动共开展"。建立"五个一"工作机制，即共同打造一个党建活动阵地，帮扶一个产业项目落地，建立一对一帮扶小组，每季开展一次共讲党课活动，每年联合开展一次党日活动。充分发挥党组织在精准扶贫、精准脱贫攻坚战中的战斗堡垒作用，通过加强党建引领扶贫工作，助力打赢扶贫攻坚战。

入户帮扶　驻村扶贫安家在村里 —— 张会云

2018 年，原包头市国税局党办主任张会云（包头市国税局与包头市地税局合并为包头市税务局后，张会云被任命为人事教育科副科长）主动要求到固阳县下湿壕镇后脑包村担任驻村第一书记。他在这里租了一间小院，将后脑包村当成了自己的家。一年后，他爱人也跟他来到这里，两人一起开始了由城市到乡村的生活转变。在张会云和其他驻村帮扶责任人的共同努力下，后脑包村的贫困人口已经实现清零。

4 月 21 日，暮春时节，天气突然变冷，后脑包村空旷的田野里北风劲吹。村民张润全骑着摩托车和爱人来到刚刚种下的 4 亩多紫皮蒜地里，观察蒜苗长势，松松土。"浇过水没有？"一旁的驻村第一书记张会云关心地询问。"刚浇过一遍水。"张润全答。两人蹲在地头，热络地谈着农事。

"后脑包村是固阳唯一的特色紫皮蒜种植项目基地。2017 年种了 30 多亩，销路非常好，第二年，增加种植到 91.4 亩，没想到出现了滞销，最后我帮着都销售出去了。2019 年，村里种植了 50 来亩，我们继续帮着村民销售，当年紫皮蒜总共卖了 10 万元，我们税务系统就买了将近 8 万元的蒜。"张会云回忆。

张润全家去年种植了 1 亩多紫皮蒜，因为有张会云帮助销售，今年他家扩大种植面积，种植了 4 亩多。"去年家里卖紫皮蒜，增收了 1000 多元。因为张书记帮我们卖，我们更有信心了，今年就多种了些。"憨厚的张润全是因为缺乏技术等多种原因致贫，在驻村扶贫干部的多种帮扶下，已经脱贫。现在，他家猪圈里养着 6 头滚圆的大黑猪，还有鸡和羊，由于享受了国家对贫困户的养殖补贴，他家的养殖成效更显著。

去自己帮扶的贫困户王纪全和孔玉英家，张会云熟门熟路，熟稔地打开门闩。铁门刚开，一阵犬吠声响起，走进院落，几只养得胖乎乎的鸡在鸡舍里溜达，间或传来几声猪的哼哼声。主人走出来，见是张会云，高兴地迎进屋里。"身体挺好吧？地种得怎么样了？"张会云坐在炕沿上，和王纪全、孔玉英老两口唠起了家常。

家里窗明几净。王纪全今年 72 周岁，有高血压和糖尿病，耳朵有些背，张会云挂记着，专门去县里给他免费领了一个助听器，69 岁的孔玉英有糖尿病，眼睛不太好。"张书记还送给我一个老花镜。我们一有啥事，就给张书记打电话。他开车带着我去过县医保中心，经常为我的事儿跑前跑后。"说起张会云对自己的帮扶，孔玉英打开了话匣子。2019 年，老两口除了享受国家的医疗保障、养老金等，还获得资产收益 4000 元，从今年开始，他们将转而领取光伏收益补贴。

路过一片黄芪地，贫困户武巧林母子正在起黄芪苗，张会云停下车，走到地里一边询问他们种植黄芪的情况，一边拿起耙子耙起了地，尘土飞扬间，一根根小黄芪苗被翻了出来，这些小黄芪苗将会在松整土壤后被插进田地，农民又将种下新一年的丰收祈盼。

护坝·建设

没事时，张会云会在村里到处走走，后脑包村里的护村坝和护井坝是他常去的地方。

护村坝全长 560 米，是在张会云的协调下，通过一事一议奖补资金投入 100 万元，于 2018 年 8 月建成的。"这两段护村坝挡住了两个洪水缺口，一旦再发生 2018 年那样的大洪水，村子不会再被水淹。"张会云是 2018 年 5 月 28 日来到后脑包村开始驻村扶贫工作的，当年夏天村子遭遇了特大洪水，那时护村坝的混凝土地基已经打好，可是全部被冲毁了，村里的几百亩土地被淹。洪水过后，护村坝重新开工，全长 560 米、高 2 米多的混凝土护村坝很快就建成了，护村坝的建成不仅保护了耕地，也为村民增收致富打下了很好的基础，受到了村民们的赞许。

站在后脑包村 20 世纪 60 年代建成的一口巨大的灌井前，井水波澜不惊。可实际上，2018 年 7 月的大洪水差点威胁到这口灌井的安全。"这口井直接关系到村民的耕种，2019 年，我们筹措帮扶资金 278800 元，建起了一道 150 米长的护井坝，保护灌井不被洪水冲毁，进而保证了村里的耕地有稳定的灌溉水源。"张会云介绍。

走在后脑包村入口处，水泥村道两旁铺着一块块带孔砖，仿佛城里的人行便道。"过去，村道两侧杂草丛生，脏乱差，2018 年，我建议修整一下村道两侧的环境卫生，协调资金投入了 4 万元，整体进行了硬化，而且把村道两侧各拓宽了 1 米，别看这两侧看上去是土路，但底下都铺着石子。"张会云想把后脑包村这个"家"收拾得漂亮一些。他筹措资金为后脑包行政村小分子自然村新建了两个公厕，维修了五号村因洪灾损坏的两个公厕，还取得包头市税务局支持，投入资金 5000 多元为村委会配备了 3 台电脑，畅通了外网系统。

张会云除了承担驻村第一书记的职责，也是几名贫困户的帮扶责任人，他曾给一户缺乏流动资金的贫困户购买了 15 只鹅；给 1 户老年贫困户修好了长时间损坏的防盗门；为 1 户在外务工贫困户子女申请了教育资助基金；为 3 户缺少衣服的贫困户送去了过冬棉衣……细小的帮扶，村民们都记在心里，2018 年夏天，村民代表将一面写有"驻村扶贫好干部全心全意为人民"的锦旗送到了张会云手中。

跟随·不悔

转眼，张会云来到后脑包村扶贫已经满两年了。两年间，张会云其实克服了很多困难。

"驻"村，当然要"住"村。张会云决定将这里当成自己的家，单位为了给他创造好一点的生活环境，给他在村里租了一间房子，张会云就居住在这里。白天他忙于走村串户，夜晚，他就在"家里"学习扶贫政策。"我是第一书记，要给工作队其他驻村扶贫干部安排工作，自己首先得把政策吃透。"眼前的 5 大本笔记是另一种记录，记录着张会云无数个挑灯充电的夜晚。

"我这里没有电视，偶尔闲下来，我会在院子里抬头看看星星，这里的夜空特别通透。"张会云说。

张会云过去是一个生活规律的人，但扶贫干部的工作没有固定时间，加班加点是常事，回到家，由于劳累，加上已经错过了饭点，他常常凑合吃桶方便面或用面包充饥，不到两年时间，张会云瘦了整整 15 斤，从事医务工作的妻子宋雅娟看在眼里，疼在心上。2018 年入冬，退休后又找了一份工作的她放弃了每月 4000 元的工资，抱着家里的黑猫跟随丈夫一起来到后脑包村，开始了夫妻二人共同扶贫的生活。

后脑包村在固阳县最东面，与武川县接壤，这里冬季漫长，生火炉对于宋雅娟就是个考验。"一刮北风烟囱就倒烟。"宋雅娟虽然不适应这里的生活，但仍把每天的日子过得非常充实。白天，她收拾完家就开始上网课，时间差不多了，就开始做饭，待丈夫回来，一桌热腾腾的饭菜已端上桌。每隔一星期，他俩会回城一趟，看望想念了一周的儿子。

4 月初，张会云查出患有糖尿病，这病跟劳累和生活作息不规律不无关系，但已经 55 岁的张会云不后悔自己当初主动要求去驻村扶贫的选择，宋雅娟也不后悔跟随丈夫来到农村生活的选择。

2018 年 7 月初，因为表现出色，张会云被评选为自治区税务系统先进党务工作者，当年 9 月，被评选为固阳县抗洪救灾重建先进个人，2019 年"五一"前夕，张会云被自治区总工会授予"五一劳动奖章"。

在张会云的心里，成绩和荣誉已是过去，最让他高兴的是，2019 年 10 月，后脑包村贫困户已经全部如期脱贫，村子基础设施建设、贫困户收入都上了一个新台阶……

勇于承担　做最能打的扶贫干部 —— 张建军

2017 年 4 月，市人事局干部张建军被选派到土右旗双龙镇重点贫困村东一间房村，一年来，他以成为"最能打"的扶贫干部为目标，努力成为贫困识别最精准的"调查员"，群众需求解决最及时的"贴心人"，致富项目最科学的"策划人"，基层党建最积极的"教导员"。

为了取得最精准的第一手资料，张建军带领脱贫工作队，挨家挨户实地开展贫困户详细情况摸底调研工作，如实填写贫困户个人信息采集表，逐户核算贫困户政策性收入及养殖种植收入，向村民们讲解相关惠农政策，一起研究富农门路，形成了翔实信息和影像图片资料。

经摸底，东一间房村属沿黄农区，村内青壮年多外出打工，老弱病残留守。村产业以种植业为主，没有加工业和商业。2014 年被确定为双龙镇重点贫困村，建档立卡贫困人数共 44 户 61 人，正常脱贫户 15 户 26 人（享受扶贫政策）。主要致贫原因一是年老体弱没有劳动能力，二是因病、因灾、智障致贫或个别特殊原因致贫。

张建军与工作队根据每户致贫原因，因户因人制定了帮扶脱贫计划和年度帮扶措施，形成了完善的贫困户台账信息管理平台，做到了脱贫工作心中有数。

春耕之计，灌溉渠道却堵了；国贫户李富全妻子赵六女患病卧床 5 年，因病致贫，不敢再看病；村里长年无路灯，村民晚上出行全靠手机和手电……东一间房村村民的这些"心头难事儿",被张建军一一记在心头。春耕刚刚开始,他就协调了4万元资金清淤渠道1万米,3万元资金维修桥闸2座,12万元为村集体购买拖拉机和犁各1台,为春耕顺利展开提供了保障。

积极联系包头市第八医院,通过网上视频和现场会诊,制定了长效帮扶措施和帮扶机制,确保李富全一家敢看病,看得起病。

积极协调社会帮扶单位筹措资金3.2万元,为村庄安装LED亮化路灯55盏,摄像头8个,彻底解决村庄长年无路灯,百姓夜间出行难的现状,并为村庄开展治安安全工程奠定了基础。

此外,协调有关单位为全体贫困户开展免费体检工作、为32名贫困村民做慢性病鉴定,协调组织市人社局干部慰问帮扶贫困户,送去米、面、油等价值13200元的春节慰问品以及用于购买籽种、化肥等价值8800元的春耕备耕期所需物品;结合村庄自然环境,申请国家专项环保资金10万元,开展环境综合整治项目建设工作,实施农村生活垃圾收集转运工程,实现了村内生

张建军到农户与村民交谈

活垃圾定点存放清运率 100%，生活垃圾无害化处理 ≥ 70%。

一个一个实际问题的解决，让村民们感受到了张建军扶贫诚意，扶起了贫困村民的"精神气"，大家一起寻找致富出路，积极参加脱贫项目，整个村子的致富热情都被调动了起来。

没有产业脱贫，就无法全面打赢脱贫攻坚战。深谙这个道理的张建军为东一间房村谋划布局村集体产业项目，因户制宜地制定帮扶计划。

基于本村及周边村庄的种植能力，在镇党委的大力支持配合下，筹措投资资金 120 万元，引进建设了村榨油厂项目，解决部分本村劳动力的同时，极大地带动了村民经济作物收入的大幅度增加。通过与镇清运公司合作，租用村环保垃圾车每年为村集体创收 1.5 万元。按照合作模式，与包头酒厂签订了 1500 亩高粱种植合同。村集体经济的逐步壮大，让东一间房村脱贫有了强有力的支撑。

通过与贫困户交心谈心、算账对比，小型养殖项目被确定为贫困户主导产业。每户按照 700 元的标准，养鸡 40 只、猪 1 口，目前已为 43 户贫困户购买了雏鸡 1120 只、猪 17 口、饲料 25 袋。同时，根据村贫困户实际家庭情况，依托村专业合作社推行土地托管模式，采取对无劳动能力的贫困户及本村外出打工的农户，与富利农民专业合作社签订土地托管农业种植合同，比以往每户每亩土地多增收了至少 400 元。一年来，张建军共为东一间房村争取市级有关部门、单位扶贫以及旗相关部门支持资金 82.5 万元，邀请畜牧、种植业方面的专家教授深入田间地头现场指导贫困户的养殖和种植经验和技术，为脱贫项目的顺利实施提供了重要保障。

基层党组织处在脱贫攻坚的最前沿，是脱贫攻坚战的中坚力量。只有基层党建工作抓实了，到位了，才能充分调动全体党员的积极性和主动性，全力投入村子的建设上来。

驻村以后，张建军作为第一书记，积极抓党建、促学习，为增强东一间房村基层党组织战斗力贡献力量。七一前夕，他以《深入推进"两学一做"学习教育常态化制度化锤炼忠诚担当的村务干部》为题，为村"两委"全体党员干部做了党课报告。与村"两委"班子召开了"两学一做"常态化制度化党员大会，推动学习教育与精准扶贫工作深度融合，让村党建工作与村务工作互相渗透，形成合力。认真落实"三会一课"制度，制定了党建教育专题学习方案和学习计划表，全村党员干部按组划分，集体学习习近平总书记重要论述及十九大重要精神，引导全村党员干部开阔视野、增长才干。重点培养那些政治素养好、有文化、有技术、能带领群众致富的优秀中青年党员干部，形成村集体发展的中坚力量。在张建军的努力下，东一间房村已基本搭建了良性稳固的村党建学习平台，储备了一批优秀的村务干部，打造了脱贫攻坚的强劲"火车头"。

多措并举　帮助贫困户稳定脱贫——张云清

张云清，包头市生态环保局监察支队党支部书记。2018 年 3 月份，被选派到固阳县怀朔镇合同沟村任驻村第一书记。自担任第一书记以后，他致力于驻在村基层组织建设和脱贫攻坚工作，心系贫困人口，将改善民生为己任，脚踏实地发挥作用，得到了上级和群众的认可。

承接地气，真情服务赢得民心

开展驻村工作三年多，张云清始终坚持"用真心聆听百姓心声、用耐心服务百姓难处、用细心为百姓办事"。他走村入户与群众座谈交流，一次次走访、一次次通话，在全面了解全村的产业发展现状，贫困户的致贫原因情况后，通过落实产业扶贫、生态扶贫、政策兜底等措施，合同沟村 11 户 21 人贫困户年人均纯收入达到近 1 万元，实现了输血扶贫到造血扶贫的跨越发展，帮助合同沟村建立起村集体经济，使村民实现了持续稳定脱贫。

自从担任驻村第一书记以后，张云清在村里白天走村入户宣传政策、摸底排查，晚上学习政策、谋划产业发展，有时连续几周都回不了家，妻子从没有说过半句怨言，因为她知道自己的丈夫是一名共产党员，是一名脱贫攻坚驻村第一书记，他的事情很多、责任很重。她不仅承担起了照顾儿子、照顾老父亲等各种家务，还经常到张云清所住村里帮助打理生活，甚至帮他填表录表等，用自己的实际行动支持着丈夫、爱护着丈夫。那时，在合同沟只要提到张云清，没有人不夸赞他和他妻子的。

问诊把脉，找准脱贫致富的路子

落实产业扶贫方面，帮助贫困户垫资 4.3 万元购买畜禽发展产业，针对合同沟村贫困户因家庭贫困拿不出自筹款的情况，张云清与驻村工作队、村"两委"班子充分研究后决定，为贫困户垫资购买蛋鸡、基础母羊、仔猪，帮助有发展养殖意愿的贫困户发展产业，摆脱贫困。具体垫资方法为：基础母羊每只垫资 500 元，最多垫资 10 只；仔猪每头垫资 300 元，最多垫资 6 头；蛋鸡每只垫资 7 元，最多垫资 50 只。每户贫困户基础母羊垫资和仔猪垫资只能享受一项，而且贫困户需在发展养殖项目当年或者第二年产生效益后通过现金或者以所养殖产品按照市价抵偿还款。在驻村工作队的帮助下，全村 11 户贫困户除了有 3 户因无劳动力未发展产业外，其余 8 户都通过发展长效产业，实现了稳定脱贫。

落实生态扶贫方面，牢记习近平总书记"绿水青山就是金山银山"的发展理念，把生态文明建设融入脱贫攻坚的全过程，建设美丽乡村，努力开创社会主义生态文明新时代。全村退耕还林 4.5 万亩，退耕还草 0.38 万亩，其中 2019 年落实退耕还林 2 万亩，退耕还草 0.45 万亩。通过生态扶贫，努力实现经济社会发展和生态环境保护协同共进，为人民群众创造良好生产生活环境。

落实安全饮水方面，市生态环境局拿出 2100 元，免费为全村 7 户贫困户安装了净水器，让所有贫困人口都能实现安全饮水。

落实教育救助方面，为 2 名正在上学的学生落实了"两免一补"和每人 500 元的交通补助。同时，市生态环境局两位领导为每名学生每年帮扶 1000 元，让他们消除忧虑，安心学习。

落实医疗扶贫方面，帮助 5 户有过大病治疗未报销的贫困户进行医疗报销；帮助 7 户患有慢性病的贫困户进行了慢性病鉴定，享受定期送药服务。将所有贫困户纳入大病救助范围，实施慢性病鉴定，提供送医送药服务，引导患病贫困户到正规医疗医治，实现医疗费用报销比例达到90%，大幅度降低医疗刚性支出导致贫困的问题，从根本上解决因病致贫。

多措并举，帮助贫困户稳定脱贫

引进龙头企业方面，为发展村主导产业、特色产业，形成一村一品，强化龙头企业和贫困户利益链接机制，在张三壕村利用现有的林地引入企业发展散养鸡、蛋鸡养殖，通过企业带动、引领当地经济发展。该项目已投资85万元，目前已投入使用，已发放鸡苗5000多只，帮助当地贫困户代养鸡860只，以10元/只的低价出售给28户本村村民1100只雏鸡，帮助当地村民发展养鸡增加收入。实施贫困户代养鸡项目。由驻村工作队引进的养鸡企业为6户贫困户代养鸡860只，年底按照每只20元给贫困户分红，共计分红17200元，平均每户增收2800多元，实实在在保障了贫困户稳定脱贫。

农畜产品购销方面，设立了合同沟农畜产品购销点，按照市价帮助当地村民销售畜禽产品，解决当地村民销售难的问题，2019年帮助合同沟村村民销售农畜产品31万元，保证了贫困户发展养殖项目获得稳定收益。

积极发展壮大村集体经济，合同沟村委现有村集体经济2个，一个是旧村委租赁给交通局集体经济项目，2018年通过向县委组织部、县财政局争取资金62万元对原大庙滩村委活动室进行了改造，改造后租赁给县交通局，每年租赁费5万元。另一个是合同沟村委肉羊养殖场项目，该项目按照村"两委"成员领办创办村集体经济的方式，向县委组织部、县财政局争取资金38万元，村干部入股6万元。春季保羔130只，按照一年两茬羔核算，预计2020年底纯收益7万元以上。村集体经济收益除继续发展壮大村集体经济投入外，剩余收益将全部用于保障贫困户稳定脱贫和村级基础设施建设及公益事业发展上。

用好社会帮扶资金，争取社会帮扶资金5万元，帮助北海子村组维修了损坏的饮水管道，让 75 户 173 人解决了饮水安全问题。维修了张三壕澡堂，为当地村民能就近洗澡提供便利。维修了村委会，合同沟村委会因"7·19"洪灾漏水严重，驻村工作队投入 2.3 万元帮助重新维修了防水工程。

凝心聚力，抓党建强基固本

张云清深知"农村要发展，农民要致富，关键靠支部"。要想让村党组织"活"起来，必须抓好党建工作，只有拥有一个富有活力的党支部，才能激发党员的责任感，才能真正让村党组织这个"引擎"焕发活力。张云清以"不忘初心，牢记使命"主题教育为契机，从健全完善规章制度入手，不断加强村党组织建设。定期组织全体党员开展学习党章党规，交流谈心，增强凝聚力，进一步夯实了党组织领导基础。

张云清驻村以来，用实际行动诠释着一名共产党员的初心和使命，包头广播电视台《包头新闻》对他的扶贫先锋事迹进行了报道。市生态环境局党组号召全局系统向张云清学习，充分发挥党员先锋模范作用，助推脱贫攻坚战取得全面胜利。

明确思路　推动帮扶脱贫谋发展 —— 丁玉柱

2015 年 7 月，包头市规划局测绘院政工科副科长丁玉柱到固阳县下湿壕镇白洞渠村担任驻村第一书记。驻村以来，他牢记第一书记"抓党建、促脱贫"的责任和使命，在全面摸排掌握村情、民情的基础上，紧紧从抓党建、抓扶贫、抓发展、抓治理等方面入手，通过务实有效的工作思路、措施、办法推动白洞渠村发展及村民脱贫。

调研体察村情民情查找"症结"

利用驻村帮扶的优势，进行调查研究，全面真实地掌握贫困村的村情、民情，查找"症结"，理清思路，提高工作的针对性、实效性，是第一书记和驻村干部在脱贫攻坚中必须发挥的作用。

深入走访掌握村、户实际，全面摸清"底数"。围绕白洞渠村的自然环境、人文风俗、地形气候、重点脱贫人口等情况和因素，深入 14 个村小组、60 户贫困户、32 位困难党员和 264 户非贫户家中进行走访。详细了解发展状况、贫困户分布、致贫原因和项目需求等情况，全面摸清和掌握了白洞渠村的民俗习惯、生产和生活条件。

全面总结和分析贫困原因和制约脱贫瓶颈。主要有：自然条件差，土地分散，不能成片耕种；基础设施落后，产业结构单一；个别党员存在重绩轻建论，影响到精准扶贫政策、措施的贯彻和执行；村民素质偏低，思想观念落后；没有稳定的收入来源，等、靠、要的思想仍较严重；贫困人口老弱病残者居多；在发展种植业、养殖业上，商品意识不强；科技型应用技术落后，发展经济缺乏有效的支撑等。

筑牢党建基础，为精准扶贫工作提供组织保障

为筑牢党建基础，提升党员的综合素质，增强村支部领导班子的凝聚力、战斗力，丁玉柱协调市规划局、包百大楼等单位帮助建成了 300 平方米的白洞渠村委党员活动中心；建立党员远程教育系统平台，为组织建设、党员队伍建设以及群众科技普及等方面提供了场地和信息保障。他邀请市规划局机关党委到村开展"两学一做"专题讲座，使广大党员认识到党建在脱贫中重要作用；同时，为有效解决白洞渠村的脱贫，邀请帮扶单位召开脱贫帮扶座谈会，与会党员提出的新理念、新思路，进一步开阔了村"两委"班子发展经济的思路，增强带领群众致富的信心。他创建党建学习微信平台，通过微信将党的方针政策转发给流动党员进行学习互动，使流动党员离村不离党。得知市直机关工委年前将慰问困难党员这一信息后，丁玉柱积极向单位党委和市直机关工委联系申报，在春节前，将慰问金送到 7 名贫困党员的手中。2017 年 5 月，丁玉柱组织全村党员参观了包头市规划展览馆、包头博物馆，让党员了解包头市的过去、现在和未来，使广大党员感觉到党和政府对他们的关心，憧憬脱贫致富后的美好生活，从而增强了脱贫的信心。

丁玉柱组织在村的 32 名党员与贫困户建立党员一对一结对帮扶机制，通过思想教育、技术咨询、物资帮扶等助力贫困户脱贫。通过卓有成效的工作，如今的白洞渠村"两委"班子坚强有力，人心思进。

解纠纷，抓产业，推动脱贫攻坚见实效

由于下生基图村进行农田滴灌建设接引水源的问题，致使画匠渠村的村民与下生基图村的村民产生矛盾纠纷，造成滴灌无法施工，农田不能灌溉，无法进行春耕。如果不及时化解矛盾纠纷，过了春耕的最佳时期，秧苗很难成活。因事情比较紧急，他向县水利部门说明情况后，次日就召集了村干部和当事人各方到现场进行了实地的调查和协调，采取分时错峰使用水源的方案，使得此次村民纠纷得到了妥善的处理，避免了事态的恶化。抓好产业发展，带领群众增收才是脱贫的重要出路，丁玉柱按照先进行产业摸底调查、再抓产业政策到户的原则，发展观光农业3600亩，发放伴养鸡4700多羽，生猪300多头，发展黄芪种植300多亩，实施退耕还林1200多亩，新增水浇地540多亩。同时，引进普润田农民专业合作社，承包土地1200亩。实现集中连片，规模化经营，机械化作业。承包土地来源于三个村80户村民，按户签订合同，每亩承包费100元，承包期三年，雇佣的工人全部为本村村民和国贫人口。利用固阳县列入自治区光伏扶贫试点的契机，引进内蒙古元极光量新能源有限公司租赁村民屋顶分期建设5兆瓦分布式光伏发电项目，该项目实施后惠及全村委所有村民，每户增加4000余元收入。通过拓宽渠道，使村民在掌握新科技、新经济、新理念的同时，也进一步帮助村民经济增收。

回顾驻村工作的经历，丁玉柱感到既充实又欣慰，与村"两委"及全体村民一起生活、工作，不仅增进了彼此之间的信任和了解，建立了深厚的感情和友谊，也收获许多有益的启示，工作能力也得到了提高，更加坚定了今后工作中的努力方向。

深情铺筑　攻坚决战走振兴之路 —— 季　鲁

2021 年，我被选派为包头市交通运输局驻固阳县金山镇下十二分子村驻村第一书记，开展驻村帮扶工作。驻村工作的两年时光里，那些"乡村振兴走进了百姓心里"的点点滴滴，仍历历在目。

肩并肩修通村道改善村貌

"晴天一身土，雨天两脚泥。"

"到地里头浇水都是个事，你说麻烦不麻烦！"

当我第一次走进下十二分子村时，便听到村民们这样的牢骚话。我立刻以"交通人"对道路问题的敏感，参与到了大家的议论当中。通过与村民的交谈我了解到，村里头 2.5 公里长的一条土路，是连接王圪卜和蔡家渠两个自然村的唯一通道，村民要通过它在 1 万余亩水浇地上务农、运输农资，并且在蔡家渠自然村南侧还有 50000 余亩荒山空地待开发……回到村委简单分析后，我马上意识到，村路破烂难走，不仅给村民的出行带来不便，埋下隐患，还极大地影响了村集体经济的发展，修路是扶贫工作的当务之急！

在村党组织书记李红兵、村"两委"干部以及驻村工作队带领下，大家对道路问题开展实地考察，充分了解村情民意，经过综合研判，提出了重新铺筑路面的想法。事不宜迟，次日，我便带着连夜撰写的调研报告和实施方

季鲁在修筑水泥村道现场工作

案，回派出单位——包头市交通运输局与领导沟通，同时准备邀请专家到现场进行勘察指导。市局领导了解情况后，给予高度重视，积极与固阳县交通运输局进行沟通协商，为道路修筑争取到了专项资金，并提供相关支持。一年多的时间里，为了这个项目的落实，从村内到局里的奔波往返，成了我的日常。功夫不负有心人，2022 年 5 月，该项目开始施工，项目计划总投资 207 万元，道路铺筑长度为 2.4 公里，并于当年 7 月底完工。通村水泥路的铺筑完成，彻底解决了附近两个自然村老百姓出行难的问题，也推动了村内产业发展，看着平整的新路一直延伸到村口，村民们别提有多高兴了。

短短 2.4 公里的水泥路，让"一身土，两脚泥"的历史彻底成为过去，不仅鼓舞了大家走向振兴的信心，也让村民们凝聚起了团结协作、共同奋斗、改变家乡面貌的决心！

在道路修筑过程中，我注意到村内土地比较肥沃，而且场地宽阔，非常适合种养殖业的发展。虽然村民生活相对较好，但村内环境问题却一直较差，垃圾和牲畜粪便等随便堆放在房屋周边，杂乱无序，白色垃圾随处可见，原本整洁的村庄，显得脏乱不堪，严重影响了村容村貌。

为持续有效地推动村内人居环境建设，我与村"两委"及驻村工作队计划实施村内生活垃圾治理、村容村貌提升等重点工作，对那些房前屋后的杂物堆，随处倾倒的垃圾堆，集中攻坚治理，以彻底消除卫生死角。为确保人居环境整治工作见实效，提升清理工作效率，包头市交通运输局在听取情况反映后，立即协调安排1辆垃圾清运车、1辆50式装载机，帮助村内8个自然村免费清运生活垃圾，共清理各种垃圾及建筑废弃物、牲畜粪便等共计800余立方米。同时，对村里的原有垃圾存放点进行整治改造，共规范、新建垃圾存放点12处，彻底解决了村里生活垃圾随意堆放和无法清运的难题。

环境治理是一场持久战，不仅需要机械器具轮番上场，也需要村内居民同心共力去维护和完成。在清理垃圾的同时，我还同步组织开展了环保意识宣传活动，对原有村规民约进一步完善，从村民、村内企业和村内公益岗、保洁员三个方面对日常环境卫生保护做出规范；编写了"致广大村民的一封信"，由村委及驻村工作队按照日常分工逐户进行宣传，将各村当前的卫生情况、今后的环境治理方向及倡议告知广大村民，充分激发村民的主人翁精神，提升他们的环保意识，带动村内居民主动参与到环境治理工作中，让农村环境更整洁、村庄更宜居。

面对面化解矛盾凝聚人心

多少年来，下十二分子村积聚了较多的土地纠纷，其他的各类问题也较为突出。我就以化解矛盾为抓手，诚心诚意地帮助人民群众解决生产生活中的实际困难。

驻村两年的时间里，我总结出了认真倾听、双方辨析、求同存异、提出方案、及时兑现的化解矛盾五步工作法，积极协调相关部门，寻求政策支持，为农户解决土地纠纷、用水困难、办理残疾证、争取救助金、申请公益岗位、解决老人赡养矛盾，解开了他们心中多年的愁疙瘩。对村内385户常住户，我基本走访了四至五遍，在熟知情况的基础上，与他们促膝交谈，为脱贫户、监测户一户一策谋计划、定目标、定措施。先后召开 20 多场次村民大会、小组会、田间会，为干部群众宣讲政策、技术、党课、健康知识等，逐一回复村民 50 余件诉求，落实他们的正当需求。

通过两年的帮扶实际行动，我在农村这片广袤的土地上，践行着一个共产党员的初心与使命，驻村时间虽短，却尝遍了艰难拼搏的酸、干群好评的甜、负重前行的苦、自我督促的辣，在收获颇丰之余，我真正感悟到习近平总书记所说的，基层工作不但要身到基层，更要心到基层！只有这样，才能有所作为，有所成就。

奋勇开拓　让鲜红的党旗更艳丽 —— 刘　海

2017 年 5 月，包头市文化市场综合执法局执法监督科科长刘海，任达茂旗乌克忽洞镇大毛村委"第一书记"。

驻村后，刘海即与工作组其他同志深入田间地头，实地查看路、沟、渠等农业基础设施建设情况，挨家挨户登门走访，同村民面对面地交谈，了解生产生活情况，弄清楚制约该村经济发展的困难和问题。他在一个多月的时间内，完成了对全村的首轮走访，初步掌握了全村的基本情况。

通过努力，大毛村贫困户档案整理清楚了，原来是 55 户 115 人，其中 2016 年已脱贫退出贫困户档案 28 户 67 人。通过"回头看"进行调查走访严格识别，新脱贫退出贫困户 5 户 14 人，剔除属于八类人员的 3 户 7 人贫困户资格，识别新增加贫困人口 3 人。刘海依此制定了帮扶大毛村脱贫致富的实施方案，明确了工作的目标，并把自己对口帮扶的国贫户靳国明家作为第一个帮扶的对象。靳国明患肺心病，常年躺在炕上靠吸氧维持呼吸，平均每年住三到五次医院，家里家外靠妻子一个人打理，生活十分困难，刘海协调村委会，让靳国明妻子到村委会做一些保洁工作，并向民政局和扶贫办帮他们申请一些救济款。

回顾四个月的扶贫工作，刘海的工作思路经历了四个阶段：求资金——解难题——做项目——上平台。

刘海充分认识到，扶贫攻坚是个系统工程，不仅要有好的政策，还需要帮扶地区和单位在资金上的共同努力和支持，帮扶才能有保障。他认真研究包头市和达茂旗扶贫政策，想办法积极协调有关部门，多方申请资金扶持。积极向领导汇报申请，争取支持解决帮扶资金5万元。利用休息回包机会，先后多次去河南商会和世家房地产公司沟通协调，争取扶贫资金。

到贫困户家庭走访后，刘海看到，他们有各式各样的困难，大毛村的张栓喜是国贫户，两个孩子上大学，儿子张春光又刚刚考上研究生，地里收成也不好。刘海了解到这个情况，自己拿出1000元，又为张春光争取到2000元的捐助款。并承诺，到年底他家的羊出栏多少，就联系合作社以每斤高于市场价1块钱的价格收购多少，解决卖羊难的问题。

"授人以鱼，不如授人以渔"，驻村过程中刘海越来越认识到给贫困户"输血"，不如培养他们的"造血"功能。他全方位考察了全乡的农牧业生产情况，和每一家贫困户商量，寻找大毛村贫困原因和资源优势，明确发展方向，制定了长效帮扶措施和帮扶机制，即采用"（合作社）＋基地＋贫困户"模式，发展订单农牧业，让更多贫困户分享全产业链增值收益。他多次和希沫农牧业合作社洽谈，把公司负责人请到村上看资源。经交流和沟通与该公

刘海在村委会办公室工作

司达成其以高于市场 1 元／斤的价格收购羊肉产品的意向；推进鸽土加工厂转型升级，产品由鸽土单一产品向高端鸽粮、普通鸽饲料多种产品发展，鸽土—鸽粮—鸽饲料之间相互影响，促进销售，能实现种植、生产、销售一条龙，还能就地吸收转化贫困劳动力，实现贫困户稳定脱贫到致富；为充分利用好选派专项发展资金，按照专项资金"投向合理，产权清晰，效益明显，安全可靠"的要求，依托村得天独厚的种植资源，充分发挥好专项资金作用，帮助推动忠兴合作社财政扶持项目资金 70 万元的尽快落实。使忠兴合作社发挥龙头带动作用，实现订单种植，提高贫困户抗风险能力。

这些卖得了，卖得好，能让贫困户受益才是扶贫的落脚点。刘海联系互联网专业团队策划《蒙扶云》，请他们结合达茂旗的实际情况，整合达茂旗当地农牧业和旅游文化资源，打通全国各地区销售渠道，量身定制了一套《精准扶贫达茂云服务平台》方案，乘上互联网＋这趟快车，尽快形成市场连带效应，使达茂旗的农牧业和旅游文化产品走出去，让发达地区商品走进来，实现互联互通，争取更大发展，给当地群众带来更大实惠。

情满梓里　为家乡父老多做实事 —— 梁守礼

梁守礼，49 岁的中共党员，包头市审计局干部。2014 年，他被委派到包头市固阳县金山镇昔连脑包村驻村，担任驻村第一书记兼驻村工作队队长。

梁守礼的家乡是固阳县，他从考学走出固阳县的那一天，就想着有一天能为家乡父老乡亲做点实事，为家乡的发展贡献自己的力量。到固阳县挂职担任驻村第一书记，正是他的心愿。

昔连脑包行政村地处固阳县金山镇，下辖昔连脑包、沙陀国、麻池 3 个自然村，共有 454 户农户 1489 人，人均可耕种土地不足 4 亩。

"老梁兄弟，我们两个村 2600 亩水地都是用土渠灌溉，水没等到地里就渗完了，已经有近 600 亩过去的水地多年浇不上水撂荒，你想想办法，看能不能给改造一下管道？" 2014 年梁守礼一进村，沙陀国、昔连脑包两个村的村民把他围在中间，七嘴八舌地说起来。

面对村民的期待，梁守礼没有等待，立即开始工作，用了近三个月的时间，走访了全村 454 户农户，走遍了全村的每个角落。他了解到，除了土地浇水难的问题外，全村有 98 户农户住的都是几十年前建的土房，几乎全是危房！村委会后墙更是裂缝近 5 厘米，村间路全是土路，坑坑洼洼，下雨根本无法通行；三个村的变压器严重老化；还有一个村没有自来水，靠人工挑水；卫生室简陋条件差；还有贫困户的贫困问题……他走村入户，把村民反映的问题一一记录在民情日记本上。

梁守礼在帮扶村田间地头了解情况

这么多急需解决的问题，该怎么办？梁守礼主动向包头市审计局主要领导作了汇报，在单位的支持下，多次去发改、水务等部门送草图、报资料。功夫不负有心人，6年来，为昔连脑包和沙陀国争取到投资额为224万元的2600亩节水改造项目，还组织沙陀国打井2眼，及时解决了两个村的浇地问题，还新增水地600亩。协调争取为麻池和昔连脑包两个村修建3公里的通村资金25万元，为昔连脑包村安装33盏路灯；向卫生部门争取了60平方米的卫生室项目，协调帮扶单位包头市八医院出资将卫生室扩建到80平方米，并配备了4万元的医疗设备，组织专家开展义诊活动；向帮扶单位争取资金完成了昔连脑包南村自来水入户和麻池村1000米自来水的管道维护工程，使昔连脑包村所有村民吃上了自来水；向农电部门争取为昔连脑包、麻池2个自然村改造了机电线路；积极争取为昔连脑包村委会配备了价值2万元的办公设备，从本单位争取了5台笔记本电脑和1台台式电脑，2018年又争取资金购买了1台台式电脑和打印复印一体机，极大方便了村委会日常办公和村民打字、复印的需求；借助全市美丽乡村建设的良好契机，让三个自然村的98户贫困户，全部从土房搬入了新砖房。

2017 年初，包头市委组织部对驻村第一书记进行统一轮换，已驻村三年的梁守礼理应进行轮换，但是昔连脑包村村民强烈要求梁守礼留任。村民的真情感动了梁守礼，让他决定继续留在昔连脑包村。

在村子里，每个农户家庭都留下了他的足迹。

麻池村贫困户王占胜夫妻残疾，上有老人、下有上学的小孩，家庭生活十分困难。家里人把这一情况和梁守礼诉说后，梁守礼尽全力帮助他办理了 2 万元的扶贫贷款，并争取补贴帮助养羊、养牛、养猪、养鸡，2018 年为他们上大学的孩子争取到各类救助金 45000 元。麻池村 80 多岁的老人家徐记保，住的是危房，在村的两个儿子因盖房选址意见不统一无法实施危房改造，老人家握住梁守礼的手说，能不能让我也享受享受共产党的好政策？梁守礼把老人家的两个儿子叫到一起，耐心细致地做思想工作，终于说通为老人家建了新房。沙陀国村民郝关林腿受过伤，女儿、儿子都在上大学，妻子因生活压力得了抑郁症，生活十分困难。了解这一情况后，梁守礼从市审计局争取资金，给予两个孩子救助 12000 元。昔连脑包村贫困户刘海峰有小儿麻痹后遗症，妻子智障，小孩上小学，生活靠亲戚接济，梁守礼为他办理了低保，跑了市县镇三级民政、红会、残联等部门，为他争取到各类救助和物品等折合人民币 4000 多元，扶贫产业帮扶 3000 元，还为他的小孩寻找爱心结对救助人士。昔连脑包村的贫困户刘云霞，丈夫去世后遗留大量债务，法院执行、银行要债、债权人上门逼债，一个农村妇女供养两个孩子，生活极度困难，梁守礼第一次去她家的时候，她上高二的女儿一个人在家，这个孩子坐在那里不说话，给人的感觉是这个孩子没有生活的信心，梁守礼当时就十分肯定地告诉她："你要相信党和政府，只要你好好学习，我保证解决你上大学的所有费用。"随后梁守礼就跑了市县镇三级民政、红十字会等部门，为刘云霞争取了救助和物品等折合人民币 4000 多元，帮助养猪、养鸡。2018 年，这个孩子考上了呼市职业学院，梁守礼为她争取了各类大学救助金共 35000 元。昔连脑包村的秦建英，患乳腺癌骨转移，又住院治疗，因多年的医疗开支，家庭已无力支付治疗费。梁守礼通过水滴筹平台为她及时筹资 1 万多元，他本人还带头捐助。同时，向县、镇民政部门争取临时救助，及时解决她的治疗费。还有左金瑞、赵咏平、崔洁、李喜林等贫困户，他都牵挂在心上，想方设法全力帮助。每次入户，走的时候他总要对农户说，有事有困难就给我打电话。他还加入了三个自然村的所有微信群，在微信群里随时交流，通过微信帮助销售猪肉等农产品，得到了社会大力的支持和转发，效果很好。村民问梁守礼："你不嫌麻烦？"他告诉村民："这就是我的工作，我不怕麻烦。"在他到昔连脑包村的6年里，对村里年老体弱的老人、22位残疾人、7位智障者以及4名"五保户"等困难群体，通过申办低保救助和申报养老保险待遇等方式，保障了昔连脑包村贫困人口的基本生产和生活。

为增强村民自我"造血"功能，有计划地开展精准脱贫工作。根据昔连脑包村种植玉米能解决饲草料实际情况，从本单位争取资金，以每头猪600元、每头牛1500元、每只羊420元的奖补标准，帮助101户村民养猪179头，帮助9户农户购优质肉牛67头，帮助10户农户养羊163只，引导村民发展养殖业，靠勤劳脱贫致富。还多次联系协调，把沙陀国村闲置荒地220多亩，以每年每亩150元的价格承包给一家育肥羊企业，使该村村民直接增加收入46万元。从市审计局争取帮扶资金84.43万元，为昔连脑包村援建100千瓦光伏发电扶贫项目，每年可发电18万度，预计年收益12万—14万元，使用寿命可达25年以上。

2019年1月，梁守礼被提拔为包头市审计局党组成员、副局长，但他仍旧不忘初心，继续扎根在驻村扶贫一线，为造福一方百姓努力工作，争取帮扶资金40万元，实施第二期50千瓦光伏发电扶贫项目；还用市审计局的帮扶资金2.8万元购买水管、水泵等材料，组织村民施工，解决了麻池村一井两用造成吃水困难的问题，沿途还可以新增旱地改滴灌100多亩；争取市审计局帮扶资金，组织村民施工，正在对麻池和沙陀国两个村现有近2000亩水地进行滴灌改造。还在向有关部门争取为昔连脑包、麻池两个村实施1600亩撂荒旱地改滴灌项目，改造后每年可增收100多万元，两个村常住人口可人均增收近1000元。

服务群众到底是作秀还是实干？村民有本民心账。

随着一个个承诺的兑现，一件件惠民实事的办结，村民亲切地称他为"老梁兄弟"。

"老梁兄弟，没事来我家坐坐，给出出主意。"

"我家明天杀猪，老梁兄弟来我家吃杀猪菜吧。"

"我家新房建成，来我家吃糕。"

这一句句暖人心的话语，淳朴的乡情，体现了群众对梁守礼的认可与感谢。村民还自发将绣有"党的好干部，村民的贴心人""真情实干深得民心，严谨务实造福一方"等内容的8面锦旗送到包头市审计局，以此表达对梁守礼倾情帮扶的诚挚谢意。

六年来，梁守礼连续被评为驻村扶贫工作先进个人，记三等功一次，还被评为全市优秀共产党员，十佳扶贫党员干部，2018年被评为包头市新时代新担当新作为先进典型，被包头市推荐为"自治区百名优秀第一书记"表彰人选。

梁守礼说："我是从固阳县出来的，能实实在在给乡亲们办点事，我挺高兴，也愿意干。"他驻村六年的体会是："驻村是一次深刻的思想教育，能强化宗旨意识，更加坚定理想信念；驻村是一场修行，能激发人性的善念，升华思想境界，有益于今后的工作和生活。"梁守礼也觉得，他实现了当年"为家乡父老乡亲做点实事"的心愿。

脱贫攻坚　协调坑洼田路变坦途 —— 张　泽

张子淖村坐落于土右旗东南 60 公里处，隶属于土右旗双龙镇。该村在脱贫攻坚前，是自治区级贫困村，由张子淖村行政村和黑鸡兔自然村组成，总户数 480 户，共计 1162 人，全村土地 7800 亩，可耕种土地 6625 亩，人均土地 5 亩，2014 年被内蒙古自治区确定为自治区级贫困村。

为易返贫人群提供保障

2021 年 9 月，我响应市政府号召，受市场监督管理局委派，进驻该村担任驻村第一书记。我驻村以来，组织村干部开展民情大走访，围绕如何推动村里产业发展，帮助村民解决急、难、愁、盼问题开展走访。

通过走访分析了解到，当地村民在生活中存在困难人群因病返贫的风险，我和其他两个驻村干部自掏腰包为 662 户特困人员购买了"鹿城保"为易返贫人群提供了一份保障。

积极带动村民群众文化建设

初到该村，我感觉到村里精神文化建设较为薄弱，决定先从振兴乡村文化方面入手，积极带动村民群众文化建设。通过向单位反映协调，包头市

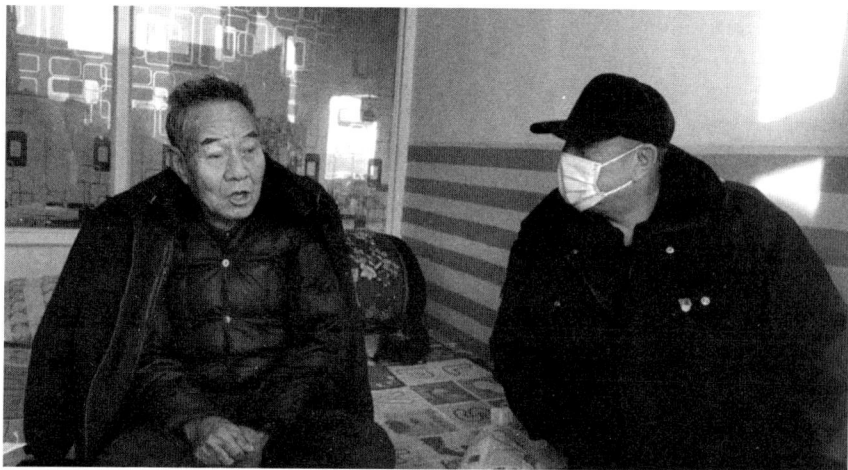

张泽入农户了解情况

检验检测中心六支部将其荣获的"最强党支部"奖励资金，购买了一套价值3000余元的功放音响，无偿捐献给张子淖村，用于文化建设的支持。村里的百姓欢欣鼓舞，村民们自发组成了广场舞的队伍，在农闲时边学边跳，还组织歌唱表演，使村里的文化生活丰富多彩起来。以前三五成群打牌、闲聊的人少了，积极参与娱乐健身的人多了。现在几乎每晚都有一群娱乐健身的人在悄悄改变着乡村的文化生活。

改善村里的基础设施

驻村以来，总是听到村民反映说出田路不好走，给生产生活造成很大的困难。我经过实地查看，确实存在这个问题，尤其一到雨季，春耕秋收时，出田路坑洼不平，村民耕种的车辆难走，极易引发翻车等事故，造成村民人员财产损失。我看在眼里，急在心里。

经过将近两年的协调，经过多方努力，由村里自筹一部分资金，在包头市场监督管理局领导支持下，由包头市检验检测中心资金扶持10万元，终于使这条村民急难愁盼的田间路修理成了一条平坦的砂石路。

我相信，这条路是在落实习近平总书记提出"国家要发展，乡村必振兴"的国策之路，这条路是党和村民的一条连心路，是村民们走向幸福生活的一条康富大道。

身先士卒　用产业策略扶贫攻坚 —— 李文军

李文军是市食品药品监督管理局主任科员，2015 年 9 月任土右旗双龙镇王四顺村"第一书记"。驻村以后，李文军紧密团结村"两委"干部，以强基层打基础、强服务增活力为目标，围绕脱贫攻坚、美丽乡村建设、产业结构调整、基层组织建设等重点工作，努力发挥个人和集体力量，为王四顺村早日脱贫作出了积极贡献。

到村里任职起，李文军把群众利益摆在心中最高位置，真心走进群众。没有农村工作经验，他就从"小学生"做起，尽快补上农村实践课，走家入户、走街串巷、深入田间地头，与村民拉近感情，从客套寒暄到真话实情，坚持把自己融入群众当中，在短时间内打开了工作局面。他走遍村里所有角落和所有人家，扫垃圾、清草垛等细活亲力亲为，真诚的行动和真挚的感情打动了群众，用实干赢得群众信任。驻村工作就是在家长里短中树立威信，在摸爬滚打中锻炼能力，他冲在困难前沿，摸底调查，化解矛盾，协调组织，践行"喊破嗓子不如甩开膀子"，从紧事做起，从难处入手，急群众所急，办热点问题。

谋划产业，因地制宜，建立长效见利机制。经过市场调研，结合村里自然条件，李文军决定做好产业，找准路子，在村里推行产业扶贫举措，用产业策略打好扶贫攻坚战。种植方面，促成内蒙古骆驼酒业与王四顺村签订了长期订单高粱种植，按保底价收购高粱；促成内蒙古圣鹿园生物科技股份有限公司与贫困户签订 500 亩青贮食用两功能玉米和 1500 亩高粱订单，农民每亩地增收 200—300 元。养殖方面，推行梅花鹿"基地＋龙头企业＋农村合作社＋贫困户"养殖模式，合作社与圣鹿源公司签订了饲养梅花鹿的协议，企业无偿提供技术指导和饲料配方，并以高于市场 10% 的价格包销所有鹿产品，有劳动能力的贫困户或出工或种饲料，加入合作社养殖梅花鹿，无劳动能力的贫困户年终参与分红，每户每年能分 1000—3000 元红利。问询把脉，因户施策，多点发力盘活土地。他深入农户家里，了解农民所想所愿，结合自家土地和劳力情况，抓住城里人保健养生的观念，在村里种植了 200 亩有机杂粮（谷米、糜米、黄豆、黑豆、绿豆），所有贫困户参与收益，年底把地道的有机绿色农产品销往商场超市，带动贫困户实现稳定增收。

加大宣传，广交朋友，发动多方力量参与扶贫攻坚，发动社会帮扶力量，伸出援手献出爱心。联系自治区、包头市各级媒体对王四顺村精准扶贫工作进行了多次采访报道，争取各界认识王四顺、帮扶王四顺。联系内蒙古圣鹿园生物科技有限公司在 2016 年"六一"儿童节期间与三道河中心小学开展扶贫先扶智的社会帮扶教育活动，让孩子们在参加包头科技馆、北方兵器城、城中草原赛汗塔拉圣鹿园鹿场等科技夏令营活动中，感受到科技创新和爱国主义的正能量。2017 年协调包头蒙德润企业开展了关爱留守儿童活动。他把村民的医疗健康问题挂在心上，发动医药界企业三年来累计为村里捐助 15 万元的药品，减轻了农民的负担。每年联系旗医院、镇卫生院医务人员进村，免费为村民体检。联系上海宝龙药业有限公司提供价值 7800 元的营养药品，改善瘦弱慢性疾病的人营养健康。联系宁波市电子商务协会，为村里老人赠送了 50 把医疗器械拐杖，营造了关爱孝顺老人的氛围。紧紧依靠帮扶单位，坚持四原则争取帮扶。事关群众切身利益的事抓紧协调，如村南八支渠涵洞桥破损，曾发生农用车侧翻人员受伤的事故。2014 年秋季，他联系帮扶单位出资 5 万元重建了八支渠涵洞桥，彻底消除了桥南农用车安全通行的隐患。条件成熟的事立即协调，如把当地特有红泥地种植的小麦、胡麻，每家散养的笨鸡，全部实行订单打包销售，每户人均纯收入增加 400 元。工作有主动权的事尽快协调，如积极协调帮扶单位包户干部为贫困户产品找销路、产业谋长远、收入保稳定的全天候服务工作。动员本单位干部认下一门农村亲戚，常回家看看，有困难想干啥，让农户找自己的娘家人。需要部门协作的事全力协调，如协调中国联通包头分公司，完成了方圆 3 公里的 WiFi 覆盖工作，为 20 家贫困户免年费 2 万元；新开挖 2 公里简易水渠解决部分耕地浇水不畅的问题；协调包头农村商业银行贴息贷款，帮助农户开展庭院经济和特色种植养殖业等。

王四顺村的面貌改变了，农民的收入增加了，生活更幸福了，这是李文军的成绩单。

驻村几年多，李文军最大的感悟就是金碑银碑不如老百姓的口碑！怕辛苦、嫌麻烦、不主事，那就干不好驻村第一书记。百姓拥护你，全靠实打实的工作认可、心贴心的服务说理。品行端正、道德高尚、修养大度、刚正不阿才能得到百姓的赞誉。严格遵守驻村工作纪律，不拿群众一针一线，廉洁自律公正无私，让百姓通过自己的示范，感受到共产党人的风清气正朴实无华，牢记为人民服务的宗旨意识，时刻提醒自己不忘初心。2016 年被包头市委、市政府评为"三项重点工作"优秀工作者；2017 年被土右旗委、旗政府评为全旗美丽乡村建设优秀驻村干部；连续三年被包头市委、市政府评为精准扶贫优秀个人。

真情扶贫　出招办实事奋战一线 —— 崔志标

在包头市达茂旗石宝镇湾尔图村，说起驻村第一书记崔志标，村民们总是会竖起大拇指："崔书记是个办实事的好书记。这几年我们的日子能够变好，真是离不开他呀。"

崔志标，男，1968 年 5 月出生，1986 年 7 月内蒙古体院毕业后分配到市体育局工作，先后担任群体科副科长、科长、竞赛科科长。2014 年 4 月被选派到达茂旗石宝镇湾尔图村担任第一书记，自此他便与这个村子结下了不解之缘。

全力转变角色走村入户听民声查实情

2014 年初春，时任市体育局竞赛科科长的崔志标，在接到单位的委派通知后说："说实话，刚接到通知时，面对全新的工作领域，我心里也在打鼓。但作为一名共产党员，我暗自较劲——不干出成绩来绝不罢休！"

初次赴任那天，经过三个半小时的路途颠簸，崔志标到达湾尔图村委会，一一见过驻村工作队和村委会成员后，立刻投入紧张的入户调查工作中。了解得知，湾尔图村地处达茂旗东南方向，村子地处丘陵，交通不便，气候长年干旱少雨，收入以种植和养殖为主。全村辖 9 个自然村，常住人口 182 户 553 人，以老、弱、病、残为主。全村共有耕地 16471 亩，其中水浇地 3640

亩，以种植小麦、莜麦、马铃薯、葵花、谷草、菜籽等为主，少量养殖绵羊、牛、猪、鸡等，无村办企业，全村人均收入低于全镇平均水平。该村是石宝镇最贫困的行政村之一，也是包头市确定的达茂旗 28 个贫困村之一。2014 年全村共有贫困户 56 户 108 人。

崔志标认为，只有全面摸清实情才是做好脱贫攻坚工作的关键和前提。他从最基本的入户调查着手，经过几番调查，谁家日子过得不错，谁家生活困苦，一目了然。在走村入户、摸清底数后，崔志标详细填写贫困户入户调查表等信息，按照国贫户、区贫户、市贫户分类建立帮扶对象档案，认真撰写民情笔记，分析其致贫原因。

崔志标说："脚下沾有多少泥土，心中就沉淀多少真情。去张润娃家入户调查时，看到他家穷困的样子，我差点掉泪。当时是 4 月，他穿着个烂棉袄

崔志标走村入户听民声查实情

在家门口躺着。他曾经患有脑出血，后来有点痴呆。我们在他家里转了一圈，发现米缸是空的，米面油啥也没有，问他们的收入情况，张润娃的老伴儿赵板女说没有啥收入，家里的旱地租出去了，没几个钱，眼下连吃药的钱也没有，我当场放下 200 块钱，让他们先买药吃。"自从目睹了贫困户张润娃躺在家门口的一幕，这个家庭就成了崔志标格外关注的对象。低保、养老、易地搬迁、家庭医生送医送药、资产收益分红……一项项帮扶措施接踵而至，如今这个贫困的家庭已经大变样，房子干净宽敞，米面油再也不缺，患有多种慢性病的赵板女生病也有钱看了。虽然张润娃 2017 年去世了，但一家人的生活在扶贫干部的帮扶下，正越过越有盼头。

贫困户薛全生一家也是因病致贫，崔志标和村干部过去看望了好几次，询问他的家人在生产和生活上的困难，从产业帮扶方面给他们补贴了 3 只羊 1500 块钱。2016 年统一建新房时，因为个人也需要出一部分钱，他家嫌贵没有盖。2019 年镇里从别的村给他家买了一套新房，他们一分钱没花就住上了崭新的房子，现在他们一家已经脱贫了。

驻村扶贫 7 年多，崔志标每年春节都坚守扶贫一线，他说："贫困户的幸福感就是扶贫干部的获得感，带领群众早日脱贫致富不是口号。"2020 年 1 月 17 日，农历腊月二十三，正值北方"小年"，湾尔图村里每家每户都忙着备年货、拾掇屋子，处处弥漫着浓郁的年味，崔志标也忙着走访他的贫困户"亲戚"。"过年好！崔书记，你不是又借着拜年来谈工作吧？"刚刚走进村委会，村支部书记刘龙小就迎了上来。"我来给你拜年啦""崔书记，我正准备春节后专门到村里表示感谢的，真没想到你还专门来给我拜年。"建档立卡贫困村民赵板女赶忙开门，把崔志标让到屋里。"崔书记你来啦！过去这条路是我们经常出门唯一的一条路，过去坑坑洼洼，特别是遇到下雨天，来回都是一身泥。现在你再看看，像县城里的大路，路宽灯亮！"在达茂旗石宝镇湾尔图村村口，开着车准备出去走亲戚的小张夫妇兴高采烈地说。

从善做到善谋，勇挑脱贫攻坚工作重担

一个个贫困户确定了，因贫施策的帮扶措施也随之展开。

在崔志标看来，扶贫工作首先要加强基层党组织建设。刚一上任，他就与村"两委"班子协商，建章立制，完善村规民约，把党员管理培训以及"三会一课"等多项规定制度化，并上墙公示。结合"两学一做"活动，对村干部和全体党员开展培训，强化信念，提升服务意识、服务水平，增强基层党组织的战斗力和凝聚力。同时，崔志标还将村中的先进分子吸纳发展到党的队伍中，把他们培养成后备村干部、致富能手、新农村带头人，由他们带动村民共同脱贫致富。

贾达盖村和滴水泉村是湾尔图村下辖的两个最大自然村，由于村里的水井年久失修，村民们吃水只能去邻村拉运。得知这一情况，崔志标立即向单位领导报告反映，利用扶贫资金 10 多万元为两个村子各修建了一眼新井。后来，又联系其他帮扶单位，陆续给村民们打了 49 眼新井，彻底解决了群众吃水难问题。同时，又协助村委会协调、落实扶贫项目，实施土地整理项目 7900 亩，种植树苗 2000 株，修田间砂石公路 7.5 公里，硬化新村巷道 1.7 公里；架设输电线路 9 公里，安装 80 千瓦变电器 12 台。乡村环境得到极大改善，村民生活质量提升显著，获得乡亲们的一致好评。

村里虽然老弱病残多，但他们对健康的追求和城里人一样。2016 年，在崔志标的协调下，市体育局投入 30 万元在村里新建的两个广场上安装了两套室外健身设备、一个篮球架、两个室内乒乓球台，后来他又对接自治区体彩中心给石宝小学拨付了价值 2 万元的体育器材。"健身器材安装好，村里的老年人可高兴了，他们早上 6 点半就过来健身，一直到七八点钟才回家，下午过来再接着锻炼。"说起村民对健身器材的喜爱，崔志标难掩骄傲。

崔志标说："物质的帮扶只能解决眼前的困难，要想让更多的村民脱贫致富，没有项目带动、产业发展是不可能实现的。要扎实推进湾尔图村'精准扶贫'工作必须依托项目带动发展。"崔志标这样想也是这样做的。白天深入

群众家中交流谈心，晚上与乡村的驻村干部商讨脱贫路径。按照高标准、高起点的原则，以强产业、促长效的发展思路，积极与村干部和村民协商，形成建立面粉加工厂初步方案。崔志标立即向单位领导汇报这一方案，经批准后获得帮扶资金37万元，又先后争取到达茂旗人民法院、环保局及市工商银行、正北食品公司等单位的帮扶资金23万元。2017年，面粉加工厂建成并顺利投产，可为每户贫困户每年免费加工1000斤小麦。此外，面粉厂实行承包制，承包者每年向村集体上交1.5万元承包费，村里用这笔钱给担任清扫、保洁等岗位的贫困户发放补贴，村里搞活动也有了经费来源。2019年，湾尔图村委会建设光伏发电项目，目前已经投产，年收入达5万元，进一步促进了湾尔图村集体经济长效稳定发展。

一天上午，崔志标来到自己帮扶的贫困户靳存羊家，老人今年68岁，家里因为缺乏劳动力致贫。"最近生产、生活上有没有什么困难？"崔志标询问。"都挺好，今年雨水不赖，收成应该差不了。下个月就要秋收了，家里的羊也长得膘肥体壮，去年卖了10只羊，少说也收入了1万多元。羊羔一只能卖八九百块钱。"靳存羊笑着回答。从靳存羊家出来，崔志标还要去其他贫困户家转转。差不多一周到两周时间，他就会把村里所有贫困户走访一遍。

舍小家顾大局彰显共产党员责任担当

湾尔图村距离市区220公里，从市区往返需6个小时，崔志标的父母已经年迈，19岁的儿子快要高考。"平时家里就靠你了"，这句叮嘱的话崔志标没有说出口，但妻子懂得，安慰道："没事儿，工作要紧。"

扶贫出发前，崔志标的儿子正上高三，现在已经大学毕业。儿子曾开玩笑地对崔志标说："我都大学毕业上班两年了，你还在扶贫。"崔志标说："脱贫攻坚已进入最为关键的倒计时，一刻也不能停，一步也不能错，一天也不能耽误，作为一名共产党员，必须在关键时刻冲得上去，危难关头豁得出来……"

因路途遥远，每周只能回家一次，年迈的父母需要他尽孝。崔志标说："只能在工作之余抽时间回来待一两天，两边的老人都陪一陪。作为扶贫干部，心中有自己的牵挂，但只因肩负着脱贫攻坚的特殊使命，注定与家人聚少离多，应不计得失、一心一意扑身于脱贫攻坚这一伟大的事业中，对扶贫事业的'忠'，成就着更大意义上的'孝'。作为党员干部，要时刻不忘初心，牢记使命，始终将群众的利益摆在首位，想群众之所想、急群众之所急、解群众之所需"。

如今，湾尔图村的 56 户、108 名贫困户已经全部实现了脱贫。贫困户的孩子上学不用愁了，贫困人口基本医疗保障全面实现，看病也有人管，群众再也不用担心因病致贫、返贫；村民们住上了新房，再也不用去很远的地方打水了；锻炼身体也有地方可去了，乡村环境也越来越好，群众的幸福感、安全感、获得感更加充实……崔志标担任扶贫干部的 7 年时间，是湾尔图村变化最大的 7 年。

无私奉献　精准扶贫道上显成效 —— 季晓君

季晓君是包头市统计局驻下湿壕镇三城仁壕驻村"三到"干部，任三城仁壕精准扶贫工作组组长。

深入调查摸底，认真分析研究，制定精准扶贫发展规划。

他先后完成对 6 个自然村常住 179 户 411 人（包括贫困 134 户 247 人）摸底调查和建卡立档工作。同时，对全村委 36 名党员（在村党员 16 名，外出党员 20 名）进行登记造册。通过大量前期调查工作，结合三城仁壕村实际情况，进行认真分析研究，在固阳县率先制定了三城仁壕村四年精准扶贫发展规划。

季晓君积极与县水务局协调，拟定支助灌溉工具，以解决河落图、大圈圙村 400 亩土地灌溉缺水问题；积极与金山工业园区联系，进行了外出打工人员登记备案，建立务工人员资源库。他还及时化解小南窑村民与企业、河落图修路占地等十几起矛盾纠纷。同时，制定了村"两委"班子成员"一对四"和"一对六"帮扶困难党员、残疾人和特困户的模式，并积极协调县残联、民政局和企业进行救助，并将他们全部纳入享受低保范畴。同时，为 147 名村民办理低保、高龄补贴。

季晓君积极争取农牧业奖补养殖资金，发展养殖，新建羊圈舍 7600 平方米，购置适龄母羊 288 只，项目总投资 78.4 万元，其中奖补资金 31.2 万元，农民自筹 40 余万元。此项目惠及贫困户 38 户 78 人，贫困户每人每年增收

4800 元；整合土地资源，鼓励合作社经营，对三城仁壕村 3000 亩、蔺家渠村 1500 亩土地进行有效流转，建立优质高产苜蓿基地和经济作物示范基地。此项目惠及贫困户 55 户 98 人，年人均增收 2200 元；积极争取国家危房改造专项资金及其他各类资金，对全村 62 户危旧土房、无人居住破房进行拆除，清理土墙 1200 米、"五堆" 32 处，新建危房改造住房 45 户，粉刷墙面 7800 平方米。其中，通过村民自筹、社会帮扶等资金渠道，对三城仁壕村 20 户土房危房进行集中连片重点打造，并配套完善上下水、厨房、卫生间等设施，大大改善了村民生活居住条件；争取资金 130 余万元，新建占地 326.2 平方米村委活动室，配套完善党员活动室、会议室、便民服务站、阅览室、运动器械等辅助设施。同时，硬化小区近 4000 平方米，安装工艺围栏近 180 米，为村民提供休闲舒适的居住、娱乐环境；积极争取项目资金 137 万余元，新建 S311 线至河落图村 5.5 米宽、2.57 公里通村水泥公路，结束了三城仁壕村无通村水泥路的历史。积极争取对口帮扶单位的大力支持。争取包头市统计局、国家统计局包头调查队帮扶资金 12 万元以及科级以上干部捐赠款 2.3 万元；包钢销售公司帮扶钢材物资 6 万余元；县委政法委协调争取 "一事一议" 项目资金 88 万元；同时，2014 年安排市统计局 21 名科级以上干部，对 105 户贫困户进行对口帮扶，并在春节期间对特困户进行了慰问。

季晓君作为一名党员，克服了各种困难，兢兢业业，为三城仁壕村民早日脱贫致富做了大量卓有成效的工作，得到了镇党委、村 "两委" 和广大村民的充分肯定，全力践行了一名共产党员的先锋和模范带头作用。

心无旁骛　用绣花功夫谋划发展 —— 张　俊

"刚村委通知，下午鸡场就给把鸡苗送来了，咱们赶快回去再收拾收拾鸡舍哇。张书记办事就是效率高。"脱贫户武平小、郭少峰一边议论一边急急从村委离开……

电报局村是大青山北麓的一个山村，地处春坤山、马鞍山旁，紧靠311省道，40年代，是大青山游击队抗日的重要地区。村里人口多，坡地多，耕地几乎全是旱地，靠天吃饭，村民收入不稳定。脱贫致富一直是乡亲们梦寐以求的目标，是每个村民难舍的梦。

2014年初春，村里多了一位面孔白皙、身材魁梧的年轻人，他走村串户，到田间地头，与大家唠家常，时不时能听到他爽朗的笑声。这位年轻人，就是包头市金融办派驻电报局村的第一书记张俊。他说，自己就是农家娃，能回到农村挂职，为乡亲们服务，机会难得，一定要尽自己最大努力做点实事。七年多的时间里，他走遍了电报局村的角角落落，家家户户的炕沿边都留下了他结实的背影，成为17个村小组508户1058名乡亲们人人心中的"张书记"。

精准"把脉"实施产业扶贫

电报局村土地较肥沃，但人口多，耕地少，又都是旱地，地质非常适宜于种植黄芪，是内蒙古正北黄芪的原产地。张俊驻村之后，就密集走访，了解老乡生产生活情况，组织村委历届老支书、老党员召开座谈会，听取扶贫意见。几天下来，基本掌握了乡亲们的核心诉求，"开发水浇地"。土地是乡亲们的命根子，是实现脱贫的根本所在。

电报局村地处缺水地质带，地下水资源匮乏，但沟壑纵横，地表水丰富，非常适宜套井蓄水。目标一经确定，张俊立即带领驻村工作队员和村"两委"成员，不辞辛劳，往返于市区、县城和村里，拜访各帮扶单位、金融机构。当年就争取到 30 万元社会帮扶资金。为耕地面积多，且较为集中的大英图村小组打套井，到 2014 年秋末，打成三眼直径 4 米，深 20 米的大口套井。张俊又和驻村队员一起到县水务局协调节水灌溉配套，终于于 2015 年初春，在乡亲们开播下种之前，完成了水利配套，2000 亩集中连片滴水灌溉工程展现在老乡面前。当年受益人口达到 223 户、724 人，年人均收益 500 元。"眼前这绿油油的黄芪，全靠张书记。以前好多人连地也不种了，靠天吃饭，不敢种，有时连籽种也收不回来。"村民郭成旺感慨地说。

2017 年，张俊又四处奔走协调，落实了 20 万元社会帮扶资金，为前小东沟、白青窑、西卜子、薛家渠 4 个村小组的集中连片水浇地实施了节水灌溉工程改造，使水浇地由原来的 200 亩拓展到 500 亩。受益人口达到 179 户、525 人，人均收益 1000 元。水浇地的开发，使黄芪种植有了保障，乡亲们的"腰包"真正鼓起来了。"不计养羊收入，仅黄芪我们每年就纯收入 2 万多元。"脱贫户吕兰柱高兴地说。

2019 年初，张俊带领驻村工作队又争取政策，为电报局村小组开发水浇地 1000 亩，惠及村民 122 户，345 人，村民人年均收益增长 500 元左右。至此，电报局村集中连片的旱地全部实现了旱改水。土地资源的高效开发，从根本上保障了村民的基本收入，为全体村民实现稳定、持续脱贫打下了坚实基础。

在村生活的常住村民，大多是年纪大的村民，没有能力再经营土地，土地流转势在必行。张俊带领驻村工作队从 2015 年开始推动土地流转，当时每亩水浇地每年的流转费是 180 元，到 2019 年流转费增至 260 元，仅水浇地流转收入，每人每年即可收益 1800 元左右。土地的集中经营，统一规划、统一种植，或油葵，或油菜，或黄芪，或黄或绿，一片大好风景，引来无数游客、驴友和摄影爱好者，成为远近闻名的田园观光旅游区，还带动了周边村民的土特产品销售和农家乐。

精准"施策"，实现靶向脱贫

在打牢土地资源这一产业根基的同时，张俊和驻村工作队、村"两委"严格按照政策，认真识别贫困户，截止到 2018 年，电报局村累计建档立卡贫困户 32 户 52 人。针对贫困户大多数是因病、因残致贫的情况，精准施策，从 2018 年开始，张俊同志主导委托固阳县晶垚农牧业专业合作社为电报局村所有贫困户每户托管养殖大红公鸡 100 只，并与帮扶单位和工、农、中、建、交等金融机构签订了每只公鸡 100 元的保底认购协议。当年底全部按照认购

张俊在脱贫户吕兰柱家的黄芪地中查看黄芪长势

协议销售，贫困户每户实现 3000 元的收益。2019 年又为 31 户贫困户每户托管养殖 50 只大红公鸡，张俊又协调爱心企业——内蒙古吉宇控股集团公司一次性认购，贫困户每户实现 1500 元收益。

电报局村地处山区，坡草种类丰富，非常适宜羊养殖。为了进一步增加村民养殖效益，从 2018 年开始，张俊同志积极争取到固阳县政府羊品改良优惠政策，即澳洲白品种胚胎移植，移植一枚 1500 元，人工授精一只 60 元，两项政府全额补贴。当年实现改良 100 余只。2019 年，全村共实施人工授精、胚胎移植 200 余例，受益农户近 30 户，涵盖了所有有劳动能力的贫困户。羊品改良，极大地提升了村民的养羊收益，增加了贫困户的收入。"张书记，澳洲白就是好。光一只刚会吃草的小羔羔，就能卖 1000 块，比其他小羔贵 200块。"脱贫户李二亮兴奋地说。到 2019 年底，所有贫困户出列，实现脱贫。

精准"谋划"，发展集体经济

村集体经济发展如何，直接关联一个村的未来发展，直接关系贫困户的稳定脱贫。"张书记，电站收益啥时候发呀？"因肌肉萎缩，丧失劳动能力的脱贫户王二军关切地询问。2018 年，在张俊的努力下，电报局村实现了村集体经济"零"突破。从立项到争取资金，2018 年的春节，张俊都在谋划村集体项目。他打算依托村内工矿企业用电量大的有利条件，建一座光伏电站，发出的电全部销售给工矿企业。征询乡亲们和村"两委"意见时，大家一致认为是个好项目，收益稳定，不受市场影响。说干就干，张俊亲自起草项目立项报告、可研报告，向上级部门立项、申报，并积极争取扶持资金，协调企业，项目终于落地，2018 年 10 月份建成了 100 千瓦光伏电站，当年实现售电收益 2 万元。2019 年光伏电站实现售电收益 10 万元。村"两委"和村民代表大会决议，2019 年为所有贫困户每户分配光伏电站收益 1500 元。

2020 年初，克服疫情影响，张俊又争取到了 110 万元扶贫专项资金，筹划落地了绒山羊养殖项目，养殖绒山羊 340 余只。与县供电局协调，无偿租用了当地供电站的养殖基地，当年实现效益 6.6 万元。

村集体经济的发展，增强了村"两委"的凝聚力、战斗力，为进一步做好乡村振兴、乡村治理打下了坚实基础。

精准"定位"，启航乡村振兴

按照党中央关于脱贫攻坚与乡村振兴有效衔接的要求，从 2019 年开始，张俊就开始着手谋划电报局村的乡村振兴项目。

电报局村所辖村组大英图村区位优势明显，且独具特色，村落"负阴抱阳""背山面水"，契合中国传统的风水格局，村后有山可靠，村前开阔，景观优美。"大英图"为蒙古语发音，汉语意思是"有碾子的地方"，依据出土文物考证，大英图村落及其周边区域，自元代就有少数民族活动、聚居。大英图村的窑洞多为靠崖式土打窑，依山而建，上下共有五排，窑洞数量有 30 多套，土建轮廓基本完好。

在抗日战争期间，大英图村作为大青山抗日根据地的一部分，涌现出了许多可歌可泣的人物和事迹。

2019 年 6 月初，大英图村入选中国传统村落名录。

张俊精准定位电报局村的未来发展方向，决定依托大英图村得天独厚的区位、立地优势和政策优势，开启文化旅游小镇建设工程。先期争取到的投资 1000 万元的大英图小河流域清洁治理工程于 2019 年底如期完成，该工程的实施，使大英图村面貌焕然一新，周边山体实现了绿化、美化，河道清洁优美，旅游栈道、拱桥更为大英图村增添了一抹诱人的妩媚。

张俊设想，要挖掘大英图村抗战期间红色爱国事迹，探幽元、明、清期间少数民族兄弟在此的生活踪迹，修复承载厚重历史记忆的古老窑洞民宿，逐步将大英图村建设成为集窑洞民宿、古迹探幽、爱国主义教育为一体的功能齐全、底蕴深厚的文化旅游小镇。

大英图村美化亮化工程于 2019 年底完工。2020 年，依托旧民居，已经修缮完成了村史博物馆、村文化活动室和一处古窑洞休闲体验院落。

现在，大英图村已经成为远近闻名的休闲旅游胜地。在每年 7 到 9 月的旅游黄金季节，众多的游客纷纷前来绘画、摄影、观光，带动了这里的农产品销售和农家乐增收。"我每年养的肉猪不愁卖，还能卖个好价钱。"脱贫户张润女高兴地对前来采访的记者讲。开农家乐的孟三虎说："旅游季节，游客又多，又集中，我和老婆忙不过来，还得从村里雇人。"

电报局村，因为张俊的到来，正在发生着明显变化，乡亲们越来越富、村容村貌越来越美。

辛勤务实　洒汗水播撒脱贫种子 —— 王　刚

2017 年 3 月，市人防办党组成员、副主任王刚，被选派到达茂旗二里半村任"第一书记"，投身到扶贫事业当中，为全面建成小康社会贡献自己的力量。在镇党委、政府的领导和支持下，与村"两委"积极配合，认真履行驻村工作职责，努力为二里半村村民做好事、办实事。

坚持党建引领，锻造脱贫攻坚基层领导力量

重视基层党组织建设，把夯实基层党组织同精准脱贫工作有机结合起来，围绕脱贫工作抓党建，抓好党建促脱贫工作，不断增强基层党组织的凝聚力和战斗力。是王刚，这位驻村第一书记抓的第一件事情，他认真落实党支部"三会一课"制度和"两学一做"学习教育制度化常态化，驻村 4 个多月，召开支委会议 4 次，与帮扶单位党支部共过主题党日 1 次，讲党课 1 次。制定了《二里半党支部三项制度》《"两学一做"学习教育常态化、制度化实施方案》等。组织村"两委"班子成员、驻村工作组成员和全体党员，学习党章党规和习近平总书记关于精准扶贫重要论述。二里半村"两委"班子成员平均年龄 51 岁，2 名高中学历，3 名初中学历，年龄偏大、学历偏低、工作积极性不高。针对这一问题，王刚主动与村"两委"班子成员谈心，交流思想，宣讲党员的义务。同时，根据每个成员的优势和特长引导、分配工作，调动

起他们的积极性，确保一个不落地投入精准扶贫工作中，党员的先锋模范作用得到彰显。村民说，现在村委会每天都有人，办事更方便了。

坚持精准施策，帮助贫困户制定帮扶措施

入村后，王刚带领驻村工作组全身心投入精准脱贫工作中去。首先是认真学习，掌握政策，为进村入户宣传党的扶贫政策和做好精准脱贫工作做好了准备。其次是摸清情况，走访调查了 87 户国贫户，不断完善国贫户资料和建档立卡工作，深入分析主要致贫原因，调查了解贫困户生产脱贫意愿，宣讲精准脱贫政策，与西口子合作社联系帮扶项目，最后与贫困户共同制定了精准脱贫产业扶贫项目帮扶措施。王刚带领驻村工作组成员白天忙于入户调查，夜晚整理资料，记录脱贫攻坚工作日记，加班加点已成常态化。他们的辛勤工作得到了国贫户和当地村民的认可和称赞。国贫户王虎是王刚对口帮扶的贫困户之一，夫妻两人都患有不同程度的疾病，2015 年因病致贫被确定为国贫户，2016 年通过采取外包土地、各类政策性生活补贴、养老金、易地

王刚与村民开会议事

搬迁、新农合医疗补助等措施，当年人均纯收入达到 4002.17 元，实现了稳定脱贫，之后王刚时常看望王虎一家，送去米面油，积极协调镇计生部门帮助王虎妻子解决治病问题。

针对二里半村没有村集体经济和村财政困难的情况，王刚积极协调市人防办，在资金紧张的情况下筹措落实 10 万元帮扶资金，组织 2 批次的大规模走访慰问，对马铃薯种薯种植、玫瑰花种植观赏等项目进行论证，扶持村集体经济发展。

2017 年，87 户国贫户 165 人（包括上年脱贫的 52 户 102 人）种植马铃薯 111 亩，向日葵 237 亩，旱地有机粮油小麦、荞麦等种植 1331 亩，肉牛 6 头，肉羊 300 只，猪 10 头，鸡 100 只。其中：62 户 101 人 60 岁以上贫困人员享受政策兜底措施，每人每年养老金可增加到 3504 元。剩余的 25 户国贫户人均纯收入能够达到 4000 元，实现稳定脱贫。

党建引领　告状村转变成先进村 —— 姜志平

2017 年 6 月，包头市政务服务中心（公管办）法规监察科科长姜志平，被选派到土右旗将军尧镇善旦尧村，任第一书记兼驻村工作队队长。参加驻村扶贫工作以后，姜志平放下架子、扑下身子，情系群众，真抓实干，把自己当作一名村里人，把对党的忠诚和工作的敬业落实到实际工作中，使善丹尧村从将军尧镇重点九个项目贫困村成为精准扶贫工作的样板村，体现出当代共产党员干事担当的风采和无私奉献的本色，赢得了单位领导和村里群众的一致好评。

摸清民情村风，增进干群鱼水情

善丹尧村曾是远近闻名的"告状村"，该村有常住人口 265 户 579 人，建档立卡国家级贫困户 42 户 92 人。姜志平上任后第一件事就是走访贫困户、了解情况、深入细致调研，很快掌握了村里精准的第一手资料，帮助群众找到贫困的根源，因户施策。他两年如一日，经常走进田间地头，了解村民的生产生活，带领驻村工作队和村"两委"班子、村民代表召开专题会议，为每个建档立卡贫困户，制定一户一策的脱贫攻坚计划，为更好地开展脱贫攻坚工作奠定了基础。

加强基层党建，增强支部战斗力

过去的善丹尧村，"两委"班子组织涣散，在姜志平的带领下，村"两委"班子的凝聚力和战斗力日益增强，为善丹尧村的发展提供了坚实的组织保障。他首先按照"班子坚强，队伍优良"的标准认真落实"党员双向培养计划"，推动广大党员在脱贫攻坚中当先锋、做模范。他善于从抓党建、抓党员、抓阵地入手，积极发挥第一书记作用，不断巩固基层党组织的战斗堡垒作用。"抓觉建、促脱贫"是第一书记的首要任务，也是他驻村工作开展的切入点。自担任第一书记以后，他积极宣传党的各项政策，认真落实"三会一课"制度，定期组织村里党员、村民学习党的精准扶贫政策，乡村振兴战略，开阔视野，增长才干。村党支部班子通过支部引领、产业支撑、合作社服务、党员示范带动，走上了村集体经济破冰，村民共同发展的路子。这个过程中，姜志平积极推进制度建设，建立健全各项规章制度，完善村委议事规则和决策程序，推进党务、村务、财务公开等各项工作，进一步提升了村党支部的凝聚力和战斗力，充分发挥了党组织在脱贫攻坚工作中的战斗堡垒作用。

突出产业引领，增强致富内在动力

根据善丹尧村的实际情况，姜志平率先创新提出了第一个政企合作的光伏扶贫计划，协调资金18.2万元，建设26.19千瓦光伏发电站，收益年限25年，总收益共计40万元左右，全部用于村里精准扶贫工作。光伏发电站的建成，壮大了村集体经济，变输血为造血，为村集体提供了长期、稳定的扶贫收益。2018年，他带领驻村工作队和村"两委"成员以国家"扫黑除恶"为契机，将村集体192.2亩土地成功收回并流转，为村集体经济增收4.4万元，一举解决了村里遗留多年的棘手问题。他协调旗审计局、中信银行共同出资12万元，为村里修建了2800平方米的村文化广场，硬化水泥路1.1公里，完善了村基础设施，方便群众出行；协调资金6万元，实施了人畜饮水工程，从根本上解决了村民和牲畜的饮水困难，保障了饮水安全。为村委会争取价值2.7万元的电脑、打印机等办公设备，有效提升了村"两委"的日常办公条件。他始终把贫困户和村民的生产生活困难放在首位，在入户走访中发现贫困户高龙患脑出血，家中由于长年看病无力承担住院康复治疗的费用，他马上协调包头市现代医院，经过几番周折，医院终于同意免去高龙治疗报销外的费用和家人食宿费用，为因病致贫的家庭从根本上解决了看病的困难。贫困户王文厕所年久失修，视力不好，姜志平带领村"两委"成员帮助修建旱厕一所，又协调土右旗医院，为村里因残致贫的贫困户进行了伤残鉴定。另外，他协调帮扶单位，为困难群众送去 8 头猪仔、60 只鸡苗、800 斤饲料和20 吨水泥，帮扶困难群众发展庭院经济。协调包联部门为村里贫困户送去了电饭煲、生活物资等价值 2.6 万元的慰问品，协调帮扶单位以高于市场价认购贫困户肥猪 8 口，总价近 5 万元。协调包头义工组织为困难学生捐助价值4000 元学习用品，通过组织中心党员干部、协调社会组织、爱心企业为贫困户、五保户、低保户捐款 2.8 万元。

认真学习国家政策，落实工作不打折扣

自驻村以后，姜志平带领驻村工作队和"两委"成员，严格落实国家"六个精准""五个一批"政策。两年多共帮助村里贫困户 28 户 53 人解决住房困难，村里旧房全部拆除，新房全部入住，不存在两头占的问题，村里 87人享受政府代缴每人 475 元的城乡居民医疗和大病商业保险，发放健康扶贫"小药箱" 14 个；为全村村民进行免费体检，帮助村民节省费用 3.76 万元。村里 3 名学生享受在校生每年 500 元交通补贴；2 名贫困家庭应届大学生享受一次性 3 万元的教育补助；2 名贫困家庭职业教育学生享受每生每年 1500 元的"雨露计划"补贴；6 名学生享受包头市政务服务局、包头市公共资源交易中心每人 800 元助学金。梳理低保、养老和红会、残联救助等惠民政策，做好与扶贫开发在对象、标准、管理等方面的有效衔接，全村享受低保 20 户 38

人，五保 10 人，养老保险 462 人，政策兜底力度更大。针对贫困户产业发展需求，协调邮政储蓄银行发放扶贫贴息贷款 6 户 30 万元，贴息 1.8 万元。大力发展村集体经济。姜志平多方奔走，协调产业扶贫资金 91 万多元，入股合作社，通过"政府＋合作社＋贫困户"的模式，收益 13 万余元，帮助村里年老体弱无劳力贫困人口，累计分红 3.49 万元。村里 13 户有劳力贫困户享受"菜单式"扶贫政策。

一分耕耘一分收获，正是由于姜志平一步一个脚印，带领村民逐渐摆脱了贫困状态，他的努力也让村里的困难和矛盾逐步化解，善丹尧村也由原来的告状村成为远近闻名的先进村。

情理相融　做真帮实扶的带头人——王新文

2017 年 3 月，包头市总工会副调研员王新文到固阳县怀朔新村担任驻村"第一书记"。驻村后，按照市委的要求，王新文满怀激情全身心投入抓党建促脱贫的实践中，在不到半年的时间初步打开了工作局面。

支部明目标，党员定职责

脱贫攻坚工作千头万绪，但最关键的一点是党组织的战斗堡垒作用和党员的先锋模范带头作用发挥得如何。王新文一开始就把抓党建作为脱贫攻坚工作的首要任务抓紧抓好。他指导村党支部制订了"两学一做"学习教育"三项制度"，明确党支部工作目标，把脱贫工作与党建工作紧密结合起来，明确党员履责事项，把脱贫攻坚工作任务落实到每一个党员身上，形成党员带头脱贫，党员带着群众脱贫的生动局面。他组织开展了庆"七一"专题组织生活会，重温入党誓词，每一个党员围绕抓党建促脱贫工作谈体会、谈想法。党员特别是一些老党员心情特别激动，表示通过这次活动找回了党员的感觉，明确了作为党员身上肩负的使命和担当。

王新文在村委会办公室工作

细致入微夯基础、强保障

只有人熟了，才有沟通，才能做事。首先要跟村"两委"班子"混"熟。村干部大都是村里的能人、"精人"，威望高，能干事，有经验。王新文首先自己放下架子，以当学生的姿态虚心求教、真心交友。工作上找准自己的位置，到位不越位，补位不缺位，帮忙不添乱。几个月的时间里，和他们生活上吃在一起，工作上做在一起，不拿捏，不做作，成了相互信任、无话不谈的好朋友、好搭档，即使有时工作上出现不同意见，也能真诚有效沟通，使王新文的工作有了坚实的组织基础。脱贫攻坚工作主体是农民，成功的关键也在农民。驻村之初，他和村"两委"班子先后三次深入每一户贫困户家中进行走访调研，填写有关表格，核对有关情况。针对村民对填表的不耐烦心理，王新文先进去和村民拉家常，嘘寒问暖，等消除了陌生感以后再做工作就容易多了。除了普遍入户，平时，找一切机会和村民多接触，屋里屋外，田间地头，抹开面子张开嘴，到处都可以和他们打招呼、拉家常。有时早锻炼见到村民在地里干活，王新文主动进去和他们一起锄地、拔草，边干边聊。少年时期务过农，当村民看到这位"大干部"农活干得有模有样大为吃惊，自然就拉近了距离。村民们对王新文熟悉以后，主动邀请他到家里吃饭，王新文大都婉拒了，但热情憨厚可爱的村民给了他家的感觉，做不好工作都觉得有愧于他们。

解读政策顺民心、惠民生

来村之前王新文已听到不少关于农村和农民的传言，如农村封闭落后，农村工作难做等。通过几个月的工作，他体会到，农民最讲实际，但最爱讲理，也最讲理，理通则心顺，心顺则事成。所以，最初的几个月，他把"讲理"贯穿工作始终。首先讲形势之理。讲习近平同志治国理政的新理念新思想新战略，讲"五位一体""四个全面""五大发展理念"，讲"四个意识"特别是核心意识和看齐意识，讲十八大以来的新气象、新风貌，让农民对党对国家充满信心。农民对党有信心了，就会打破隔阂，信任我们的干部，干群关系就会大为改善，工作就会顺风顺水。其次讲政策之理。精准扶贫是一项政策性很强的工作。为了掌握好政策，王新文认真学习了中央、自治区、包头市、固阳县有关脱贫攻坚的政策，首先自己做到对政策的把握完整、全面、准确。他发现，好多农民对工作不支持，主要是政策宣讲不到位的结果，如工作中发现的"争当贫困户"的问题，有农民的认识问题，但主要是政策宣讲不到位的问题。把"两不愁、三保障"等贫困户政策讲清了、讲明了，农民实际也爱面子，很少有人明知不够标准却硬要戴一项"穷帽子"。有一次，王新文他们和几户贫困户一起按标准算细账，给一户算完之后，结果进入不了国贫标准，接下来再给其他几户算时，他们都表示："他不够，我们就更不够了。"农民心服口服，夸赞王新文他们工作做得细。讲理不是高高在上，讲政策用的都是农民听得懂的语言，道理讲得浅显直白，通俗易懂。

坚持原则扶真贫、真扶贫

习近平总书记强调的"扶真贫、真扶贫"核心内涵是"实","六个精准""五个一批"的根本要求也是"实",扶贫效果农民是不是满意和认可关键也在于"实"。为此,王新文和村委、驻村工作队在工作中始终注意坚持以下三点。第一,精准识别要实,严格按照政策标准识别,是什么情况就是什么情况,不瞒报不漏报,坚决杜绝数字脱贫。如在新一轮识别中,怀朔新村只有一户进入国贫户,那就实事求是报一户。第二,帮扶要实,因人施策,因户施策。如新识别的国贫户,因病不能从事重体力劳动,也没有其他生产技能,所以帮扶措施除了落实国家有关低保政策,帮助他实施"伴养鸡"项目,可以每年增加收入5000元,可以实现稳定脱贫。第三,稳定脱贫要实。慈善救济不是脱贫长久之计。从怀朔新村来看,有劳动能力的通过生产经营、外出务工等形式,都可以实现脱贫,因为贫困户大都是老弱病残。所以脱贫除了因人施策项目外,发展壮大集体经济,依靠村集体解决贫困问题是根本解决途径。所以2017年,王新文和村委班子多次研究探索符合本村实际的集体经济项目。现在已基本落实了扩大村农产品交易市场项目,可以稳定取得一部分集体收益。其他如土地流转、专业合作社也在稳步发展中。

团徽闪耀 在脱贫一线熠熠生辉 —— 宋　保

2020 年 3 月至 2021 年 6 月，宋保被团市委委派到固阳县银号镇腮林村脱产驻村扶贫，担任驻村工作队长、第一书记，在驻村工作期间，带领工作队全体成员多措并举谋发展、因户施策配产业，全村精准脱贫工作扎实有效开展，取得了较好的效果。

强党建，筑牢基层战斗堡垒

腮林村是由原先的三个村子合并而来，基层组织建设相对薄弱。宋保作为第一书记，到岗后第一件事就是搞好组织建设，抓好"两委"班子建设。带领村"两委"同志重新强化了职责分工，明确了"两委"干部每人引领一项村集体经济或重点项目，充分发挥党员的旗帜引领作用。组织村内党员开展了"不忘初心跟党走，牢记使命谱华章"主题党日活动。结合基层党建亮点工程建设，围绕村党支部和非公企业党支部结对共建，搭建了"村党组织＋非公党组织＋贫困户"的抓党建促脱贫攻坚模式，将非公企业党建和农村基层党建搭建起"连心桥"，与脱贫攻坚工作有机结合，广泛发动非公经济企业和爱心人士等社会力量积极投身到脱贫攻坚中，实现"共建组织、共抓队伍、共享资源、共谋发展"的党建工作新格局。村党支部先后和内蒙古柏深入力资源有限公司、葛皮皮教育有限公司、内蒙古小楼影视等 7 家非公企业党组织签订共建协议，重点围绕"共同为群众办一件实事，共同上一次党课，共同开展一场联合组织生活会，共同完成一次党员集体务农劳动"的"四个共同"开展共建工作。争取县委组织部和镇里党建经费，牵头重新设计装修了腮林村党群服务中心，完善了政治、服务、政务、特色四大功能区，将党建工作融入各项具体业务中，将党的组织优势、党员的先锋模范作用充分发挥出来。

抓产业，做大做强集体经济

村集体经济的壮大，是保证贫困户稳定脱贫，实现乡村振兴的经济保障。宋保首先帮助村党支部明确了"围绕经济抓党建，抓好党建促经济"的思想，紧紧围绕中心工作，大力发展村集体经济。经过仔细的调研分析，村民代表大会通过，决定为腮林村新上草坡羊养殖项目，补充村集体经济发展。在启动资金不足，村"两委"发展热情不高的情况下，设计了认养预购模式，充分利用派出单位团市委的组织动员优势，通过制作 H5 新媒体宣传视频，对接报纸、电台等媒体对项目进行报道，主动联系各企事业单位，帮助村集体经济和村民共销售草坡羊 169 只，实现销售收入 253500 元，帮助村集体预售牛肉价值 20000 元，确保了脱贫攻坚收官之年村内集体经济收入稳定增长。争取扶贫专项资金 12 万元，新上肉羊养殖项目，确保腮林羊项目和品牌长期发展。争取扶贫专项资金 80 万元改扩建村集体肉牛养殖项目，新建棚圈场地、增购繁育母牛 40 头。通过多次沟通协调，与本村对口帮扶单位中国人保财险包头分公司达成共识，由财险公司为两个村集体项目购买保险，使项目抗风险能力进一步增强，为村集体经济保驾护航。

聚人心，守岗履责为民服务

农村工作千头万绪，纷繁复杂，工作量大，牵涉面广。宋保 3 月 30 日接到派驻交接通知，4月1日即迅速到镇村报到，全身心地投入一线的脱贫工作中，全心全力帮助村集体和村民解决实际问题。首先，通过深入调查研究，摸清底数，建立帮扶工作台账、动态档案，确保贫困系统资料的完整，为决策、落实脱贫工作提供了第一手资料。其次，建设人畜饮水井1眼、为村委会完成三相电改造工程、解决人畜饮水泵1台、更换变压器1台。还充分发挥团市委、青联组织动员能力，为村集体和村民个人消费扶贫销售羊肉6000斤、牛肉500斤、鸡蛋300斤、马铃薯10000斤，消费扶贫实现销售收入超过28万元。先后组织3批爱心企业和社会组织为村集体和贫困户捐赠户外投影设备1套、电脑2台，米面油牛奶等各类生活物资。帮助村"两委"建立起"爱心超市"项目，并筹措各类爱心物资100余件。向市委宣传部争取到图书1000余册，新建村委图书角。精心组建腮林村驻村志愿服务队，带领驻村工作队员就地转化为志愿服务队员，开展志愿服务活动数十次，新时代文明实践工作得到各级领导认可，获得各媒体平台多次宣传报道。先后代表固阳县驻村志愿服务队向自治区宣传部、市委宣传部等领导进行汇报，并在固阳县志愿服务工作会和银号镇新时代文明实践工作推进会上进行经验分享，得到各级领导的肯定。

重长效，志智双扶齐奔小康

宋保在驻村工作期间，通过入户走访、宣讲、四同四送等活动，主动发挥在思想教育、动员、引导上的优势，加强宣传，积极鼓舞群众，坚定群众脱贫信心，让贫困群众在思想认识上从被动的"要我脱贫"转变为主动的"我要脱贫"，破除贫困群众"等、靠、要"的思想。建立了固阳县第一个村级公众号"遇见腮林"，宣传腮林人、腮林事，做到村内大事小情"村民知晓、工作队参与、村'两委'讨论决策"，使各项工作深入人心。通过组织输送贫困户参加"听得懂、学得会、能管用"的培训会，着力解决贫困群众没有一技之长的问题，增强致富手段，真正让扶贫方式由"输血式"扶贫转化为"造血式"扶贫。通过因地制宜，积极谋划培育发展适合本村实际的惠民富民产业，特别是符合腮林实际条件的肉牛、草坡羊等特色产业资源，走出一条特色产业之路，着力激发"我能脱贫"的自信，坚定改变贫困的决心和信心，使群众主动行动起来，摆脱贫困。重点打造了"爱心超市"项目，结合乡村民约相关内容，以积分换物品，促进贫困户脱贫发展内生动力，调动全体村民自觉遵守村约村规，为乡村振兴打好坚实基础。

脱贫攻坚 做贫困群众的贴心人——孙文广

"他看起来文质彬彬的，感觉文人一个，但干起活来跟咱一样，铆足了劲儿，一点不含糊，把村里的事当自己家事办，带领我们搞养殖，帮村里打井，村里慢慢富起来了……"说起孙文广，河楞村的村民们都竖起了大拇指。

内蒙古包头市固阳县兴顺西镇河楞村距固阳县城 40 公里，地理位置偏僻，信息闭塞，群众观念相对落后，村集体经济非常薄弱。2017 年 3 月，受包头市妇联党组委派，孙文广到固阳县兴顺西镇五分子村驻村开展精准扶贫工作。2018 年 5 月，河楞、五分子两个村委合并，他调整为河楞村第一书记、驻村工作队队长，至今一直工作在脱贫攻坚第一线，"驻得住、访得勤、态度诚、干得实，做贫困群众的贴心人。"孙文广一直这样要求自己。

以身作则，带出驻得住的工作队

作为扶贫工作的领头人，孙文广坚持吃住在村，2018 年上半年驻村时间达到 136 天。最长连续 28 天驻村，"五一"劳动节都在村里战斗在扶贫一线，用他的话来说这样才能有更多的时间投入工作、有更多的机会接触群众，更好地与村干部打成一片。他坚持学中干，干中学，经常放弃周末和节假日休息时间去老百姓家中"摸家底、套交情、谈项目"。一些村干部文化水平低、文字表达能力弱、不会用自动化办公，他就当老师，一边耐心指导，一边与他们一起画表格、作统计、填写扶贫手册、整理扶贫档案，把村里的事当作自己的事，既是指挥员，又是战斗员，不讲条件不计得失，赢得了村镇干部和群众的一致好评。

党建统领，打造作风硬的党员队伍

驻村后，孙文广始终坚持"围绕党建抓扶贫，抓好党建促脱贫"的工作思路，努力实现基层党建与脱贫攻坚"双推进"。他从规范组织生活入手，全力推进村委党的建设。他组织召开五分子村委、河楞村委组织生活会，在全体党员中开展民主评议党员，实实在在的组织生活，让党员找到了组织，感受到了温暖；他严格执行"三会一课"制度，坚持每季度亲自讲党课；他组织举办了中共河楞村支部委员会"庆七一·颂党恩建新功"纪念中国共产党建党97周年活动，通过全体党员重温入党誓词、第一书记讲建党节的来历增强了党员的荣誉感。"随时准备为党和人民牺牲一切，永不叛党。"当88岁的周桂枝老人举起右手，重温入党誓词时，场面令人动容。周桂枝老人1958年加入中国共产党，到如今已有60年党龄。"活到这把年纪，党和人民还没忘记我，知足了！"周桂枝紧紧握着孙文广的手动情地说。

持续发展，摘掉集体经济空白帽子

和村民打成一片，得到了村民的信任后，孙文广与驻村干部找出了河楞村的"穷根"——村民收入来源单一，村集体经济薄弱，没有持续发展能力。

如何"拔穷根"——发展养殖业！

说干就干，经过调研后，孙文广带领驻村干部开始在全村推广发展养殖业。他在公合当村委已建成肉羊养殖基地的基础上，结合已经运行并为村民提供雏鸡、仔猪的河楞村四分子村组许大军农民专业合作社、河楞村组的德华生猪专业合作社，提出发展肉鸡、生猪养殖的发展思路，实现了兴顺西镇鸡、羊、猪养殖全覆盖的产业链条。同时在镇党委、政府的大力支持之下，总投资 40 万元的河楞村标准化肉猪养殖示范基地项目投入运行，项目以租赁的形式交由德华生猪专业合作社经营，村集体年收益 3 万元，实现了村集体经济零的突破，摘掉了集体经济空白村的帽子。650 平方米的仔猪保育室及配套设施，形成每年为河楞村及周边地区 1000 只提供优质仔猪的能力，有力带动了全村及周边生猪养殖业的发展，为村民产业脱贫创造了条件。"没有孙书记抓产业到户落实，我们还在地里刨土了，哪有现在的好日子！"村民许永军乐得合不拢嘴。

因地制宜，生态扶贫取得实效

孙文广通过走访发现河楞村各村组多为丘陵地貌，结合干旱少雨的地理气候条件，退耕还林还草，推动生态扶贫是必由之路。于是，他开始积极配

孙文广了解帮扶村产业扶贫情况

合村镇开展宣传动员和协调落实工作，在他的不懈努力下，八分子村组退耕还林 3606 亩，每年享受生态补偿金 54.09 万元；四分子、五分子和东小沟村组退耕还草 0.46 万亩，每年可享受生态补偿金 138 万元。4 个村组因常年干旱，种植业收入锐减的情况被稳定的生态补偿所代替，村民在获得稳定收入的同时，也成为生态环境改善的受益者。

体恤群众，真心为村民办实事

孙文广把村里中老年妇女的健康状况和就医难的实际看在眼里，急在心里。他多次往返市、县两地，积极联络到市妇联捐助资金 3.434 万元，为全村户籍人口中 202 名 50 岁以上妇女和残疾妇女上了医疗保险，扶贫政策惠及每位妇女，"多亏孙书记给我们上了保险，让我们没有了后顾之忧，干劲更足了！"贫困户赵捕堂说。

因户施策，扶贫措施落到实处

贫困户赵厚生上有 88 岁老父亲需要照顾，下有 2 个孩子要抚养，家庭十分困难，孙文广了解情况后，决定采取项目扶助、教育救助和产业扶持三项措施进行帮扶，2018 年他联系合作社，通过代养 200 只鸡来帮助赵厚生一家维持温饱，2019 年享受产业政策养殖基础母羊 10 只，通过发展养羊增强增收的持续性。通过合作社扩容建设项目扶助，增强其持续发展能力，实现增收。贫困户宋玉贵发展动力不足，生态补偿、转移就业十分适合他，于是 1 只种公羊、20 只基础母羊和 5 只仔猪便成了他的家当，儿子宋飞飞又去做了护林员，一家糊口不成问题。贫困户郝俊奎、祁埃生、杨存存也都存在这样或那样的实际困难，孙文广多次走访，四处联系，最终让他们实现了稳定脱贫。在 2018 年扶贫对象动态管理中，河楞村委常住人口人均收入达到 7945 元，全村建档立卡贫困户 5 户 12 人全部脱贫，取得了贫困发生率为零的成绩。

　　有了政府、村委的支持，再加上驻村工作队全体队员的不懈努力，河楞村饮水更加安全了、水泥路更加畅通了、创业人员培训合格了、饲养的肉鸡都销售了……

肩担使命　扶贫攻坚路上阔步走 —— 王乐斌

经市扶贫办批准、市委组织部备案，我于 2018 年 4 月 8 日被市工商联派驻固阳县银号镇水泉村，任水泉村驻村第一书记、驻村工作队队长，接替陈佐同志继续开展精准扶贫工作。驻村以后，我紧紧围绕抓党建、促脱贫、谋发展、共致富的工作目标，不断强化帮扶意识、健全工作机制、拓宽帮扶思路、落实帮扶措施、解决实际困难，驻村帮扶工作扎实有序开展，有效地增加了贫困户收入，有力地推进了村集体经济建设，水泉村扶贫工作走到了银号镇前列。

深入调查了解，掌握水泉村基本情况

驻村扶贫工作开展以来，我和县、镇、村干部同吃同住，入户走访座谈，访贫问苦，帮助积极争取项目，为贫困群众工作做了许多实事好事，尤其是"全方位、保姆式"服务，得到贫困群众的一致好评。为了准确把握水泉村现状，有针对性地做好精准脱贫工作，制定走访计划，对水泉村 8 个自然村进行了认真、细致的调研摸底。通过深入调查研究，掌握第一手情况资料，对水泉村的基本情况、经济发展状况、群众脱贫愿望和扶贫开发规划等有了准确的认识。水泉村总面积 24.3 平方公里，共有耕地 12380 亩，人均耕地 11.3 亩，其中：林地 4933 亩，常年耕种地 7447 亩（水浇地 562 亩，旱地 6885 亩），经济作物主要是玉米、荞麦、葵花、土豆。包括 8 个自然村，总户籍人口 468 户 1048 人，常住人口 110 户 222 人，党员 39 名，其中国贫户 10 户，20 人。

精准施策，积极推进各项扶贫措施的落实

针对水泉村经济发展的实际情况和贫困指标的数据资料，我结合工商联工作的实际，多次主动拜访我市各产业的知名民营企业家和各行业协会，为水泉村的攻坚脱贫工作筹谋划策，制定实施了一系列切实可行的扶贫措施。积极探索利用专业合作社，采取入股分红模式促进农民增收。为使无劳动能力的贫困户能有一份固定收入，早日实现脱贫，以现有的金励农专业合作社为经营主体，为贫困户筹集帮扶资金，以户为单位注入合作社，让合作社扩大经营规模，然后为贫困户分红的形式，使贫困人员早日实现稳定脱贫；努力实现土地流转及代耕代种模式。利用现有青禾源农民专业合作社优势，逐步实现流转土地由合作社代耕代种模式，能够使土地得到高效利用，提高村民的土地收入；积极推动村集体经济扶贫工作。为贫困群众长期成本价送面到户；为贫困群众提供鸡苗、鸡饲料；为贫困群众提供打临工岗位；优先收购、销售贫困群众的农副产品；积极筹办村集体经济。根据当前发展农牧业产业实际情况，筹办村集体经济——饲料加工厂，该项目由村委会集资筹建，村民参股的投资模式，可有效利用村委会的信息、管理、经营等各方面的优势，发展壮大村集体企业，为本村及周边村民发展农牧业产业创造条件。该饲料加工厂通过政府采购，公开招投标，已于 2018 年底建成投产，目前正在筹划运营事宜，预计每年可创收 5 万元。

做好带头人，积极为村民办实事好事

我在驻村扶贫工作中，始终筑牢团结意识，团结和带领村"两委"干部，及时了解情况，深入群众，倾听民声，积极开展村情民意走访，走村串户与

农民交谈，听民声、察民情。多次到村民家中召开民情恳谈会，直接倾听群众呼声，宣传党和国家方针政策，及时整理群众反映的问题，分析原因，提出对策及建议，想方设法帮助村民发展生产，解决实际问题，让他们体会到党和政府的关怀与温暖。为了使广大群众了解党的精准扶贫脱贫政策，编印了 150 册《脱贫致富宣传手册》，发放到每户村民手中，经常深入农户，大力宣传党的政策；为了让党员和村民时时刻刻感受到党组织的温暖，"七一"前夕，组织固阳县总工会党支部、水泉村党支部党员开展联谊会；8 月 1 日组织市工商联和包头豫商商会的领导，来水泉村进行调研，并慰问了老党员、贫困户和普通村民，送去慰问金和生活用品；认真落实产业扶贫政策，共发放肉猪苗 48 头、基础母羊 82 只、种公羊 13 只、种薯 5010 斤、滴灌 340 亩；带领其他驻村干部一起开展了"全方位、保姆式"服务活动。针对贫困群众年老体弱、身体不便的实际情况，在医疗报销、办证领证、购买生活用品等方面，采取了主动代办的方式，极大地方便了群众，赢得了贫困群众的一致好评。贫困户李俊明患有抑郁症，周六和家人闹意见，砸家里的东西，父母也无法劝阻。我周日上午得知消息后，中午就赶回村里，经过三个多小时细致耐心的沟通，李俊明的工作终于被做通，第二天高高兴兴返回县里。

贫困户康治强夫妇平时和村里的人都很难沟通，针对这个情况，我和其他驻村干部主动到其家中，问寒问暖，从小事做起：办理住院费用报销、接送领社保卡、接送到医院看病等等，最后终于赢得了老两口的信任。贫困户刘锁柱夫妇文化水平低，历次住院看病都未达到报销比例，经多次沟通才弄清情况，原因是手续不全，我和他们的子女联系后，专程到医院多方协调，补齐手续并为他们办理了报销手续。

贫困户郭云峰夫妇都患有慢性病，整户丧失劳动力，无法配置产业，我花钱为他们购买了 16 只鸡苗和饲料，鼓励他们劳动脱贫。一次得知他们用药中断，周末跑了十几个药店买上药并送到家中。

我于 4 月 8 日下乡时，正逢儿子高考要劲的时候，左思右量，还是克服种种困难，把扶贫工作放在首位，圆满地完成了各项工作。

情系桑梓　一心愿做乡亲贴心人——尚永福

　　"养猪收入为扶贫，救助贫困残疾人，他又争取四十万，光伏项目发电站。抗洪抢险他先上，冲锋第一挡水浪……"日前，固阳县协和义贫困户徐全良自编了一个顺口溜快板，来表达对驻村干部的感激之情。

　　徐全良所说的"他"，就是包头市残联教就部主任、固阳县协和义驻村工作队第一书记、工作队队长尚永福。

　　同吃同住同劳动，真心真情真扶贫。曾经在固阳县长大、工作过的尚永福，从 2018 年 5 月返乡扶贫以来，带着对家乡的热爱，努力发挥扶贫工作"领头羊"的作用。他与其他帮扶干部心往一处想，劲往一处使，通过落实"五个一批"精准帮扶措施，引导村民自主脱贫。截至目前，该村贫困发生率由原来的 18.5% 下降到 0.5%，脱贫人口人均纯收入达到 8000 元以上，尚永福也成为协和义村民心中认可的"自家兄弟"。

用火一样的热情投入

　　金山镇协和义村原属固阳县九分子乡，尚永福曾是九分子乡政府办公室秘书，他本人也出生在协和义村所辖的彦天城村委，对这片土地和人民有着深厚的感情。因此，来到协和义村，尚永福便用火一样的热情投入，很快进入了"角色"。

协和义村是自治区级 29 个重点贫困村之一，也是固阳县最大的贫困村，有建档立卡贫困户 353 户 662 人，占整个金山镇近 1/2，尚永福利用一个月的时间走遍了全村委 32 个自然村。为了把扶贫工作做精、做细，驻村工作队结合村委各自然村的地理位置、贫困户的分布等情况，将整个村子分成 4 大战区，每个战区根据贫困户多少进行任务分配。

推进村集体经济建设是扶贫工作的重要抓手。在尚永福的积极协调下，市残联先后投资帮扶资金 80 万元，助力村集体经济项目建设，使协和义村集体经济实现了从无到有、清零递增的变化。

目前协和义村爱共有村集体经济项目 3 个，村集体经济收入 13.6 万元。其中，市残联帮扶 50 万元、镇政府筹资 58 万元建设的仔猪繁育基地和改扩建的大仙山农家乐两个项目投入运营，年收益共 8.6 万元。2018 年底，在全市财政缩紧的情况下，尚水福又带领大家积极实施光伏扶贫项目。项目投入运营后可每年稳定增加村集体收入 5 万元。

2019 年初，尚永福经过调研，深刻认识到目前农村最大的问题就是劳动力弱化、缺少长效产业的问题。针对这一现状，他学习引进了"土地托管"农业生产模式。土地托管项目共 658 亩，涉及农户 37 户 138 人，其中贫困户 10 户 20 人。直接和间接带动本村和周边村 40 多名农民打工增收，人均增收在 1000 元以上。

为了充分解决当地妇女的就业问题，他洽谈引进非遗手工艺制作"六合枕"项目，开展以手工艺刺绣各种工艺品实现妇女居家灵活就业。项目实施后，可安置 50 多名贫困户、残疾户和非贫户妇女就业。

用水一般的柔情相待

协和义下辖的彦天城村委二分子村是尚永福出生的地方，因此周边一些亲戚乡邻找到他，要求在发展产业、危房改造中给予照顾，他总是能找到理由说服他们。

他的叔父尚锁林是一级重度残疾人，家庭生活十分困难，外出回村半年正赶上动态调整，想申请进贫困户，尚永福告诉他必须得住够一年才能视为常住户，才符合政策，这个不能突破。事后尚锁林也理解了侄儿的难处，笑着对外人说："这才是回来个'黑包公'。不过他是第一书记，必须得带头，咱们不能给他找麻烦。"

而对待需要帮助的普通群众，他却用水一般的柔情相待。

2018年11月份，兴茂壕村一位智力残疾五保户刘二红家里的铁门损坏快倒了，尚永福和树委干部、帮扶责任人上门为其更换了新门。刘二红智力有问题，对人有一定的攻击性，尚永福并未在意，亲自与帮扶干部为他更换了六七年没换的衣服，把硬得硌人的油皮衣换成了崭新的迷彩服，从里至外、从头到脚换了新衣、新帽、新鞋，并把他的粗方木头棍换成了拐杖。

刘二红家里堆满了捡回的毛线布条，紧靠在火炉旁，稍有不慎就会引发火灾，尚永福他们用小车足足推出20多车。经过两天的相处，五六年不和人交往的刘二红终于和干部们主动开口说话了。

八分子村成栋才老两口无论大小事都愿意找尚永福。成栋才年老行动不便，尚永福便主动上门为他送去了拐杖和坐便椅，方便他出行和生活。成栋才与邻里产生了纠纷多年未解，尚永福协调双方各让一步，问题也最终得以解决。成栋才老伴常打电话请尚永福去他家吃一顿饭，但他总是以"改天有时间去"推掉了。老两口感叹地说："这样的干部和自家亲人没什么两样！"

用钢一样的意志坚守

2018年7月，固阳县遭受了百年一遇的大暴雨，尚永福和其他驻村干部坚守在最险处，全天候住在村委，他不顾个人安危，反复排查隐患，劝说群众转移，统计上报灾情，彰显出公仆本色，用实际行动诠释了党员干部的忠诚与担当，在群众中树立起共产党员的模范标杆。

2019年5月14日，尚永福身患痛风，一下地脚钻心一样地痛，他仅仅休息了一天。第二天，东河槽村"土地托管"项目要与骑士集团签订甜菜协议，他是项目的主要负责人，他咬牙坐公交车去天福广场与企业签订了合同。他还一瘸一拐地到地里察看农作物的长势，生怕辜负东河槽人对他的信任。

扶贫工作中，苦活重活尚永福总是带头冲在前面，村民的屋里炕头，成为他最长待的地方，工作之余他每天坚持记日志，他以宽阔的胸怀和以身作则的品行，很快得到了百姓的认可。2018 年，协和义驻村工作队被固阳县评为优秀驻村工作队列第一位，尚永福也被固阳县委、县政府评为优秀驻村第一书记。

创新求变　图发展共谋民生福祉 —— 刘　飞

2022 年 8 月，刘飞被包头广播电视台选派到固阳县西斗铺镇忽鸡兔村担任驻村第一书记。驻村以后，他勤于思考，勇于担当，甘于奉献，团结带领驻村工作队和村"两委"干部心往一处想、劲往一处使，积极改善基础设施办公条件，全力以赴推进产业扶贫项目建设，为该村经济社会发展做出了积极贡献。

忽鸡兔村委位于固阳县金山镇西北方向 45 公里处，是固阳县乡村振兴 10 个重点村之一，共辖 14 个自然村，面积 130 平方公里。总户数 1230 户，总人口 2690 人，常住户数 366 户，常住人口 691 人。其中，脱贫户 15 户 23 人，监测户 15 户 23 人，在村常住党员 38 名。

驻村伊始，刘飞就开始了入户调查，走遍了忽鸡兔村的家家户户，踏遍了全村的每一寸土地，询民情、访民意、问民需，掌握了解村民实际情况。他与村"两委"班子探讨工作思路，利用帮扶单位官方媒体资源优势，结合当地实际情况，确定先从宣传工作入手，推进产业项目建设、发展壮大村集体经济。

正在他准备实施开展具体工作时，2022 年国庆节休假期间，新一轮疫情，给人们心头蒙上一层阴霾。

他也没想到这次疫情让他在村里一待就是 20 多天，在随后的日子里，他与村"两委"和驻村队员始终坚守防疫第一线，宣传、摸排、值守……同其

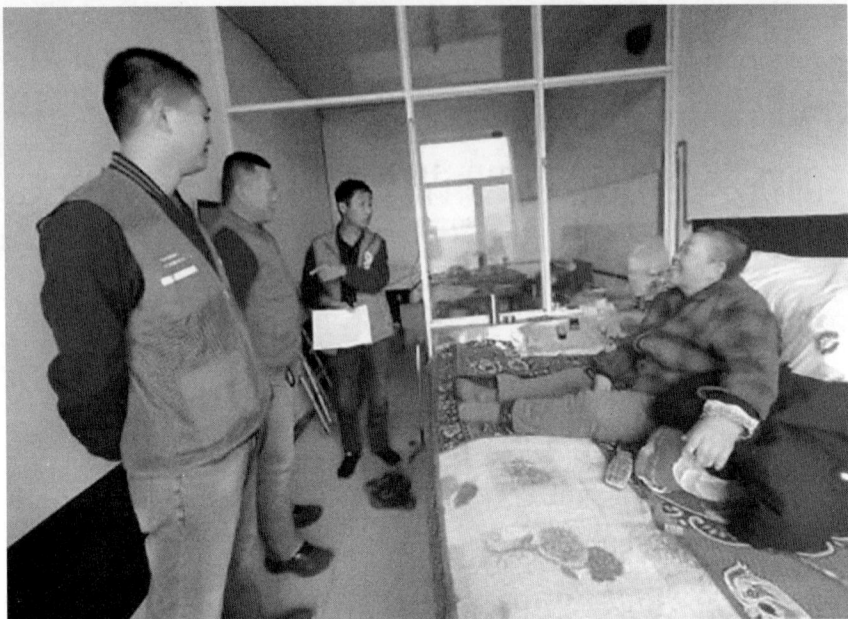

刘飞入户了解情况

他党员干部一道，舍小家顾大家，以实际行动践行着一个退伍老兵的初心和使命，以最美逆行者的姿态诠释了共产党员的庄严承诺！

刘飞用他的特长在基层宣传工作中展现本领。在党的二十大召开期间，他用镜头记录下西斗铺镇全体镇村干部党员收听收看党的二十大盛况，并第一时间采访报道了收听收看反响，在包头广播电视台《包头新闻》《新媒体》平台播发。他采写的"50吨人饮井让这里1000多村民有水喝"，被内蒙古广播电视台官方新闻客户端奔腾融媒刊发。

2022年11月11日，包头广播电视台举办直播带货活动，他积极对接主办方，在直播期间开辟了"直播带货助力乡村振兴"包头广播电视台助力固阳县西斗铺镇专场时段，收到良好效果，也开创了西斗铺镇直播带货先河。除此之外，还为西斗镇和忽鸡兔村先后拍摄制作《争先创优谋发展高点定位立新功》《画好同心圆建功新时代》《凝心聚力擘画新蓝图团结奋进谱写新篇章》《我的入党故事》《奋进新时代共筑中国梦》等宣传片，受到镇村干部的多次好评和上级主管单位认可。在宣传工作中，他还与固阳县委宣传部紧密联系，受邀到固阳县融媒体中心进行业务交流学习。目前包头广播电视台FM98.1正在创作的大型广播剧《大河之弯》也融入了41°固阳献固阳八宝等元素，通过宣传让更多的人了解固阳，了解固阳八宝。

2022年底，受疫情影响，刘飞所在村农副产品滞销让村民们雪上加霜。他了解情况后，积极想办法寻找应对措施，跑市场，跑企业找销路。疫情下的企业经济状况非常不景气，他无数次吃了闭门羹，最后在他的不懈努力下，包头广播电视台出资33万多元认购村里部分农副产品，一家企业也被他的精神所打动，出资1.5万余元认购村民农副产品，农副产品滞销难题得到有效缓解。

忽鸡兔村委会议室原安装有一块P6大屏幕，因点距宽、像素低，清晰度极差，召开会议时打在大屏幕上的字都是马赛克。刘飞积极联系帮扶企业，最终内蒙古纳美文化传媒公司伸出了援手，为忽鸡兔村委无偿赞助适合室内用P2全彩高清大屏一块，约5.6平方米。

入户走访　引导村民早日脱贫困 —— 苏连根

2017年3月，包头市地震局副局长苏连根接受组织委派，赴达茂旗西河乡厂汉村任帮扶工作队长，第一书记，投身到打赢脱贫攻坚战中，致力扶贫，勤勉履职，发挥了党员先锋模范作用，受到了西河乡厂汉村干部群众的称赞。

驻村伊始，苏连根认真学习研究精准扶贫政策，深入厂汉行政村7个自然村，由于各自然村距离较远，遇到车辆行驶不便利的道路，苏连根便靠双脚，走遍各个偏僻村落，入户访谈，与村民拉家常，向贫困户耐心细致地宣讲相关政策规定。

在认真开展调研工作和宣讲政策的基础上，听取国贫户的脱贫致富意见，并根据每户家庭的实际情况，规划脱贫措施。

石龙村樊权威因为疾病，造成家庭贫困，苏连根多次登门看望，并购买其农产品，帮助樊权威家增加收入，还帮助他规划脱贫计划，樊权威感激苏连根真情帮扶，特意制作了一面锦旗送给苏连根，上面写道："精准扶贫拔穷根，同步小康谱新曲。"

厂汉村贫困户中60岁以上人员居多，苏连根关心年龄偏大贫困人员身体健康问题，积极调动社会力量，开展社会帮扶工作，协调内蒙古好家庭宝贝公司，捐赠价值6万元奶粉，增强年龄偏大贫困人员体质，受到村民们欢迎。

2018年初，苏连根不慎摔伤脚脖，脚骨断裂，受伤住院，躺在病床上，苏连根仍然惦记着乡亲们，脚伤尚未痊愈，就拄着拐走进村里，走进脱贫攻

苏连根在村委会办公室工作

坚一线。

当年 7 月中旬，厂汉村李二壕自然村突遭暴雨袭击，山洪暴发，大堤被毁，农田受灾，苏连根发挥党员干部的作用，及时配合有关部门和相关人员，开展了抗洪救灾和灾情统计、上报工作，发挥了党员的先锋模范作用。

苏连根带领工作队员张瑞芳开展了三次清零达标摸底排查和"回头看"，收集问题，及时解决或按程序上报。

苏连根协调相关部门，帮助解决籽种质量纠纷问题，为村民挽回籽种损失价值 3 万元。村里发生小纠纷，苏连根与村"两委"干部主动登门化解矛盾，给村民们宣讲中国传统美德观念，鼓励村民做守法守纪"五好村民"，配合村"两委"建设和谐乡村。此后，厂汉村再没有发生村民打斗和越级上访事件。

2018 年遭遇水灾后，贫困户的生产生活受到一定影响，为了及时帮助他们渡过难关，解决生产生活中的困难，苏连根积极协调包头高管公司为每位国贫户捐赠 500 元，共计 3 万元生产生活救助金。帮助 1 户符合条件国贫户贷款 4 万元，发展养殖业。

厂汉行政村 7 个自然村是玉米、瓜子种植大村，苏连根协调国储粮和呱呱叫公司等有关部门和企业，解决玉米、瓜子的收购问题，保障了农民的收益，一年就联系销售葵花籽 35 万斤。

苏连根带领工作队员积极解决国贫户的实际困难，为 2 户国贫户修缮房屋解决资金 1 万元，为一户国贫户解决行李 3 套，春节前夕，走访慰问了国贫户，保障了他们正常的生活条件。安排了 2 人护林员岗位，6 户 8 人安排了保洁员岗位，为 3 户实施了产业帮扶。

在扶贫工作实践中，苏连根积极推动集体经济发展。经过与村"两委"班子认真研究和调研，并协调解决资金 6 万元作为股金，与前河村委共同创办了机耕队，既可增加村集体收益，又能为国贫户、困难户提供帮助和服务，预计年收入可达 4000 元。支持村委会建成光伏发电项目，迄今已发电近 2 万度。

油柜自然村共有 63 户、330 多名村民，多年来出行都是一条泥泞坑洼之路。遇到洪涝灾害，人、车根本无法出行。2018 年夏季抗洪抢险中，挖掘机都被陷在里面，无法前往，苏连根看到这种情况，焦急万分，立即行动起来，经过多方协调、联系和争取，筹集资金 20 万元，为油柜自然村修建一条 2 公里的道路，解决了困扰村民多年的出行难问题。

厂汉村 6 个自然村存在建筑垃圾堆放严重的问题，直接影响了村民生活和村容村貌，苏连根多方协调社会力量，协调资金 10 万元，支持村委会清运建筑垃圾。对 2 户有能力国贫户安排了护林员岗位，增加收入。

经过半年的努力工作，苏连根与自治区和包头市有关部门多次协调和争取，积极落实引进构树项目，该项目收益稳定，前景广阔，是一个完全符合现在村情民情的好项目。

苏连根带领工作队和"两委"班子抓党建，促扶贫，提高认识，激发干劲，充分发挥"两委"班子的带头作用、服务作用。通过宣讲党的"志智双扶"政策，村民的思想认识进一步提高，自身发展的动力得到有效强化，脱贫致富、不等不靠的思想认识有了明显提升，库列点素自然村胡海龙等国贫户主动提出要退出国贫户，坚信依靠自己的双手会勤劳致富，打拼出自己真正的美好生活。

出谋划策　村民致富路上信心足 —— 卢晓红

　　我是包头市档案局办公室主任，2018 年 4 月，我被选派到固阳县兴顺西镇河楞村任驻村第一书记。2018 年 5 月 23 日，按照包头市扶贫开发领导小组办公室安排，调整到固阳县兴顺西镇红庆德村，任第一书记。

　　红庆德村委位于兴顺西镇东北 14 公里处，北接达茂旗西河乡合教村。全村总面积约 48 平方公里，辖 10 个自然村，总耕地面积 3.2 万亩，全部为旱地，退耕还林 1.8 万亩。红庆德村委所辖村组以种植、养殖为主，主要种植小麦、油菜籽、牧草。主要养殖羊、猪、牛、鸡，羊为养殖主体。户籍人口 790 户 1914 人，常住户 196 户 346 人，其中建档立卡贫困户 22 户 44 人，大部分是因病致贫，2019 年已全部脱贫。

　　2014 年前的红庆德村，据村委会主任薛志亮的讲述，一是村里基础条件落后，村里 90% 都是低矮的土房，村组之间道路全部是土路且坑坑洼洼，相对偏远，吃水需要到村口的井里担，水质也不好，仅有几个村组通自来水，村里没有卫生厕所、垃圾池，全村手机通信信号不好并且没有开通互联网。二是村民之间由于历史原因造成长期恩怨，互不相让，村民与村干部之间关系紧张。2014 年后，县里陆续派来扶贫干部，帮助开展脱贫致富。我从合并村调剂到红庆德村任驻村第一书记，刚来到红庆德村时，刚好遇上村委换届选举，就迅速投入换届选举工作当中，配合镇党委圆满完成红庆德村委换届选举工作。

抗洪抢险显担当

2018 年 7 月 19 日，固阳县普降百年不遇的大雨，我作为驻村第一书记带领驻村工作队成员一直战斗在工作一线，驻村工作组 4 名成员及村"两委"成员分别到所辖 10 个村组排查隐患，雇用 1 台挖掘机、1 台装载机，对村组道路、房前屋后坑洼地带进行维护，疏通排水渠道，使老百姓的财产损失降到最低。洪灾过后，随即转入了灾后重建工作，使老百姓在灾后有了妥善的安置，得到了老百姓的一致好评。另外，我作为驻村第一书记，认真抓班子、带队伍、强堡垒，不断完善和健全管理制度，加强基层组织建设，凝聚班子合力，充分发挥基层党组织在重大灾情和推进精准扶贫中的战斗堡垒作用，有效推进村委精准扶贫工作的开展。

出谋划策促脱贫

1955 年出生的祁建明，是兴顺西镇红庆德村委四成功村组村民，本人患有高血压，妻子患有抑郁症，不能过度劳动。2017 年因病，经"四议两公开"被村委评为贫困户。四成功村庄稼地多，因而秸秆也多，饲草资源丰富，我驻村上任以后，在帮扶责任人、驻村工作队和村"两委"成员的协助下，通过几次和祁建明细心沟通，根据他家里的实际情况帮助他制定了养殖规划。

为了让祁建明稳步增收，2018 年在帮扶责任人、驻村第一书记和村"两委"的帮助下，通过申请扶贫小额贴息贷款 5 万元，祁建明买进了母牛 4 头，政府养牛产业补贴 2 万元。为了提高祁建明的养殖技术，驻村工作队还邀请县畜牧局专家，进村举办黄牛养殖技术培训。祁建明本分实在，肯下功夫，抓住每一次培训学习的机会，他决心把养牛当作一项脱贫致富的事业来干。

2019 年 6 月，驻村工作队来到祁建明家走访入户摸底种植业品种、亩数，看到老祁在自家院子西北角忙着搭建圈舍，上前问，又要养啥呀？老祁笑着说："现在牛存栏 14 头，有点拥挤，不利于小牛生长，再扩大一些牛舍，年底还能下 3 头小牛。"通过请教学习、摸索实践，祁建明逐渐掌握了养殖饲料的配制疫病防治等方面的技术。2019 年 12 月，他家养牛规模已经繁殖达到 17 头。

坚持不懈有结果，致富路上信心足。初冬的兴顺西镇红庆德村委四成功村，天气一下子冷了起来。拂晓时分，祁建明就开始忙活起来，粉碎秸秆、清扫牛槽、喂草饮水、整理圈舍……干完手头的活，日头已经升得老高。

"这样一天三次来喂牛，遇到牛生病的时候，觉都不能睡，辛苦是肯定的。"祁建明说，但是为了提高肉牛的品质，他几乎把心思都放在了养牛上。妻子刘翠萍常跟前来她家调研的领导说："人不吃，牛也要吃好、吃饱。"

通过三年的努力，祁建明家的肉牛存栏 17 头，每年收入已从小到大、从少到多，今年出售 4 头小公牛，每头牛卖 7000 多元，净收益 28000 多元，现如今存栏 13 头，6 头母牛还怀有牛犊，想着年底又能下 6 头小牛，老两口心里乐开了花。老祁说，如果他自己不吃苦、不努力，政府再怎么扶持也改变不了自己的贫困现状。

卢晓红入户了解产业扶贫情况

"我相信，只有通过自己勤劳的双手，才会苦尽甘来。"老祁说。看着院子里这部分"家底"，他心里终于踏实下来了，感觉生活更有奔头了。

抚摸着正在午餐的大黄牛，老祁突然心生感慨。他算了一笔账：自家种了 50 亩地庄稼，再加上养牛这项产业，全家今年纯收入预计在 5 万元以上，年人均收入 2.5 万元。

"现在只是起步，相信接下来的日子会越过越好。"祁建明说。有钱治病了，祁建明已从当年的贫困户转变为现在的养牛专业户，老伴从当年的抑郁症患者转变为开朗乐观的人，对幸福生活充满了信心，现如今村民不论什么时候见到祁建明，他脸上总挂着暖洋洋的笑容。

扶贫同扶志、扶智相结合，脱贫才会有希望，摒弃"等靠要"思想，发挥个人专长，依托本地资源，调动贫困群众脱贫的积极性，从"要我脱贫"到"我要脱贫"思想观念的蜕变，充分发挥广大贫困户的主观能动性，思想转变了脱贫就不再是件难事。祁建明就是这一理念的积极践行者。

在驻村扶贫工作三年多的岁月里，感受颇深。三年来，走村入户，宣讲扶贫政策，落实产业帮扶，顶着夏日酷暑的煎熬，经历冬天冰天雪地的泥泞，也有着百姓群众发自内心的热情——雪地陷车的救援。这三年当中，对年迈患有高血压母亲的照顾不周，妻子承受了太多，错过了当时 10 岁儿子成长的关键期，孩子长大了，懂事了。想一想，在中国脱贫攻坚的伟大事业当中，我有幸参与其中，贡献了自己微薄的力量，我无怨无悔。

心里愿望　帮扶脱贫走致富之路 —— 尔　敦

2020 年 1 月 6 日，内蒙古科技大学选派我到固阳县金山镇马路壕村担任第一书记，接力帮扶。初来村里，好多地方不熟悉不精通，但我坚信：只要认真，没有什么学不会！我会经常向村委、工作队成员请教，尽最大可能做好扶贫工作。我有时会开玩笑地鞭策自己："如果我来到村里不能有效地帮村委做好帮扶工作，我就待在村里，不回去了，我不能白来。"我心里有个小小的愿望，希望乡亲们不仅能够稳定脱贫，更能致富过上幸福好日子！

2020 年是全面建成小康社会和打赢脱贫攻坚战的收官之年，驻村后，我与驻村工作组、马路壕村广大党员干群一道，紧紧围绕精准扶贫工作大局，按照"五个一批""六个精准""两不愁三保障"的工作要求，准确定位发展方向，创新发展思路，认真开展扶贫工作。

具体工作中，我带领工作队结合"三级包联机制"，制定了"镇领导包村、工作队包责任人、责任人包户"的工作机制，实现帮扶监管全覆盖。安排驻村工作组、帮扶责任人全面入村入户做好问题排查工作，及时发现问题、解决问题。

通过一年多的帮扶工作，所在帮扶村 127 户贫困户全部稳定脱贫，收入稳中有增，脱贫成效显著。被金山镇人民政府确定为精准扶贫"样板村""典型村"，承担自治区级、市级等各部门督查 10 余次，得到了上级有关部门领导的肯定和广大村民的一致好评。

2020 年，马路壕驻村工作队获得"固阳县新时代文明实践优秀驻村志愿服务队"荣誉，工作队队长尔敦荣获"固阳县新时代文明实践好声音奖"，工作队队员韩学武、张学锋荣获"脱贫攻坚优秀个人"荣誉，帮扶工作取得了令人喜悦的结果。

下面是我的驻村下乡工作纪实。

对口帮扶村"三少"难题多

固阳县金山镇马路壕村是内蒙古科技大学对口定点帮扶贫困村，位于固阳县城东 S311 省道 15 公里处，交通便利，出行方便。村口正南设有标志性建筑——骏马奔腾，村道口设有指示路牌，自然环境较为优美，自然资源相对匮乏，主要缺水。马路壕村属于"水少、地少、劳动力少"的"三少"情况，土地总面积 1.13 万亩，实施退耕还林 9200 亩。

该村是自治区级贫困村，全村有 6 个村民组，由红泥井（小）、马路壕、石家渠、奴气梁 4 个自然村组成，全村户籍总人口 605 户 1290 人，村委会设在红泥井村，村内有代表性建筑——红泥井，为一口古井。村风民俗纯厚，村民朴素，吃苦耐劳。留守人群多为 60 岁以上的老人，留守儿童基本上没有，都去镇上接受义务教育。村落居住形式为石砌墙、砖混结构。现有建档立卡贫困人口 127 户 221 人，占总人口的 17.13%。村经济类型为第一产业为主，村民收入来源主要靠发展种养殖和外出打工，养殖业以养猪养羊为主，种植业以玉米、荞麦、马铃薯为主，村民消费支出主要为起房盖屋、婚丧节庆、人情礼仪。无明显的宗教信仰和迷信思想，村民无黄赌毒等陋习。

村民主要致贫原因为因灾、因病、因残、因缺劳动力等。2021 年底，原有在籍在册贫困户全部脱贫。

2017 年定点帮扶村退出自治区级贫困村序列，摘掉了"穷帽子"，2018 年获"固阳县脱贫攻坚工作优秀村""金山镇脱贫攻坚优秀村委"，2019 年获"自治区文明村镇"荣誉。

建立健全扶贫工作机制助扶贫

内蒙古科技大学党委高度重视脱贫工作，充分认识承担帮扶任务的长期性、艰巨性和重要性，校党委专题研究帮扶工作，确立了脱贫攻坚工作思路和帮扶举措，并定期召开脱贫攻坚帮扶工作会议，研究解决帮扶工作中存在的困难，同时设立脱贫攻坚帮扶专项工作经费，确保各项帮扶工作顺利开展。

近7年，学校通过建立扶贫机制、制定扶贫方案、落实扶贫资金、选派驻村干部等多项举措，大力推进定点帮扶村扶贫工作，帮扶成效较为显著。

深入一线抓难点

校领导多次带队赴马路壕村调研，并与固阳县、金山镇党政领导及村"两委"深入探讨帮扶工作思路和措施。2016年12月，校领导一行赴固阳县金山镇与县、镇党政领导就产业扶贫、教育资助、基础设施建设等方面进行了会谈，并实地考察了马路壕村。2017年5月，校党委常委、组织部长冯志强一行赴马路壕村，与村"两委"、校驻村干部座谈，表达了学校为马路壕村脱贫攻坚贡献力量的决心。2017年10月校党委常委、组织部长冯志强再赴马路壕村与县、镇领导和村"两委"就进一步推进扶贫工作进行了交流探讨。2018年，校领导一行，到村走访交流。2020年8月，信息工程学院党委书记带队又赴马路壕村与村"两委"就进一步巩固脱贫成果进行了深入交流探讨。

选派驻村干部暖人心

从2014年起，内蒙古科技大学就与马路壕村结下难解之缘，帮助全村人脱贫致富，是内蒙古科技大学肩上沉甸甸的责任。从那时起，学校相继派出卢胜利、张春明、罗建龙、杨明明、尔敦等人为村民服务，指导村党支部建设，推动精准脱贫工作。驻村干部挨家走访贫困户，统计贫困户基本信息，开展精准扶贫建档立卡工作，为贫困户建立帮扶台账，制定帮扶计划和帮扶方案。同时立足村情实际，制定村经济发展思路，向相关单位争取资金，确保村集体经济逐年增长，贫困户收入连年增加。指导和协助村党建工作，建立健全"三会一课"、党员活动、民主评议党员等制度，积极推进"两学一做"学习教育常态化制度化，发挥党员在脱贫工作中的示范引领作用。

2019 年驻村后，我带领工作队抓党建强班子，依托党员活动室、"红色影吧""新时代文明实践站"等阵地，提高基层党组织建设水平。在做好精准帮扶工作的同时，工作队送温暖聚民心成了"驻村志愿服务队"，为群众办实事解难题，改善群众生产、生活条件，得到了村民的肯定和一致好评。

加大资金帮扶强推动

2014 年以来，内蒙古科技大学累计出资 50 余万元，帮助马路壕村进行基础设施建设和村集体经济建设，先后帮助马路壕村建设了年收益 5 万元的51 千瓦光伏发电村集体经济项目；学校出资 7 万元扩建了村委会，解决了村委过去只能在农户家里办公的问题；由于马路壕村土地干旱，学校先后出资14 万元分别在奴气梁和石家渠自然村打深井 2 眼，在石家渠自然村打了 1 眼180 米的深井，彻底解决了石家渠人、畜饮水问题；积极联系固阳县林草局，帮助红泥井村完成 80 余亩土地的海棠经济林和 2 公里的村路绿化项目。村里计划发展集体经济，但缺少项目资金，学校又出资 8 万元，帮助村里建设村集体经济光伏发电项目，保证了光伏发电按期投产运营，为全村增收致富提供了可靠保障。2019—2022 年，学校继续出资出力出物出人，加强帮扶力度、强度、深度，持续助力壮大村集体经济。

做好扶贫宣传动员组合力

为助力全市贫困户农畜产品销售，学校党委广泛发动教职员工积极认购

尔敦走访农户，了解村民情况

包头市扶贫基金会发放的"爱心扶贫卡"，购买贫困户农畜产品。此项活动得到了学校党员的积极拥护，在学校领导和党员的带动下，广大教职工积极认购"爱心扶贫卡"，金额总计 27 万元。与此同时，学校各二级单位也响应学校的扶贫号召，积极投入脱贫攻坚工作中，2017 年 8 月，校学生工作部和材料与冶金学院赴马路壕村开展助学捐赠活动，为贫困家庭学子捐赠书包文具 40 套、运动服 50 套、运动鞋 50 双，减轻了贫困户的教育负担。此外，学校教职工还通过驻村干部积极购买马路壕村贫困户的马铃薯、猪、鸡、羊等农畜产品，进一步帮助贫困户脱贫致富。2020 年 8 月，信息工程学院领导及各党支部书记、学生党员代表赴马路壕村开展助学捐赠活动，为贫困家庭学子捐赠生活粮油米面、书包文具、服装鞋类，减轻了贫困户的教育负担。为村委捐赠党建图书、办公用品，助力巩固脱贫成果。我所在的信息工程学院不断通过支教调研和走访慰问群众等多种方式为马路壕村的脱贫攻坚贡献力量。

加强人才培养集动力

2014 年以来，内蒙古科技大学专门向教育厅请示，新增普通本科面向贫困地区定向招生专项计划，得到教育厅批复。截至 2020 年底，学校先后招收了 8 名固阳籍家庭经济困难学生就读。学校定期举行固阳籍学生座谈会，了解他们在校学习生活情况，帮助他们解决实际困难。此外，学校还利用寒暑假开展三下乡活动，组织师生支教团到马路壕村开展支教和调研，走访农户，积极参与精准扶贫、"一对一"帮扶等活动，以多种方式为马路壕村的脱贫攻坚贡献力量。

发挥特色优势送温暖

内蒙古科技大学作为自治区重要的理工科院校和全国就业工作先进单位，长期与市内外工矿企业保持密切联系，学校充分发挥这一优势，积极与工矿企业联系，面向固阳县金山镇招收农村有富余劳动能力的贫困户到企业务工，目前已联系包头铝业股份有限公司、鄂尔多斯冶金集团等多家企业招收贫困户前往务工，切实帮助贫困户脱贫致富。贫困户郝明亮，家庭人口 4 人，患有尿毒症，需做血液透析，丧失劳动能力；妻子张小梅患有心脏病和过敏性紫癜。2020 年元月份新冠病毒疫情发生，贫困户郝明亮 1 月 26 日去包头市东河区肾病医院做血液透析，由于交通停用，不能返回固阳，一直在医院吃住和透析到 2 月 24 日才返回固阳家里，这无形中增加支出 3500 元。其妻子张小梅前一年冬天一直在治疗冠心病和过敏性紫癜，医疗花费 2200 元。由于夫妻二人看病支出，家中的钱花光了不说还欠了外债。眼下大女儿郝丽媛就要开学了，家中却分文没有，面临辍学境地，急得一家人团团转。

2020 年 5 月 26 日，我和村委、驻村工作队一行来到贫困户郝明亮夫妇家中，与他们促膝交谈，共同为其捐款 2600 元慰问助学金，送上了关怀和温暖，解了燃眉之急。

2017年5月针对马路壕村李海荣、郝银良、李富贵等部分贫困户窖藏马铃薯滞销问题，为减少贫困户损失，内蒙古科技大学以每斤0.7元的价格收购马铃薯2万多斤，解决了贫困户的燃眉之急。每年秋收之后，学校都会采用定点收购的办法帮助贫困户销售农产品，并在村委举行了农产品收购启动仪式，双方签订了收购合同，就农产品的种类、数量、价格等进行了约定，解决了贫困户农产品销售问题，保证了贫困户持续增收。

2020年9月，我为村民杨二礼售卖山茶，帮助村民收入近300元。2020年10—11月，我为贫困户郝明亮、张小梅一家解决肉鸡销售100余只、鸡蛋近百斤，村民直接收入超万元。

一手抓防疫，一手谋脱贫

面对突如其来的新型冠状病毒疫情，全国打响了一场全民防疫阻击战，农村地区是防疫的重点，也是防疫的薄弱环节。

疫情就是命令，防控就是责任。我作为驻村书记，自然不能退缩，顾不得休假和陪伴家人，立即启程返回驻村点，投身疫情防控，协助村委抓好疫情防控工作，同时抓好扶贫工作。

从2月3日正月初十起，我一直坚守着岗位、守护着村子、保护着群众，用实际行动践行着一名共产党员、一名驻村干部的使命担当。

统筹做好脱贫攻坚工作，开展入户摸排，解决急需问题，做好扶贫政策宣传引导。我与村委干部将马路壕村委5个自然村分开，运用网格化管理模式，挨家挨户打电话询问外出和外来人员情况，并询问贫困户有什么需求。我和村委会干部、驻村工作队化身"代购员"和"快递员"为村民采购生活必需品，守好最基层的"安全门"。

作为第一书记，我觉得疫情当前，我们的驻村工作队成员、镇村干部勇敢逆行，出一份自己的力，让他们少一点后顾之忧，保护好自己。疫情发生以来，我和驻村工作队员们始终用忠诚与担当筑起了疫情防控的"铜墙铁壁"，做老百姓特别是贫困户的"坚强后盾"，让党旗在群众最需要的地方高高飘扬！

"长风破浪会有时，直挂云帆济沧海。"总的来说，脱贫攻坚之路布满荆棘、充满坎坷，但是，这条路也是机遇与挑战并存。在大家的共同努力下，脱贫攻坚效果明显，贫困人口全部实现稳定脱贫，顺利通过自治区成效考核，圆满完成了全年脱贫攻坚任务。

必胜决心　带领乡亲们脱贫致富 —— 张成良

　　下湿壕村是自治区级贫困村，贫困人口基数大，我亲历了下湿壕村脱贫的全过程。作为脱贫攻坚战线上的一名"老兵"，感慨万千。

　　在短短的 7 年里，用自己的实际行动诠释了一名共产党员的使命担当，也使下湿壕村贫困户全部脱贫，顺利退出了自治区贫困村的行列，我的工作也受到了当地群众的认可，在群众中留下的良好口碑。2016、2017 连续两年，我在包头市委组织部年度考核中获得优秀；2017 年我所带领的驻村工作组被固阳县评为"优秀驻村工作组"；2018 年我被固阳县评为优秀驻村第一书记；2019 年又被包头市和自治区教育厅评为优秀共产党员。

　　我于 1996 年参加工作，现任包头医学院校园安全管理处处长。作为一名共产党员，我始终以党员的标准要求自己，充分发挥一名党员的先锋模范作用，在驻村打赢扶贫攻坚战上倾注了大量心血，受到当地群众的称赞。

沉到基层融入群众中

　　我曾经在 1998 年由学校选派到达茂旗乌克忽洞中学支教，当年就被包头市政府评为"支教先进个人"。正是因为在支教中的优异表现，并且具有一定的下乡经验，为了打好包头市精准脱贫攻坚战，2014 年 4 月，学校再次选派我到固阳县下湿壕镇下湿壕村精准扶贫，并担任该村驻村第一书记兼工作队队长。

刚一入村，我就蹲下身子深入调查研究，为了使当地群众摆脱贫困落后的面貌，切实掌握村情民情，分析致贫原因，精准发力，深入贫困户摸底，为 314 名贫困人口建档立卡，并写出了《固阳县下湿壕镇下湿壕村 5 年脱贫规划》，这个规划是在充分结合地区实际，突出地区优势的基础上形成的，并且多次征求村民意见，具有很强的针对性和可行性。

借助优势产业做到精准发力

因地制宜大力发展优势产业是我到村后找到的一个突破点，2014 年的下湿壕村，全村农用地有 7700 多亩，其中农田水浇地只有 1300 亩。六年来与各部门协调，共发展水浇地 1400 亩；为了调整种植结构，在学校的支持下，联系包头医学院药学博士，先后 5 次深入下湿壕村调研，为当地贫困户在黄

张成良走访农户

芪种植方面提供技术指导和销售方面的信息，并由学校药学专家对药材种植进行年度间轮换指导，为当地村民带来可观的收入。

依托部门优势促进群众早日脱贫

利用社会帮扶达到精准脱贫，促进群众早日脱贫。为了防止因病致贫和因病返贫，我每年组织包头医学院医学专家为村民义诊；为了解决村民就医难和看病贵的问题，联系包头医学院在该村卫生院建立了远程会诊中心。同时，号召包头医学院处级以上干部实行 1 对 2 精准帮困；多方联系为贫困户销售农副产品 26 万多元。通过积极沟通，每年"七一"，学校组织部都会对下湿壕村贫困党员进行慰问；每年中秋和春节，学校领导与一对一帮扶责任人都会深入贫困户慰问，共落实帮扶资金 38 万余元。

习近平总书记说"绿水青山，就是金山银山"，下湿壕村地处马鞍山脚下，有着待开发的丰富旅游资源，为此，我积极奔走各方，先后联系包头文联，组织作家、书法家、画家在下湿壕村开笔会，充分宣传了该村的旅游资源，带动了当地第三产业的快速发展，增加了当地农民的收入。

依靠党建引领加快脱贫步伐

为了解决下湿壕村基础党建薄弱，脱贫缺乏带头人的问题，我与包头医学院和市委组织部选派的"五联五帮"单位联系完善村委办公设施，布置党员活动室，认真落实"三会一课"制度，切实组织开展"两学一做"常态化的学习和"不忘初心，牢记使命"主题教育。进一步加强了基层党组织建设，为党建促扶贫提供了有力的抓手。下湿壕村共有 44 名党员，依托党建阵地强化宣传引导，发挥他们在村民中的影响力，大力开展"幸福靠奋斗出来"，"精准扶贫不是养懒人"等思想培训会，不断增强贫困群众脱贫致富的信心，达到"志智双扶"的目的。

措施精准，贵在落实。精准脱贫不能依靠政策兜底，要达到"两个一百年"奋斗目标，重在产业能够落实。经过多年努力，下湿壕村逐渐形成了主要以种植中药材和养鸡养羊为主的产业格局，并建成了村集体经济中药材市场客服中心。相信在产业支撑基础上，一定可以成为巩固脱贫成果、保证脱贫攻坚的最终胜利。

驻固阳县下湿壕村近七年来，自己的家庭生活中有许多顾及不到的地方，父亲去世的时候没能尽快赶到，儿子高考前也没法一直陪在身边，妻子患病住院也没有打扰我怕我担心。在下湿壕村工作的日子里，我与群众同吃同住同劳动，从一名机关干部变成了"农民"，将自己完全融入群众中，在扶贫帮困工作日渐取得成效的过程中，与当地村民结下了深厚的情谊，人们都亲切地叫我成良。

传正能量　凝聚战斗力摘帽脱贫 —— 薛志东

2017 年 3 月，包头师范学院保卫处副处长薛志东到固阳县怀朔镇担任白灵淖村委"第一书记"。他围绕抓基层党组织建设、推动精准扶贫、提升村级党组织和为民服务水平等 4 项职责任务，抓党建、抓扶贫、抓发展，有力推动了白灵淖村基层组织建设和脱贫攻坚工作，为该村扶贫开发、脱贫攻坚及稳定等方面做出了重要贡献。

提升党组织的战斗力和凝聚力

薛志东到岗之初，便积极同镇党委和村党支部研究加强基层党组织建设，着力提升党员的党性意识和党组织的凝聚力、战斗力，为打赢白灵淖村脱贫攻坚战役奠定思想和组织基础。针对部分党员党性意识不强、与普通群众争利益的问题，采取集中教育和个别教育的方式加强党员的党性教育。邀请包头师范学院副教授、包头市图书馆尚书讲坛特邀讲座嘉宾史继敏以《共产党奋斗历程对我们的启示和教育》为主题讲党课，10 名农民党员进行面对面谈心谈话教育。就"争当贫困户"这一话题与 15 名党员分 5 次在田间地头开展讨论，在教育、讨论中传导正确的价值导向，提升党员的党性观念和党员意识，要求党员发挥先锋模范作用，积极带动当地贫困户勤劳致富。通过对党员的教育，党员再对周边群众进行教育，群众当中"争当贫困户"的现象有所减少。针对部分群众对扶贫政策和措施存在不理解、心理不平衡的问题，有可能引发不稳定事件，薛志东带领驻村干部逐人逐户有针对性地解释政策、开展思想教育，确保一方安全稳定。通过耐心细致的工作，村里传递正能量，感谢党和政府帮扶政策的声音越来越多。

凝聚脱贫攻坚强大合力

2017年，固阳县为坚决打赢脱贫攻坚战役，下派300名干部驻村包户扶贫，白灵淖村派驻13名驻村干部。如何将来自不同地方、不同单位的干部凝聚起来？如何开展工作？如何与村委的工作对接？如何引领村"两委"加强村党支部建设，解决村党组织涣散、凝聚力战斗力弱的问题？这一系列问题都需要作为第一书记的薛志东全盘考虑。为了理顺工作，明确工作职责，着手组建了驻村工作队临时党支部和驻村工作队组织机构；通过建立驻村工作队晨会制度理顺工作。每天召开晨会，听取驻村工作队员汇报前一天工作，分析问题，研究工作重点难点问题，制定解决措施；建立重大事项驻村工作队与村委会联席会议制度，着力解决重大事项决策不透明，群众不理解，村民对扶贫工作满意度低的问题。凡是涉及贫困户识别、退出、脱贫户返贫，贫困人口自然增减、资产收益补贴等重大事项都要通过联席会议研究决定，相关工作通过联席会议部署安排。会后按照相关要求进行公示，切实提高了群众对扶贫工作的知晓度和满意度。包头市、固阳县、怀朔镇的几次督导检查中，群众都反映对帮扶工作有很高的满意度；适时召开专题组织生活会、主题党日活动加强基层党组织建设。脱贫攻坚工作琐碎繁杂、任务艰巨，驻村工作队员经过长期高强度工作后，难免会出现思想波动和厌战情绪。为了保持工作队与村委领导班子的凝聚力、战斗力，于6月20日召集驻村干部和村委领导班子，召开专题组织生活会，就扶贫攻坚工作中出现的问题以及厌战情绪开展批评和自我批评。6月30日，组织驻村工作队员和白灵淖村委班子成员赴达茂旗百灵庙抗日武装暴动纪念基地开展以"重温入

薛志东在村委会办公室工作

党誓词，发扬抗战精神"主题的党日活动。在活动中每位党员和干部深受教育，纷纷表示要在党言党，在党爱党，在党忧党，在党兴党，要以百倍的热情投入脱贫攻坚工作中去。部分参加活动的党外人士也表示深受感染，要向党员学习，向党靠拢，努力做好驻村脱贫攻坚各项工作；为进一步提升驻村工作队员脱贫攻坚工作能力，夯实脱贫攻坚各项工作，他带领驻村工作队开展"互观互检互学互助"活动。为驻村包户干部相互学习、相互借鉴工作中的好经验好做法搭建了平台，巧妙地推动了工作落实，通过活动达到了凝心聚力、团结工作队伍的目的。

确保脱贫攻坚见长效

到岗之初薛志东便走村入户，访遍17个自然村，了解社情民意，考虑到白灵淖村土地贫瘠，十年九旱，贫困户仅靠种植业难以脱贫，更谈不上致富。他看在眼里，急在心上，多次与村委班子研究脱贫致富长效措施，决定鼓励村民发展农村绿色无公害养殖业。恰逢固阳县出台养殖业奖补政策，薛志东带领村委一班人马逐村逐户制定"一户一策"帮扶措施。在他的鼓励下，全村共养殖鸡3201只、猪267头、羊549只。在积极为贫困户争取养殖业奖补资金的同时，他开始为贫困户考虑农产品销路问题，经过深入细致的调研，制定帮扶方案，动员包头师范学院200多名老师、干部，结对帮扶100多户贫困户，预交21.2万元包销农产品全额定金，还积极动员学校、企业、医院、社区等社会力量参与结对帮扶贫困户包销农产品，实现结对帮扶贫困户全覆盖，消除了贫困户对农产品销路的顾虑，打通了对贫困户养殖业帮扶的"最后一公里"，实现了帮扶精准到户。

为了帮助贫困户打通持续稳定的农产品销售渠道，与驻村工作队员一道反复叮嘱贫困户采用粮食等绿色无公害饲料喂养鸡猪羊，保证喂养质量，而且他每次进村入户都要检查贫困户家鸡猪羊的喂养情况。收购时严格验收，在确保质量的情况下，在每份农产品包装袋中装一张爱心帮扶信息卡，卡片信息包括鸡猪羊的喂养时间、喂养饲料、出栏时间以及被帮扶人姓名、联系电话，以便建立自愿长久的结对帮扶。此外，积极协调引进电商，将贫困户的农副产品不仅销往包头市，还销往呼和浩特、鄂尔多斯、北京等地。

针对怀朔镇打造油菜花海旅游产业，薛志东积极协调包头师范学院发挥文化优势，助力怀朔镇打造油菜花海旅游产业。4月25日，在怀朔镇建立油菜花海写生基地，8月份，组织开展美术专业师生油菜花写生实践活动；协调美术专业学生义务帮助怀朔镇开展文化墙建设；8月份，在油菜花最美的季节，精选大学生优秀文艺节目在白灵淖举办《包头师范学院"心连心"文化帮扶文艺晚会》。组织驻村工作队开展"美丽白灵源"采风活动，拍摄白灵淖的油菜花、葵花、荞麦花以及广袤无垠的原野和蓝天白云等美丽风景，制作成动感音乐相册，在微信朋友圈广泛转发。2017年，直接带动当地旅游人数增加10000多人，北京等区外游客开始出现，带动当地饮食、农产品销售、零售业增收总计15万元左右。

争做群众的贴心人

在"互观互检互学互助"活动中，薛志东深入了解每村每户的困难和问题，他急贫困户所急，在活动总结研讨会上，要求全体驻村包户干部，每月至少为贫困户办一件事实，建立帮助贫困户解决实际困难的长效机制。截至8月底，共帮助贫困户解决慢性病鉴定、子女上学、医保报销、销售鸡蛋、接送老人看病等实事204件，贫困户对驻村工作队满意度明显提升。看到部分贫困户仍然居住土房、危房，他仔细对照政府的帮扶政策，积极帮助贫困户争取危房改造、易地搬迁、到固阳县城购买廉租房等相关政策。在他的努力下，全村有33户在固阳县城购买廉租房，异地搬迁18户，集中安置11户，危房改造35户，解决了所有贫困户的住房问题。针对个别自然村整村饮水困难，专门向怀朔镇党委报告，积极争取相关部门解决村民饮水困难。

倾听心声　把贫脉解贫困拔贫根 —— 姬浩然

"大哥，你儿子的火鸡孵化养殖办得咋样了，孵化器的事解决了吗？"

"大爷，咱们这几天就要搬到砖房了，家里东西我们三定、三到干部帮您收拾吧。"

"老姐，你反映的新砖房门前的铺装路的事，今天就开始铺装。"

"老大哥，咱村的健身器材马上就能落实，您到时候就不用去隔壁村广场啦。"

"大姐，我不走，就在村委住，您说接 WiFi 那个事晚上我就和镇子里的技术员去看看。"

……

驻村工作的每一天就是在这样的对话中开始和结束的，虽然简单却每一句都能换来村民的一张笑脸。

下乡之前，包头钢铁职业技术学院党委领导找我谈话，肯定了我的主动工作积极性，也让我考虑家庭实际情况，征求家人意见。当我将这个情况告诉家人时，刚刚结婚的妻子说："人的一生想干的事很多，但真正能实现的不多，你既然想去，组织上也信任你，让你挑这副重担，你就安心地去吧，家里面有我在，你放心吧，安心工作，注意安全。"

在得到家人的大力支持后，2016 年 2 月，我这个城里长大的 90 后就正式开始与"农户人家"打起了交道。

　　固阳县西斗铺镇十八顷壕村是包头钢铁职业技术学院结对帮扶村，派驻期间，我经常跟固阳县住建局的三定干部一起到村里看望、帮助没有摘掉贫困帽子的村民，通过走访调研帮扶工作，慢慢地我喜欢上了这个民风淳朴的小山村。并通过参加全市第一批党建促脱贫培训班掌握了更多的硬技术、新思路。

　　初到十八顷壕村时，没有农村生活工作经验的我感觉压力很大。不仅因为这里道路难行、农业产业基础薄弱、村里大面积盐碱地不适合种植，村里生活条件差，还因为我自小在城市长大，说的是普通话，而村子里的本地口音我不太懂，更不会说，常常闹笑话，起初一个月在村里开会时也总是在会后私下找镇里领导重新记录因理解偏差导致遗漏的会议精神。

　　我一边学方言，一边挨家挨户地走访调研，并先后多次参加镇里召开的各类扶贫代表座谈会，倾听村民们的心声，摸"贫脉"、解"贫困"、拔"贫根"。

　　大半年时间里，在学院领导及相关部门的支持下，我主动与市县相关部门汇报沟通，为村组村民"牵线搭桥""精准发力"——组织学院教师进村里为村民进行各种职业技能培训，提高农民的技能和十八顷壕村的自我发展能力；配合镇里工作完成了常驻居民的老房搬迁工作，使得全村所有留守农户全部住进砖瓦房搬出了世代居住的土坯房，改善了村民的居住环境；协助村委组建村民互助合作社，帮助村集体发展养鸡社和杜泊羊杂交两个农业产业化经济。通过外借智力，内强筋骨，十八顷壕村实现了依靠外界"输血"到自我"造血"能力的转变。

　　每天都和村民有着不同的对话，每天都有不同的问题等待解决，驻村工作让我学会了倾听，倾听老百姓的心声，听老百姓说着对党的扶贫政策的支持和感激。看着我所驻守的村子环境一天比一天好，看着老百姓的日子一天比一天过得好，看着老百姓脸上越来越多的笑容，我的心里更多的是开心和踏实。近一年驻村工作经历让我终生难忘，基层党员的党性，老百姓的淳朴……这是满满的责任和爱，时隔多年回忆起来仍然历历在目。

虽然已经结束下乡扶贫工作返回学校，我在今后的工作中，将继续发扬党的优良传统，认真贯彻落实学习党的二十大精神，结合下乡经历及村干部不怕苦不怕累的精神，结合好自身工作为学院低收入的贫困学生带去更好的、更有温度的学生服务！

心系百姓　脚踏实地一心干实事 —— 李耀东

2016 年 5 月，按照东河区委统一安排，东河区山林管理站站长李耀东被选派到大巴拉盖村任第一书记，李耀东明白，刚来的时候他心情是复杂的，又激动又发愁，愁的是大巴拉盖村是全镇基础最薄弱的村，激动的是身处基层扶贫工作第一线，有了实现心中理想的平台能够直接为老百姓办实事。

狠抓党建、发挥引领

沙尔沁镇大巴拉盖村现有居民 1579 户，3620 人，其中在册党员 92 人。在驻村第一书记群体中里流传着这样一句话："帮钱帮物不如帮助建个好支部。"作为大巴拉盖村的第一书记，李耀东坚持把建强农村基层党组织作为首要任务，筑牢战斗堡垒。大巴拉盖村是一个具有优良传统和文化传承的村庄，作为 60 年代的"红旗大队"满载着沉甸甸的荣誉和记忆，然而李耀东却发现，该村的基层党组织存在组织涣散、党员作风疲软的情况。作为长期从事党务工作的干部，李耀东带领大巴拉盖村委会，依托"三会一课""六个一"等学习机制，积极开展"两学一做"学习教育，以带学领学的形式组织全村党员认真学党章党规、学习习近平总书记系列重要讲话，提升党员个人素养，净化党员整体队伍，凝聚党员集体智慧，发挥党员先锋模范，形成党支部的向心合力。同时，大力开展推进党支部"三项制度"工作，进一步建强村党支部，坚持第一书记引领，村委会主导，积极发挥村"两委"的主体作用。从政治高度来认识精准扶贫工作的重要性，深入贯彻落实中央、自治区、市三级党委精准扶贫工作文件及各级会议精神，引导村党组织按照党的方针政策科学、民主决策；协调好村党组织班子成员之间、党组织与群众之间的关系，制定工作制度，确保精准扶贫等各项工作稳步推进。在李耀东同志的带领下，村委会的全体党员不忘初心、不忘传统、不忘传承，树立正气、尊老爱幼，充分发挥了党支部基层战斗堡垒作用和党员先锋模范作用，脚踏实地，真真切切地为广大村民群众做了许多提高幸福感的事情。

找准关键、解决问题

大巴拉盖村位于黄河以北，京藏高速以南，属于下洼地，海拔落差大，用当地老百姓的话说就是一个"锅底圪巴"的地方。因为交通不便，村内基础条件非常薄弱，集体经济几乎为零，村内人口老龄化严重。刮风天尘土飞扬，下雨天到处是水坑，几乎没有一块可以落脚的地方，唯一一条进出村的黄土路还泥泞不堪，出行十分困难。"要致富，先修路"，李耀东和村"两委"的党员干部以及广大群众，在短短一年时间里规划、修建了70多条纵横交错的大路小道，对全村的大部分主次干道都进行了硬化。现在，看到干净整洁的道路，大巴拉盖村民们的脸上洋溢着喜悦之情。

李耀东在与村委会党员同志们共同挨家挨户走访时发现，全村的土旧危房数量堪称是河东镇的全镇之最。因大巴拉盖村属下洼湿地，没有混凝土基础，村里房子大部分都出现问题，有的房子裂痕交错，有的房子地基下陷，更有历经百年摇摇欲坠却还住着人的"古董"危房。李耀东当下就将危房改造定成了他驻村的重点工作。在沙尔沁镇和村"两委"的支持下，驻村一年多的时间里，他带领村民们拆除土房建新房，累计实施危房改造113户，改造后的房屋基础牢固，设施齐全，宽敞敞亮。75岁老村民王五十五感慨道："感谢共产党！没有党的好政策哪有我现在好房子啊！"金杯银杯不如老百姓

李耀东入户与村民座谈

口碑，看到老百姓住进新房子，李耀东的心中同样有着抑制不住的喜悦。

宣传政策、助推发展

大巴拉盖村是东河区乃至包头市的西红柿主产区，2016 年 8 月，为解决村内番茄销售难、价格低问题，李耀东和村里党员同志们共同献计献策，最终想出一条妙计，联合《包头日报》在村内举行"包头市首届番茄大战"，提高大巴拉盖村农产品影响力与知名度，通过社会各界努力累计畅销番茄 400 万斤，解决了当时农户卖菜难问题。12 月邀请市果蔬栽培专家就果蔬栽培技术在村内进行为期一周的专业培训，进一步提高广大菜农技术水平。在日常对大巴拉盖村农业出路的探讨过程中，李耀东意识到要从根本上解决农户销售难问题，还需培养"龙头"企业，带动村集体经济发展。头雁领飞，群雁展翅，以农户＋基地＋合作社的方式摆脱单打独斗，是提高农户收入唯一办法。在村支部的一次次学习中，村里的党员们都意识到了村党支部这个基层战斗堡垒应该在发展集体经济、带领全体村民致富的道路上发挥重要引导作用。现在，位于大巴拉盖村的"康庄合作社"已基本成型，村"两委"吸引各方面投资近 300 万元，承包了 200 余亩土地，兴建了 10 栋新型温室大棚，大力发展有机果蔬种植，取得了良好效果。

2017 年 4 月，大巴拉盖村更是通过与上海市阿林果蔬专业合作社合作，建成有机农产品合作生产示范基地。基地种植的一部分蔬菜供应本地市场，另一部分则供应远在千里之外的上海高端市场，目前已逐步扩展本地生产规模，为该村农户提供蔬菜产业技术培训和优质菜苗及农资供给，由合作社建立标准化种植示范基地，组建技术服务队伍，建立优质种植基地和农资配送中心供应长三角地区，并已累计吸收了村内富余劳动力 200 余人，带动周边27 户家庭在发展有机农业的道路上有所作为。

牢记使命、精准帮扶

李耀东时刻牢记作为驻村第一书记的光荣使命。通过协调区政府办等相关单位，由各帮扶单位及个人通过捐款的方式给大巴拉盖村建立了一所"精准扶贫"超市。在这里，村里的贫困户可以通过自身的劳动换取生活所需品，从而保障贫困户最基本生活。通过"五个一批"等具体扶贫工作措施，累计脱贫 6 户。同时，他和村党支部的党员同志们考虑到村里 20 多位身体残疾、单亲孤寡老人生活自理能力丧失，不能很好地保障自身生活，由村"两委"筹资兴建了"幸福院"，救助村里的孤寡老人这一弱势群体，使他们能够体会到村集体对他们的关心关爱和亲情温暖，帮助他们实现老有所养，老有所依。

坚守初心　带领群众踏上富裕路 —— 李　坤

"香房的街灯明了，好像闪着无数的明星。天上的明星现了，好像点着无数的街灯……"这是固阳县怀朔镇香房村驻村第一书记李坤辛劳一天后看到的最惬意的风景。李坤是国家税务总局固阳县税务局的一名年轻的"95 后"干部，自 2022 年 7 月参加乡村振兴驻村工作以后，李坤一直坚守着来时的初心：一定不辜负组织的期待和父老乡亲的信任，把自己的学识与勤奋都奉献给这片热土，带领群众踏上共同富裕的康庄大道！

赓续奋斗、薪火相传，接过乡村振兴的飘扬红旗

李坤的乡村情怀，源于父亲的言传身教。在脱贫攻坚战打响时，他的父亲便主动向组织申请，到最艰苦的地方去，从 2015 年直到 2021 年脱贫攻坚战取得全面胜利，李坤的身边便少了父亲的身影，甚至连春节的团圆饭，父亲也时常缺席。虽少了对李坤的耳提面命，但奔波的父亲却用言传身教给少年李坤的心中埋下了一颗乡村的种子。在 2021 年大学毕业后，看到固阳县需要振兴的现状，李坤便义无反顾地留了下来，成为一名税务干部，并且在工作刚满一年时就主动提出了驻村的申请，从父亲手中接过了那面振兴乡村的飘扬红旗。

建好班子、带好队伍，抓好先锋模范的"关键少数"

作为一名中共党员，李坤深知，想要助力香房村群众致富，"关键少数"是离不开的，要强化政治引领，发挥好党的群众工作优势和党员先锋模范作用，提升村级治理能力。

2022年末，内蒙古自治区多地疫情出现反弹，由于怀朔镇疫情防控工作压力大，李坤便主动请缨，向专业人员学习核酸检测基本知识、动作要领、注意事项等，在他的带动下，驻村工作队和村"两委"班子的每个人都努力成为合格的核酸检测人员。在11月疫情防控最为严峻的时候，香房村的全员核酸速度在全县名列前茅，且无一人感染新冠。这其中离不开像李坤和基层干部这样的"关键少数"。他们牺牲自己休息时间，在寒风下简陋的帐篷里、在大爷大妈们温暖的屋子里，在一声声辛苦了、谢谢您的关怀下，闪耀着共产党员的光芒。

深入调研、科学规划，找准科学合理的工作思路

李坤坚信，想要做好乡村工作的前提是要深入熟悉村情，并和村民真正地打成一片，成为农民的知心人、好朋友。于是从到村任职的第一天起，李坤就带领工作队和村"两委"的同志们深入田间地头和农户家中，打下了良好的群众基础。

兔年春节前，为做好收尾工作，保障村民过一个幸福安康的新年，李坤带领驻村工作队和村"两委"成员走访了全村20户监测户和89户脱贫户，为大家上门服务，纾困解难。当时疫情形势虽然逐渐好转，但是很多老年人感染新冠之后身体状况大不如前，他在入户调研统计时发现很多患有心肺基础病的老年人都在医院住院治疗。村里有个患结核性心包炎的老大娘，儿女在外地打工维持生活，平常很难顾及大娘的生活，却又放心不下她独自生活，李坤便常常带着工作队到大娘家中帮忙。年前去看望她时，她因为感染新冠

住在了医院，李坤便帮着大娘家将所需要的年货、米面准备齐全，又反复检查了供暖和药品的储备。在香房，这样的老人还有很多，他们的儿女虽然回不来，但李书记在这里，大家便都无比放心。

积极争取、多方协调，建设美丽宜居的崭新农村

李坤在几个月的实践中，深深地认识到，村基础设施建设、人居环境改善的重要性。怎样才能农业强、农村美、农民富，是他一直不懈思索的问题。

为了帮助解决农产品销售，让群众感受到实实在在的温暖，2022 年中秋节，李坤利用融媒体传播渠道，拍摄怀朔镇芪林鸡生活、喂养、销售的宣传短视频，并积极转发至包头市各税务局干部职工以及亲朋好友，同时利用微信朋友圈、微信群等渠道宣传销售，累计共销售 408 只林下鸡，销售金额为52400 元，带动整户无劳监测对象户均增收 1050 元；为提高办公效率和服务水平，他特地向固阳县税务局申请将局库房内三台闲置电脑、两台打印机无偿捐赠给香房村，替换掉老化的办公电脑，提升了村级党群服务中心办公条件和服务水平，进一步夯实村级组织阵地，助推乡村振兴；为增加村集体经济收入，他结合固阳县打造"一薯二粮三油四杂五药"产业链，配合村委以"41° 固阳献"区域公共品牌为基础，结合怀朔镇实际情况，以"安全、优质、绿色"为基本要求，深入实施品牌强农，加快推进农业由增产导向转向提质导向，成立了固阳县朔发农副产品加工有限公司。还准备依托怀朔镇香房村油料加工厂，生产人体易吸收、低胆固醇的葵花油和菜籽油，从根本上寻求增收途径，发掘出乡村经济振兴的"源头活水"。

初心在奋力前进中闪耀，使命在强力攻坚中锤炼。作为一名税务干部、第一书记，李坤用实际行动诠释着新时代青年的责任和担当，在基层路上践行着新时代党员的初心和使命。他尽职尽责、尽心尽力，用自己的辛劳和坚守、奉献和汗水换来了百姓脸上的笑容和幸福的生活，真正把初心刻在为民服务的信念中，把使命落在改善民生的岗位上！

勇于担当　领乡亲走脱贫致富路 —— 王文亮

总有一些年份，注定会在时间的坐标轴上镌刻下熠熠生辉的印记。当时光的指针来到 2021 年的原点时，固阳人民和全国人民一起，在脱贫攻坚道路上取得圆满收官。回望来路，才知道走出多远；亲历奋斗，才明白付出的意义。贫困人口多和土地沙化面积多的包头市固阳县，1994 年被确定为国家级贫困县。2012 年退为自治区级贫困县。2014 年全县贫困人口 8602 人，属深度贫困县。实施精准扶贫以后，人民银行包头中心支行积极响应市委组织部工作部署，从 2015 年开始派出四任副科级干部任驻村第一书记，王文亮接替前任，从 2020 年 8 月份任驻村第一书记，一直坚守在扶贫的第一线。他勤勤恳恳、任劳任怨，勇于担当、甘于奉献。

勇于担当，甘于奉献

第一书记必须具备与村委书记和村委班子团结、协调、沟通的能力。如果没有这个能力，现学也要学会。王文亮初到村里，难免主观上觉得村里干部文化程度低，发展眼光不足。有时会流露出居高临下的态度。但当他放下身架主动交流沟通时，才发现农村干部身上原来有很多的闪光点，认识水平一点也不次于他。他对他们有了由衷的敬意，在交流的过程中农村干部也认可他，认可了他的素质和真正办事的态度。互相认可，事情就会事半功倍。

经过细致排查，河楞村贫困人口为 14 户 26 人。对全村 8 个自然村 260 户常住人口的排查，前后用了 2 个月的时间，每户平均入户 3 次填表算账。秋收季节，家里没人，只能在晚上工作，其中半个月是披星戴月。一是排查准，二是夏日农民劳作，只有晚上户内有人。

帮扶期间，协调上节水灌溉的滴灌 4000 多亩，改变了以前大水漫灌，节省了人力，节水节电，增加了种植积极性，提高了产量。滴灌的本意是改变老的灌溉方式，铺设地下管网加压浇灌，节省了用水和解放了劳力。有了滴灌的节水量，有了滴灌的技术启示，王文亮和村民们大胆设想用滴灌方法把旱地变水地，但该项目不在国家的项目列支内。王文亮就积极协调，得到当地农村信贷机构大力支持，滴水灌溉主体工程完工，1100 亩旱地上滴灌后每亩增收 1100 元，户均增收 5360 元，人均增收 2362 元。无论是贫困户还是非贫困户，经济收入上都得到了提高。经过努力，全村建档立卡 14 户 26 人实现了脱贫，脱贫率达到 100%，王文亮悬着的心终于放下了。节水灌溉和旱改水使河楞村 8000 多亩的耕地，上滴灌 5100 亩。上滴灌改变了农民生产方式和理念。王文亮决心 2021 年滴灌全覆盖。按理说，他完全不用冒这么大风险，承担这么大压力，只要完成好规定动作就行了。但王文亮不这么认为，决心要干就干彻底。

基础母羊繁育项目也投入了营运。占地 40 亩，完成一期建羊舍 850 平方米，库房 325 平方米，羊圈 4250 平方米，办公用房 130 平方米，青贮窖一个 1120 立方米，青贮玉米 200 亩，投入资金 120 万元。购买拌料机、打草机、粉碎机等机械设备又投入 30 万元。运行后，购买 5 户贫困户玉米 7 万斤，用于羊饲料。每斤 0.9 元，使贫困户户均收益 12500 元。基础母羊也由原来的 600 只发展到 800 只，可每年提取 2 万元的集体收益。2020 年，14 户贫困户全部稳定脱贫，集体收益也逐步增加。

勤于思考、以苦为乐

王文亮紧盯住眼前，但不局限于眼前，无论是认真做好的"六个精准，五个一批"，还是驻村伊始根据村的实际情况设计的"两减、一保、一促、一激"（即减轻老慢性病对村民的支出压力、减缓重疾病造成的生活困难；大力发展村集体经济，保证村委经济积累，确保村务事项及村民的资金周转；改善全村的生产方式，促进农业增产增收，增加村民资产效益，加强基层组织建设；增加村民的信任感，凝聚力，激发村民内生动力），都是相得益彰，互相促成的，为土地规模化经营做了准备。

在经常为村里贫困户送药购买生活日用品，解决村民矛盾纠纷的同时，王文亮还有忧心事。河楞的集体经济正常运营了，但是出栏的成羊销售成了大难题，王文亮就建立了微信平台，在市人民银行领导的倡议下，职工主动加入，积极购买，不论贫困户还是非贫困户，经济收入都得到了极大提高。

河楞村离王文亮家 20 多公里，加上入户 8 个自然村，每天开车平均往返将近 100 公里。村委条件比较差，没有食堂，12 点下班，回家还要做饭，吃完饭几乎又到上班时间，从来没有午休。多年的类风湿、高血压、糖尿病折磨着他，由于经常不能按时吃饭打胰岛素，屡次出现低血糖。特别是 2020 年类风湿造成手关节变形疼痛，非常痛苦。可是他仍在咬牙坚持，病倒在繁重的工作岗位上是经常的事情，但他却从未有怨言。如果说流血牺牲是一种付出，那么脱胎换骨又何尝不是一种付出呢？王文亮在扶贫的路上脱胎换骨了，在他的不懈努力下，在包头市人民银行中心支行和镇政府的全力支持下，驻村工作人员全体奋斗下，对河楞村的帮扶成效显著。2020 年，河楞村贫困户全部脱贫。贫困人口收入全部达 8000 元以上。

樱桃好吃树难栽，不下苦功花不开，王文亮和村民们坚信，只要实现脱贫攻坚与乡村振兴的有效衔接，切实做到靶心不转，频道不换，一步一个脚印真抓实干，就一定能够快速掀起乡村振兴的高潮，实现农业强、农村美、农民富，河楞村的明天会更美好。

驻村扶贫　精准攻坚敢做担当人 —— 王学峰

　　2018 年 5 月，经包钢集团公司党委选派，时任包钢集团固阳矿山公司矽石作业部党支部书记的王学峰，被派驻到固阳县兴顺西镇公合当村开展精准扶贫工作，任驻村第一书记兼工作队队长。公合当村位于固阳县城西北部，西与西斗铺镇红泥井村相邻，北与达茂旗接壤，距离县城 70 公里，是兴顺西镇贫困人口最多的行政村，属自治区级贫困村。驻村以后，王学峰深知自己不仅肩负着公司领导的信任和重托，同时还承载着国有企业的责任与担当，必须拿出"脱皮掉肉"的勇气和"钉钉子"的精神排除万难地扎根于这片热土，精准脱贫工作才能有所成效。

　　驻村伊始，王学峰积极走村入户，了解村情民意，与村"两委"共同谋划村内基础建设，为村民解决急难愁盼的问题。在他的争取下，包钢（集团）公司为公合当村捐赠资金近 800 万元。打深井 8 眼解决了 8 个自然村人畜安全饮水问题；修建了两条共计 7 公里通往偏远自然村的水泥公路，新修一条4.2 公里的砂石通村公路，彻底解决了村民的"出行难"问题；帮助建设村集体经济项目——小尾羊育种改良养殖基地，形成了年收益 25 万元的村集体经济规模。

　　让王学峰一直记忆深刻的是有一位年近六旬的单身贫困户，因病失去劳动能力，不能进行正常的生产劳动，自己的土地全部退耕还林，治疗疾病所需的刚性支出较大，又没有其他收入来源，生活极为困难。王学峰掌握了基

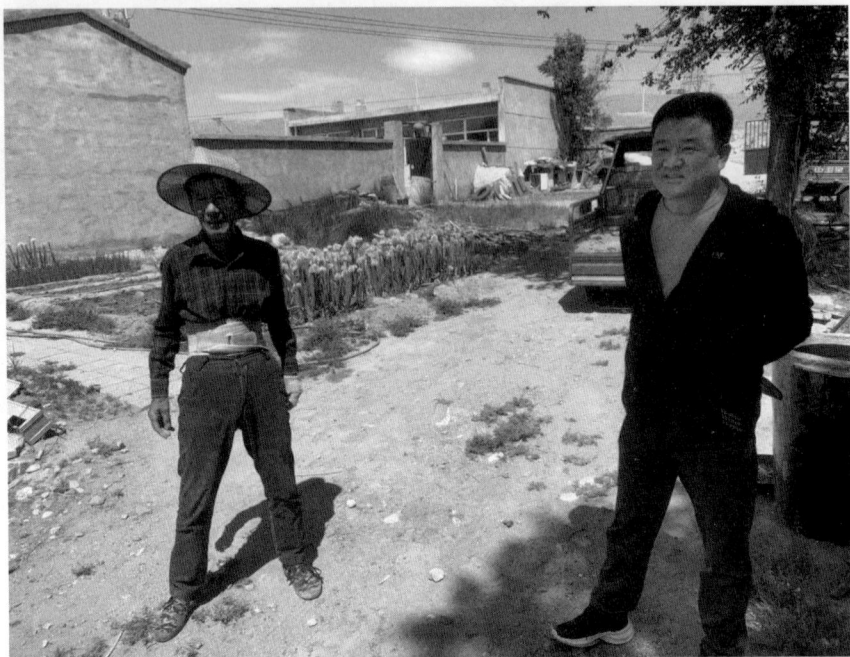

王学峰与困难户实地了解情况

本情况后，多次深入贫困户家中，积极和村委会认真研究，最终提出了有针对性的帮扶方案，决定从养殖业方面实施帮扶，制定了闭环式的帮扶计划。村委会帮助购买雏鸡500余只，王学峰拿出资金帮助购买饲料，待成熟后又帮助解决了销售难题，使这位贫困户增强了脱贫信心，并依托养殖业走上了致富的道路。

2021年9月，包钢（集团）公司包联帮扶固阳县金山镇昔连脑包村，开展乡村振兴帮扶工作。王学峰积极响应"爱包钢做贡献"的号召，再次带着包钢各级领导的重托和组织的信任，带着自己在脱贫攻坚"战场"3年多的经验和历练，选择留下来继续驻村，从脱贫攻坚"转战"到乡村振兴"主战场"，开展乡村振兴帮扶工作。

到了新的工作环境，王学峰即刻投入工作当中，为了更深入地了解贫困户的具体情况，他组织村"两委"和工作队员研判监测人口和帮扶措施，结合村实际情况，研究制定了五年发展规划和新上村集体经济项目。结合当地特色，完成了三个项目的规划暨利用村委得天独厚的自然条件，种植固阳县域内久负盛名的"昔连脑包玉茭茭"。与肥料生产商合作，生产适用花卉、蔬菜和农作物的不同特性有机肥。利用村内闲置河滩地、梁地、坡地等建设标准养殖舍，培育生产雏鸡、肉鸡、蛋鸡等绿色食品，在增加村集体经济收益的同时，还可解决部分劳动就业问题。

2021年，受疫情影响，村农产品滞销，他积极想方法、谋出路，主动联系包钢股份12家二级单位帮助购买，销售价值10多万元的产品，最大限度地减小了村民的经济损失。

为解决昔连脑包村委党群服务中心冬季取暖问题，王学峰与村"两委"商议后，积极向派出单位固阳矿山公司党委汇报，争取到暖风机采购资金约5万元，由单位通过网采平台顺利实施，完成安装调试工作，为平稳过冬提供了保障。

精准扶贫　小山沟里开花红艳艳 —— 于树杰

正月里，开的什么花？开的是党给我们的幸福花；二月里，开的什么花？开的是老于带领我们的脱贫致富花……午后，坐在大瓦房阳光充足的炕头上，81 岁的贫困户和改变拉着驻村第一书记于树杰的手，临时唱起了自己改编的《五月散花》。这首歌，老人唱过无数次，还经常和三儿子在快手直播时唱起，老人说："要是没有共产党，要是没有精准扶贫的好政策，要是没有中国二冶和帮扶单位的全力扶持，要是没有把家安到我们这个穷山圪崂里的老于书记，我们哪能过上这样的日子……"

甜滋滋的味道

10 月 13 日早上 6 点 50 分，于树杰就来到了村民张存友的家里。今早他要在张存友下地收葵花前，将他家的电路修好。

盖了新房子的张存友请来的电工活干得不利索，造成总有短路的情况发生。早就知道驻村第一书记于树杰是修电的高手，但是知道他太忙，张存友一直不好意思打扰他。随着家里的电器越来越多，短路的情况也越来越多，不得已他给老于打了个电话。

这几天是秋收的关键时期，村民们只有清晨的时候在家。于树杰接到电话后，当晚收拾了自己的工具箱，天还没有亮透就来到了张存友家里。改切

于树杰在村委会办公室工作

了线路，更换了两条电线，不到一个小时，困扰张存友家的问题得到了解决。临走，于树杰看到张存友家的自来水管子渗水，又随手把水管子修补好。

10月中旬的内蒙古包头市固阳县怀朔镇壕口村早晨的气温只有三四度，只穿着一件单褂的于树杰，放下工具箱，又来到了沙驼国村种葵花大户刘晓的葵花地里，商议如何将葵花卖出好价钱。

丰收压弯了头的葵花散发着幸福的气息，村民们笑弯的嘴角更是让幸福的气息充满了前前后后的山梁。看到又来地里帮他们收获的于树杰，隔着老远，村民就大喊"老于，老于，来我地上吧，中午家里做了胡油烙饼，忙乎完，叫上工作队的他们几个，一起来吧……"空旷的田野上，大声的喊话让空气都带着甜滋滋的味道。于树杰的手不闲着，大声地回应着："好，好！"

在地里，和村民一同忙碌的于树杰，已经看不出城市人的模样，黝黑的脸庞看上去俨然就是农村老汉。于树杰很喜欢自己现在的样子，在这里7年的时间，他和壕口村640户2290位村民变成了一家人，吃一样的饭、说一样的话，带领他们从年人均收入不足3000元，到现在的1.3万元，于树杰是见证者，更是他们的带头人。

过往让人泪目

7年前，中国二冶集团积极响应党中央和地方政府坚决打赢脱贫攻坚战动员令，选派直属项目部综合部部长于树杰进驻内蒙古包头市固阳县怀朔镇壕口村作为帮扶村党支部第一书记。

壕口村是国家级贫困村，位于固阳县怀朔镇东南部，辖12个村民小组，总户数640户，2290人。这里十年九旱，靠天吃饭，属于平梁相间丘陵地貌，地理位置封闭，基础设施落后，经济结构单一，经济发展和群众脱贫步伐比较缓慢。

接到这个神圣而艰巨的任务，于树杰下定决心："不带领壕口村的村民走出贫困，我就不离开！""其实说这句话的时候，我心里也在打鼓，作为一名从部队到企业的干部，我真的不知道自己到底有怎样的本领能完成这项艰巨的任务。不过我也不断地鼓励自己，我已经50岁了，人的一生已经走过了一大半的时间，如果能在人生最成熟的年纪为贫困百姓做点什么，为自己的退休的人生留点什么，是多么值得的一件事啊！"

2014年4月26日，于树杰第一次走进壕口村。生机勃勃的春天，从半坡梁上望见的沙驼国村却是一片荒凉，整个村子里只有三四间瓦房，其余的房屋都是破破烂烂的小土房，村里的院子都是葵花秆、树枝围拢起来的。走进村里，于树杰的内心更加凄凉，村里留下的老弱病残看到外人走进村里都是惊奇的目光。镇上随行的人介绍于树杰是扶贫干部，村民的眼中闪着的都是质疑和漠然。

"心里非常难过，我只有从电影中见过这么贫困的地区。特别是走进了村民高保田和和改变的家里，眼前的一切让眼泪一直在我的眼眶中打转，我努力地克制着自己，同时我也和自己说，考验共产党员的时候到了。"点起一支烟，于树杰说起过往，烟抽得很凶。

心疼真心干事的好干部

只有深入了解才能找出"穷因"，才能最终挖掉"穷根"。

壕口村 12 个村民小组遍布在山梁和山沟里，想要知道每一户每一个人的情况，需要徒步去寻找。一个月的时间，从早晨到天黑，于树杰在村委会副主任和县里的三定干部带领下挨家挨户调查。于树杰说，最远的村子保力图，藏在半山坡里，总共只有 7 户人家，如果没有熟人引领，根本找不到那里。

一个月的时间里，于树杰不停地记录每个家庭的情况，爱说爱笑的他变得非常沉默，烟抽得也更凶了。

"越走越了解，我的心里越开始发慌，村民的困难远比我想象的还要严重，村里建档立卡的贫困户有 175 户 332 人。留下在村里的全都是五六十岁以上的老人，丧失劳动力的占到 60%。按照党中央的部署，2020 年就要全部脱贫，我感觉到时间非常紧迫。我必须尽快找到突破口。"于树杰直到今天还留着当年记录村民情况的笔记本，已经磨损严重的内容却是让他骄傲的内容，他高兴地说："他们全都脱贫了。"

于树杰清楚地记得，他来沙驼国村最初的日子，一直和有病的高保田挤在高保田父亲留下的土房里，那屋子四面的墙全部开裂，屋里除了大炕和水缸，什么都没有。

高保田回忆："老于来时，我就觉得他晃悠几天、走个过场就走了。当时的他瘦瘦高高，白白净净，根本就不是能留在村里的人。可是，我真的没想到，他能睡在我的大炕上，一两个星期不洗澡，能吃进去一日三餐全是没有油的干土豆。特别是看他一早出去，一晚回来着急得不住叹气，因为我们太穷，半夜睡不着起来抽烟的时候，我开始心疼他，也相信他是真心下来干事情的好干部。"

"家"安在了村里

初来的时候，村民见老于不喝酒，又一口东北口音，私下里都管老于叫

"侉子"，对他很不信任。为了更进一步拉近和村民的距离，每天晚上，于树杰都摸黑到村里的娱乐据点，听大家说点啥，有啥新想法。那时村里没有路灯，村里坑坑洼洼的路于树杰不熟悉，好几次摔倒在坑里。

"当过空军部队雷达兵，在企业也干过最基层的工作，这些困难对于我不算什么。那个时候我着急的是我来这里的任务不仅要早完成，还要完成得漂亮。"于树杰干脆把家搬到了村长刘晓的家里，从这个有想法的人找到突破口。亲近的接触，刘晓告诉他，其实村民最想知道他留下来的决心。

于树杰回到了中国二冶"娘家"，把他工作的情况直接汇报给了董事长，并邀请他到壕口村。董事长到了村里，看到壕口村没有办公场所，而且医疗卫生条件特别简陋，当即决定为村委会修建办公室、村卫生所。

一排瓦房建起，于树杰又联系包钢医院，建立了"内蒙古包钢医院怀朔镇壕口村流动卫生院"。

"家"安在了这里，村民开始信任于树杰，很多村民对于树杰提出，不叫他书记，就叫他"老于"，这样更亲。从此老于说的话，老于安排的事，尝到甜头的村民更加信任。

增加收入是解决群众贫困问题的核心和关键，产业发展是群众脱贫致富的重要途径。为发展主导产业，增加农牧民收入，于树杰在中国二冶集团的帮助下，采取"联合＋技术＋帮带"多管齐下的扶贫措施推动壕口村产业发展。与帮扶单位固阳县水利局积极沟通，县水务局累计投资 69 万元，争取农牧业及滴灌带奖补资金 42 万元，恢复滴灌种植 4000 亩。为调整种植结构，于树杰协调县农牧局，为村里免费提供马铃薯高垄播种机一套，在沙驼国等 4 个村推广种植 400 亩，同时引进中药材白芥子 500 亩，受益贫困户 121 户 254 人，人均增收 1200 元。

在养殖业方面，于树杰积极发展特色产业，探索在沙驼国村推广大红公鸡的养殖，共修建鸡舍 66 间，养鸡 1500 只。中国二冶集团与固阳县水利局共同出资 12600 元购买鸡苗 630 只，分发到 60 户贫困户家中饲养。

土豆、白面、莜面、土鸡、土鸡蛋都开始丰收，于树杰变成了推销员，中国二冶集团、新兴一品社区、包钢十二中、钢兴实业、包钢医院、市政工程管理局、朝聚眼科医院、边墙壕村委会纷纷成为壕口村农产品的粉丝，这些单位的同志们帮助壕口村村民脱贫致富的热情，一次次感动于树杰。仅中国二冶，两年就包销了13.14万元。

不忘党恩的报恩花

"以前壕口村里全是土路，特别不好走，尤其是下雨天，地上的土都变成泥，整村的环境也是又乱又脏，生活很不方便，不过现在铺上了水泥路，所有的问题都迎刃而解，壕口村的环境也是焕然一新。而且，便民超市、标准化卫生室、图书室更是解决了农牧民生活、看病、休闲的问题。这都是'精准扶贫'给我们带来的变化。"贫困户高国珍、赖长凤夫妇谈起老于和"精准扶贫"，他们脸上都绽放着幸福的笑颜。

通过几年多的努力，壕口村从排名倒数的后进村一跃逆转为先进村，于树杰带领工作组的业绩受到了怀朔镇党委和固阳县委的高度评价和充分肯定。2016年，壕口村被评为固阳县"先进基层党组织"，并一举摘掉了国家及内蒙古自治区级贫困嘎查村称号。中国二冶集团荣获"包头市精准扶贫攻坚工程良好帮扶单位"称号，于树杰荣获"包头市精准扶贫良好进驻村干部"称号。2018年底，壕口村如期实现"贫困村"摘帽。

在做好对口帮扶工作的同时，在2016年危房改造过程中，于树杰跑前跑后，不分昼夜，全力配合村委深入农户家中进行宣传动员、讲解政策。于树杰说："那个时候我真想把村民们全都拉到城里去看看，告诉他们党的好政策，不仅仅是让他们吃饱吃好，同样也想让他们住上和城市人一样舒心、敞亮的大房子里。"

67岁的高保田的土房变成了家里有厕所、有客厅90多平方米的大瓦房，500多平方米的院子里还有政府给盖的标准鸡舍；高国珍、赖长凤夫妇养羊一年有几万元的收入；81岁的和改变坐在家里啥也不干，一年的收入也超过了万元……"曾经家里穷得连块补补丁的布都没有，到现在想吃啥有啥，政府还给免费送药……真的是党比我的孩子们都亲啊！"说着话，和改变眼里泛着泪花。

四月里，开的什么花？开的是跟党走的太阳花；五月里，开的什么花？开的是致富不忘党恩的报恩花……午后温暖的阳光里，和改变眯起眼睛幸福地唱着，于树杰高兴地拍着巴掌配合着节奏，窗外大红公鸡卧在窗台上、羊圈里的绵羊卧在阳光里，幸福的生活就在这样的一派祥和中铺陈开来，这味道美好而又绵长……

全面脱贫　村民日子越过越展活 —— 郭新燕

在内蒙古包头市土右旗双龙镇政府西 10 公里处张子淖村，贫困户王金牛夫妇正在自家承包的几十亩地里给小麦浇水。我见到王金牛时，他穿着蓝色背心、黑色裤子，用铁锹不停地这儿挖挖，那儿补补，不远处，几十只羊在垄边悠闲地吃草。

王金牛擦了把汗，转过头来跟我打招呼："郭书记，看我这小麦长得不赖哇，羊也长了不少膘，正好你过来，去我新家坐坐聒聒。"

我走进王金牛的新家，干净、整洁的环境让人眼前一亮，锅里炖着羊肉，浓浓的肉香扑鼻而来。

2019 年，王金牛接连迎来了三件喜事：老两口住进了新房、家里养殖的羊增加了十几只，又承包了 20 多亩地。他自己做梦也没有想到的是脱掉了贫困的帽子。

更让王金牛想不到的是，在党和政府，还有北重集团的帮扶下，他通过扩大种植业规模，购买和繁殖增加羊的数量，积极发展养殖业，还成了当地志智双扶育新风的脱贫示范户。

当然，这只是北重集团精准扶贫、定点特困地区脱贫攻坚的一个缩影。

"虽然脱贫了，我今后还要靠自己的双手，跟大家伙儿一起奔小康。"王金牛操着方言表达自己激动的心情。

张子淖村是自治区级贫困村，常住户数 201 户 416 人，有效灌溉耕地

5745 亩，主要农作物有小麦、玉米和葵花等。

小麦是地道的无公害农作物，由于没有注册商标，存在"好女也愁嫁"的困境，结合新农村建设的长远规划，作为驻村干部，我为张子淖村量身打造了"一村一品"战略。我经过细致的思考，多次研究方案，准备为村里种植的农产品"找婆家"，实施订单农产品，将张子淖的无公害小麦等农产品卖给内蒙古双有食品有限公司，并签订协议，"好女"就这样顺利地"嫁出去了"。

我协助包头市土右旗张子淖村实施"伴养鸡""伴养猪"模式，开展"菜单式"扶贫——为 12 户贫困户购买了 240 只鸡，为 1 户购买了 2 头猪；为有劳动能力的 3 户实施了养殖业扶贫，并分别为其发放 3000 元的产业奖补；为无劳动能力的 8 户进行差异性分红。

要想把扶贫工作做扎实，驻村工作就要与贫困户拉近距离，只有了解村民意愿，把一件件小事干在实处，才能把脱贫工作做真、做实、做好。我经常走访入户为村民耐心地宣传党的扶贫政策，了解动态信息，及时化解矛盾，及时解决存在的问题。

我积极争取社会帮扶，联系北方医院口腔科为三道河中心学校开展了健康扶贫活动，为 67 名小学生进行龋齿检查，并为其中 40 名孩子做了窝沟封闭，还为他们讲解了牙齿护理知识和正确刷牙方法，本次义诊共为村民和小学生节省口腔诊治费用 2.5 万余元。此外，还积极联系市新时代幼儿园，与三道河中心学校开展献爱心捐赠活动，共捐赠教具 30 套、图书 55 册和玩具 26 套。

为尽快掌握帮扶村的情况，我每天在田间地头来来回回转几圈，挨家挨户谈一谈、看一看，多途径深入了解村民在生产、生活方面的诉求，不漏一户一人。春天，贫困户赵太河进行危房改造，我帮助他办理房屋维修手续，为其解决难题；夏天，贫困户张付家院内外积了大量雨水，又为他筹集 900 元改造了排雨水管道，方便了出行；秋天，两户村民因排水问题，产生纠纷，我多次上门耐心劝说，两家终于和好如初。

目前，张子淖村建档立卡贫困户全部实现脱贫，贫困村已经摘帽，村集体收入不断增加，基础设施不断完善，村民水平不断提高。

王金牛经常说："感谢党的好政策，感谢北重集团扶贫干部的辛苦工作。我们种植的小麦，他们帮我们找销路，现在我已经脱贫了。在农闲时，我还出去打工，现在年收入超过 2.6 万元。"

正如老百姓所言："现在这日子啊是越过越'展活'了，小康，离'咱们'不远了。"

2020 年是全面建成小康社会和"十三五"规划收官之年，也是脱贫攻坚决战决胜之年。北重集团全面落实习近平总书记提出的"四个不摘"重要指示精神，紧盯脱贫攻坚最后堡垒，保持攻坚态势，"扶上马再送一程"，加大力度帮扶，采取产业扶贫、消费扶贫、健康扶贫等多种方式，帮助贫困村建立脱贫长效机制，责无旁贷扛起了"定点扶贫""精准扶贫"的重任，是担当、是责任、更是使命。

包头市土右旗张子淖村实现全面脱贫后，按照"四个不摘"要求建立起防止返贫动态管理机制。为落实自治区政府部署要求，北重集团党委继续派我到包头市固阳县朝力干村开展帮扶行动，助力推进乡村振兴。

在朝力干村，我积极开展消费帮扶，向大家推销怀朔镇"芪林鸡"，增加村集体经济收入，另外，自己还帮扶村里购买农家鸡、胡油、荞面、莜面和白面等，金额 1 万多元。从 2021 年开始，每年春节期间组织副科级以上领导和各级科技带头人献爱心，自费购买农家土鸡，为村集体增加收入 30 多万元。

2022 年，我经常冒着炎夏烈日，顶着冬季严寒，走访农户，细心聆听每一个贫困户的故事。对 11 户因大病等原因而形成的突发严重困难户进行政策帮扶，其中：为无劳力的 40 户办理光伏收益，为 2 户无劳力的办理了资产收益分红手续，为 7 户无劳力的办理了代养鸡，为有劳力的 2 户上了养鸡到户产业，为他们代缴医疗和大病保险和防贫保，为 1 户办理了教育帮扶手续，为 1 户续办小额信贷，确保每个村民都达到"两不愁三保障"和饮水达标。

深入调研 摸实情况引领奔小康 —— 张利平

武乡县营村是土右旗双龙镇最东南的一个村子，距离市区有 150 公里，据说清朝时山西省武乡县的移民迁居此地，故得名。

2014 年 4 月，我被选派到武乡县营村扶贫，任工作组组长和驻村第一书记。第一次来到村里，仿佛回到童年记忆里的农村，村里的房屋大部分还是土坯房，有些年久失修，已经成了危房。同来的镇里干部介绍，武乡县营村位于黄河故道，地势低洼，村里的房屋大多潮湿下沉，再加上耕地是红泥盐碱地，人居环境和经济收入都比较差，现有农户 198 户，贫困户就有 115 户，村内留住人口，大多是老人和妇女。

虽然来时有心理准备，但面对眼前的情景，顿时感觉到一种无形的压力，晚上在村委会一夜睡不着，怎么办？从哪里入手？想到党对精准扶贫，打赢脱贫战的必胜决心，想到我们共产党人咬定青山不放松，敢教日月换新天的坚强品质，经过一夜的思考，我下定决心，要不畏艰难带领乡亲们脱贫致富。

说干就干，第二天就带领驻村工作组逐户走访摸排，精准识别贫困户，在村内调研了解情况，仔细分析致贫的原因，通过走访、调研，扶贫的方向和脉络逐渐清晰起来。迈出脱贫攻坚的第一步，就是要带领武乡县营村 40 多名党员干部紧密团结在村党支部周围，改变村风民风，先从思想上脱贫。刚来时，村里人打麻将、玩纸牌成风，上年纪的老人住在低矮的土房里，儿女们不闻不问孝道缺失。尤其是村里在经历了 2012 年和 2013 年两场水灾之后，人们更是对未来生活感到无助和迷茫。物质的贫穷并不可怕，可怕的是心灵的贫瘠和麻木，如果长期形成"等、靠、要、懒"的思想不改变，再好的扶贫政策也扶不了根子上的贫困。

我相信给钱给物不如有一个好支部，为了改变现状必须充分发挥党员和支部的力量，我们详细制定"三会一课"计划，强化意识引领，对习近平总书记关于扶贫工作的重要论述和党的扶贫政策进行学习宣传。慢慢地，支部建设步入正轨，组织生活开始正常，村"两委"班子也凝心聚力，劲往一处使，事往一处想。为提升村民的文化水平，我们建立起了图书阅览室，开设了德育和农技课堂，对村内出现的好人好事、赡养老人的美德公开表扬奖励。渐渐地，村里的正能量不断被激发出来，很多村民不打牌了，开始读书听课、陪伴老人。村里形成了"存好心，说好话，行好事，做好人"的氛围，看到这样可喜的开头，我带领乡亲们建设美好生活的信心与日俱增，脱贫的蓝图徐徐展开。

由于武乡县营村地处偏远，可用资源不多，经过调查研究，驻村工作组和村"两委"班子制定了"发展农业生产、壮大集体经济、一对一帮扶、建设美好乡村"的发展思路，首先就是要稳住农民的命根子，发展基础农业生产。为了实现这一目标，就要充分挖掘土地价值，对村里的农业生产基础设施和耕地进行改造，因为连续两年遭遇水灾，村里的水渠早已失去了本来的功用，旱了浇不上水，涝了排不出去，迫在眉睫需要改造，可是村集体没有一分钱，而且刚把这件事提上议事日程，老天爷就给来了个下马威，一场大雨过后，村里1000多亩农田积水成灾，我们扶贫工作组和村内党员干部及时成立了抗洪救灾攻坚队，从受灾最重的村民开始一户一户地帮助抢收淹在地里的农作物。中午在地头用沾满泥土的手吃着老乡送来的热腾腾的馒头，看着大量玉米、葫芦被冲泡在雨水中，心里真是一阵阵的酸楚，村民需要我们，把我们当成了最亲的人，我也要把他们当成亲人，为他们排忧解难。为了解决这一难题，我到相关部门和单位四处"化缘"，通过多次努力筹措到了所需资金对村里的4.6公里的水渠进行升级改造。当第二次大雨来袭时，村里不但没遭水灾，水渠还存住了水，改造后的水渠不但可以防洪还可以抗旱，同时大大减少了灌溉过程中的水资源浪费。

刚入村扶贫时，村内主要农作物是玉米，耕作方式还都是手工劳作，既落后，生产效率也低。改变生产方式，向土地要效益就要有现代化的生产方式，工作组和村"两委"研究决定成立农机队，一来可以减轻乡亲们的劳动压力，二来可以解决一部分村民就业。这个想法得到了扶贫对口单位的大力支持，市城管执法局为乡亲们购买了一台大型玉米收割机，随后我们又多方筹措资金购买了一台东方红大型拖拉机。设备有了，农机队伍也建立起来了，通过农机耕作收割，乡亲们节省了时间，在城里打工的村民也不用回村收割庄稼了，一个电话约好时间，全部由机械收割。当70多岁的郭老汉早上一起床，看到收割好的玉米倒在自家院里时，激动地说："这是一辈子也没有遇到的事。"村集体通过出租农机每年收入5万多元，农机队承包者也有了稳定收入，村民们种地也省时省力有更多的时间发展其他产业。有了机械，对往年撂荒的近500亩土地翻耕平整，进一步扩大了种植面积。同时对传统的种植业进行转型，我们拿出一部分土地种植籽瓜、胡麻、葵花、高粱等经济作物，使土地的产出比进一步提高。

基础农业发展起来了，村民们脱贫致富的动力就更足了。在接下来的几年里，我们抓住党的好政策，以市场为导向，实施肉羊改良扩大养殖规模，到2020年底养羊户已增至60家；投资70余万元，为村集体建设了700平方米的种猪舍，每年可出栏生猪崽500余头；返乡农民工程二云充分利用武乡县营村地理优势，引进了2000只非洲大雁开展特色养殖；脱贫户闫月厚充分响应党的扶贫政策，在自己身体有病的情况下，努力发展农业生产，现在从一个贫困户变成村里的富裕户；村主任程贵云思路宽、想法多，发展养牛和特色产业，带领乡亲们探索出新的致富门路。

随着脱贫工作的逐步深入，我带领村扶贫工作组紧紧围绕"六个精准""五个一批""两不愁，三保障"脱贫攻坚举措细致开展工作，通过拆危换新、防漏加固、绿化美化、配套健身器材、捐资助学、送医赠药等工作使村民的获得感不断提升。短短几年的时间，武乡县营村从内到外发生了质的改变，贫困户全部实现脱贫，村民们现在正迈步走上美丽乡村建设的新征程上。

真蹲实守　全心全意致力为扶贫 —— 张瑞卿

张瑞卿，是包头乐园服务有限公司副总经理。

2014 年 4 月份，选派到土右旗将军尧镇二旺尧村开展精准扶贫工作，任驻村"第一书记"任职后，他认真谋划脱贫方法，全心全意为民服务，实实在在为民工作，扶贫工作成效明显，2014 年 4 月被选派任驻村"第一书记"。2015 年被评为包头市园林局先进个人；2016 年被土右旗评为扶贫工作先进个人。

张瑞卿时刻牢记作为驻村第一书记首先要把建党作为带领群众脱贫致富的中心任务来抓，把发挥驻村第一书记"传帮带"作用，带强班子带好队伍，作为首要任务来抓，党组织威信树起来，党员、干部站出来，进而帮助贫困群众动起来富起来。驻村 3 年多，他紧紧围绕"帮助建设一个模范党支部，帮助建设一支优秀后备干部队伍"的工作要求，帮助派驻村培养村级后备人才 3 名，完善村级工作制度 20 项，参加组织生活会 15 场，上党课 55 次，开展"送服务、送温暖"等各类活动 7 次。

入驻，张瑞卿采取"1+1+1"支部联建方式，即班子队伍一起抓、思想观念一起带、扶贫攻坚一起干，确保扶贫攻坚和组织建设融合共进，创新党组织设置方式，组建了二旺尧村联合党总支，下设 3 个党小组。结合村地理位置特点，通过党小组把党员组织起来，把党组织工作统筹起来，把联系服务群众工作落实下去；健全"三会一课"制度，规范工作运行机制，提高廉洁自

张瑞卿和村"两委"班子成员商讨工作

律意识，特别是严格审批手续，管好、用好扶贫专项资金；坚持政策导向，强化造血机能，构建长效机制；明确了"两委"班子成员职责分工，责任到人，实行村干部分包到户，确保服务群众不留死角。

为丰富村民业余文化生活，经过张瑞卿多方协调争取，二旺尧村的硬件基础设施得到了极大改善。其中，市政府投资建设了村民活动之家、农家书屋及文化小广场；旗体育局帮助配备了 10 套健身器材；村委会组建了 20 余人的村民广场舞队。

"三到村到户"精准扶贫攻坚工程刚一开展，张瑞卿就在村委会主任家住了下来，带领脱贫工作队，挨家挨户实地开展贫困户详细情况摸底工作，通过走访，形成第一手信息和影像图片资料，认真做好建档立卡工作，及时整理帮扶手册、如实填写贫困户个人信息采集表。逐户核算贫困户政策性收入及养殖种植收入，根据每户致贫原因，因户因人对症施策，制定帮扶脱贫计划和年度帮扶措施，形成完善的贫困户台账信息管理平台，为实现精准扶贫、精准脱贫做好数据准备，做到心中有数。自入驻二旺尧村后，发现整个村子竟无一处路灯，村民们不但出行不便，而且存在着极大的安全隐患。他将情况及时上报主管单位，争取市园林局帮扶资金5万元；又协调旗财政局落实帮扶资金3万元和"一事一议"项目一个，安装太阳能路灯80盏，并为村里争取节省费用8万多元。二旺尧村一直以来没有砂石路，遇到大风天气，黄土漫天，遇到雨雪天气，道路泥泞不堪，村民出行困难。为解决这一难题，积极协调包头福建商会落实帮扶资金2万元，协调旗开发办落实帮扶资金5000元，为村里维修砂石路1.1公里，一定程度上缓解了出行难的问题。同时，协调包头市第四医院，为47名贫困群众进行了内科、外科、妇科共12项免费体检（人均体检费550元），并和挂职干部赵乘胜两人共同出资2000元，为体检村民解决了用车费用。针对农田灌溉水源紧张，农作物会因水量灌溉不足、不及时，导致粮食减产的问题，积极协调旗扶贫办落实资金5000元，在村南新开农田渠道1.06公里；协调包头市财政部门落实帮扶资金10万元，为粮食增产打好基础。协调土右旗财政局落实资金10万元购置大型拖拉机一台，通过形式多样的便民、利民、惠民工作，落实主体责任，得到了村民的信任和支持，惠民政策深入人心。

共产党员　携母驻村扶贫忠孝全 —— 傅永新

立秋后，内蒙古阴山北麓太阳依然炙热。烈日下 52 岁的傅永新像一位地道的农民，晒得发黑的脸颊上汗水淋淋。他忙着挨家挨户掂量鸡只斤两，达到 4.5 斤就可以出售，每只能卖 100 元。他已联系好市里一些单位职工购买"扶贫鸡"，盼望着这批绿色农家鸡给百姓带来一笔较可观的收入。

带母扶贫，实出无奈

带着老母亲去扶贫，是傅永新的无奈。傅永新是中冶华天工程技术有限公司包头钢铁设计研究院嘉华实业综合部部长、党支部委员。2017 年春节，他把年事已高的父母接到包头自己家里，打算以后多陪陪他们。

让傅永新没想到的是，随后父亲被查出脑梗。2017 年 3 月 22 日，正陪父亲住院的傅永新接到通知，4 月份去驻村扶贫，他二话没说接受了任务。然而，第二天市里来电话说，3 月 26 日就必须出发。

"这可怎么办？已经答应去下乡，不好再说自己的困难。"于是，傅永新赶紧联系让妹妹来照顾父亲，他按时启程去扶贫。父亲出院后，两位老人被送回鄂尔多斯矿区，想让父母在身边安度晚年的计划就此中断。然而，年底父亲再次因脑梗住院，出院后就大小便失禁，不能下地走路。

2018 年春节，傅永新回到鄂尔多斯，看到母亲已无精力买菜做饭照顾父亲。最终，一家人商定：83 岁的父亲去养老院，78 岁的母亲随他去乡下。

"当时我也很犹豫，这样做会不会引起别人的误解，再一想，我在村里租个房，下班后给老人做饭，也不会影响工作。"于是，2018 年春节后，母亲随他到固阳县怀朔镇朝力干村驻村扶贫。

"第一书记"成"跑腿书记"

"跑腿书记"，是村民对傅永新的由衷赞誉。自 2017 年 3 月到朝力干村担任党支部第一书记以后，傅永新的油气两用小轿车跑了 3 万多公里。朝力干村面积达 72 平方公里，土地沙化、干旱缺水，共 478 户、993 人，其中建档立卡国家级贫困户 125 户、252 人，且多数年老体弱、患有各种慢性病。傅永新把市里的医生请到村部，开车将村民一个个接来免费体检，让医生告诉人们什么病该如何治疗、如何保养、去哪里医治等。群众不再病急乱投医，有的通过手术取得不错效果。

当发现村民到县城办理住院报销等手续找不到地方、不会填表时，傅永新与村委班子商量决定，儿女在县城的除外，其他人都由村干部代为跑腿。一次，村里有老人住院，老人的儿子跑了几次因手续不全无法报销。傅永新多方联系补足材料，最终报销了 95% 的医药费。老人感动地说："傅书记比儿女都顶用。"不仅如此，有的群众要卖农副产品，傅永新便成了推销员；有的村民捎买东西、进城、回村，傅永新就成了司机。

从小事做起，解决实际问题

傅永新说："老百姓没什么大事，一件小事就是他们的大事，群众眼里干部就是共产党，我们不能给党砸牌子。"朝力干南村和段油坊村村民危房改造住进新房几个月后，用电线路迟迟未安装，村民私搭乱接存在较大安全隐患，傅永新协调电力部门，一周内便解决了问题。

傅永新汇报驻村扶贫工作

"今年我家的春联还是傅书记腊月二十九给贴上的。还剩一天就过年了，傅书记还在村里帮大家忙东忙西。"村民吕广才老人说，"这样的好干部，真是人民的公仆。""要不是傅书记，我儿子上不了大学。"村民赵毛眼说，她儿子去年考上大学，无力负担学费，全家人拿着通知书一筹莫展。傅永新得知后，联系熟人为孩子担保办理了7000元助学贷款，又联系县教育局、扶贫办申请了3万元自治区助学资金。

一件件小事拉近了傅永新与群众的关系。他带领村"两委"班子，针对贫困户的不同情况施以不同的帮扶对策，让大家充分利用国家扶贫政策自食其力去脱贫。

2017年底，朝里干村退出自治区级贫困村序列，84个建档立卡国家级贫困户、157人脱贫，剩余人员有望年底全部脱贫。

《半月谈》记者在朝力干村傅永新租住的民房里看到，他的母亲范玉珍老人坐在土炕上，正和村里前来串门的几位老太太聊天。20余平方米的房间，临窗的一大半是土炕，里面是厨房。整个屋里，除一口大水瓮和一只小炕桌外，几乎再无其他家具。炕沿下的过道中，放着一个冬春季节取暖的生铁火炉。

"这是没办法的办法。"范玉珍老人说，儿子不放心她和老伴，而她也想支持儿子的工作。屋里没有卫生间，没有暖气设施，如厕需去院外的旱厕，取暖要烧柴炭，起先有点不适应。"如今慢慢地也习惯了，农村就是这样的条件，不过也挺好，空气清新、人特别实在。"老人说，儿子干的工作是十分有意义的事情。"为了让老乡过上好日子，我们忍受一些没什么，很值得。"

尽管把视力不太好、腿脚有毛病的老母亲带在身边，让傅永新少了一些担心，但患脑梗后遗症的老父亲住在养老院仍是他的一块心病。最近，大学毕业在市里已做两年社区志愿者的女儿，服务期满，还没找到工作，他也顾不上回去看看。"明年我离开的时候，村民能够实现脱贫目标，我就没什么遗憾了。"

"干工作特认真、特细心，群众自己都想不到的事情他都能想到。"怀朔镇党委书记郭勇说，"农村最需要傅永新这样的干部，能和群众打成一片，实实在在解决问题。"

固阳县委书记赵君评价道："傅永新同志用真情架起了党和政府联系服务贫困群众的桥梁纽带，用实际行动刻画了新时代扶贫干部的标准像，是我们身边可亲可敬可学的榜样。"

率先垂范　以民生为本增加福祉 —— 王晓凯

　　王晓凯，中共党员，包头市军粮供应中心副主任。2018 年 8 月，组织选派他为达茂旗乌克忽洞镇太平村驻村第一书记、驻村工作队队长。

　　产业振兴是脱贫致富、乡村振兴的源头活水。王晓凯根据太平村群众生计主要靠外出打工，养羊或种植粮食作物为主的实际，依靠政府扶贫资金、帮扶单位帮扶资金 220 万元与西口合作社共同经营养殖场，发展 11 户群众种

王晓凯与贫困户座谈

植饲草料，33 户 42 人签订代养羊协议，使每户贫困户年增收 1000 元以上，群众参与产业发展的热情日渐高涨。同时大力发展光伏产业，在太平村建设 50 千瓦光伏发电站一座，每年村集体经济可增加收入 3 万余元，用于太平村公益事业建设。

王晓凯始终坚持把服务群众作为村党建工作的基本立足点，本着"群众利益无小事"的宗旨，努力为村民办实事、做好事，让村民群众成为村建设的受益者，同时也增强了党组织的亲和力和吸引力。他协调推动瓦窑沟、连山脑包、保尔号及庙沟路段的硬化项目，改善了太平村级基础设施建设。

二、访谈亲闻

众志成城　打赢了脱贫攻坚硬仗

——时任固阳县委书记赵君专访

　　包头市固阳县，一个曾经深受贫困困扰的北疆之地，如今已焕然一新，脱贫攻坚的壮丽篇章为这片古老的大地增光添彩、注入活力。固阳县的脱贫攻坚历程是一部艰苦卓绝的奋斗史。曾经的固阳县，贫困人口众多，贫困发生率居高不下，从1994年被确定为国家级贫困县，到2011年被调整为自治区扶贫开发工作重点县，固阳县的"贫困帽"一戴就是25年，是包头市唯一的自治区级扶贫开发重点县。然而，面对贫困的严峻挑战，固阳县人民没有退缩，而是迎难而上，以坚定的决心和顽强的毅力，掀起了一场轰轰烈烈的脱贫攻坚战。自脱贫攻坚战打响以来，固阳县上下一心，全力奋战，终于取得了决定性胜利，实现了从贫困到彻底脱贫的历史性跨越。2017年自治区级贫困村全部退出，2018年底贫困发生率下降到0.5%，2019年顺利通过第三方评估验收，正式退出贫困县序列，彻底摘掉了"贫困帽"！

　　问：赵君主席，您在固阳县担任了8年半的县委书记，其间正值全国脱贫攻坚战役，固阳县作为包头唯一的自治区级贫困县，您与县委、县政府一班人带领全县各族干部群众披荆斩棘、栉风沐雨，发扬钉钉子精神，敢于啃硬骨头，攻克了一个又一个贫中之贫、坚中之坚，撕掉了"贫困"标签，打赢了脱贫攻坚战。请您为我们介绍一下固阳县在脱贫攻坚战工作上的经验做法和取得的成效。

　　答：党的十八大以来，以习近平同志为核心的党中央坚持把脱贫攻坚摆在治国理政的突出位置，作为全面建成小康社会的底线任务，组织实施了人类历史上规模空前、力度最大、惠及人口最多的脱贫攻坚战，采取了一系列变革性实践，实现了一系列突破性进展，推动中国减贫事业取得重大成就，为世界减贫事业作出巨大贡献。作为自治区级贫困县的固阳县，取得了脱贫攻坚的全面胜利。我作为参与其中的一员，与大家一道付出了诸多心血努力，感触颇多。

问：说说您在这场脱贫攻坚战中的个人体会吧？

答：在这场脱贫攻坚战中，我的体会很多，总结一下主要有三个方面吧，一是包头市委、市政府的高度重视和全市的大力支持，是我们取得胜利的重要保证。早在 2008 年，包头市委十届三次全会提出集中全市社会力量重点帮扶固阳县。2008—2013 年全市对确定的 256 个帮扶对象采取"输血"与"造血"结合、扶贫与扶智结合，改善环境与增加收入相结合的原则，确定为固阳县 6 个镇 98 个村委开展综合帮扶。形成市帮县、城区帮镇、单位帮村、干部包户的全方位多层次帮扶模式。2016 年初，市委、市政府出台《关于帮扶固阳县坚决打赢扶贫攻坚战役的若干意见》，为固阳县顺利开展精准扶贫工作提供了强有力的政策支持。市委、市政府领导多次到固阳县指导扶贫工作，共落实项目资金 7000 多万元。

二是举全县之力，打了一场全社会参与的勠力同心的大会战。打硬仗，讲究的是排兵布阵。市县、部门、企业、医院、学校是"海陆空各兵种"，驻村工作队、第一书记、包扶干部和村干部是"一线战斗员"，在打赢脱贫攻坚这场硬仗中，固阳县把这些力量都统筹起来，上下齐心，三军用力。31 名县级领导包联 73 个行政村（社区），963 名帮扶责任人与 4212 户建档立卡贫困户结对帮扶，73 名市县两级干部到村脱产任"第一书记"，293 名优秀机关干部担任驻村工作队员，组建遍布全县 932 个自然村志愿服务队 251 支，全县累计参与志愿服务人数达到 4 万人，各级扶贫干部以走村入户"拉话话"的形式了解群众需求，"搭把手"帮助群众解决眼前的为难事。

三是坚持实事求是，勇于创新实践，敢闯新路。探索出"五个机制"，即分类救助机制、生态扶贫增收机制、资源整合机制、基础设施建管机制；"三个模式"即产权划转长效扶贫模式、"小额信贷＋产业带动"金融扶贫模式、创新土地托管扶贫模式。

问：我们在防返贫致贫工作方面采取了哪些具体措施？

答：多措并举织密网，构建防返贫致贫工作新机制。固阳县持续聚焦脱贫攻坚、聚焦特殊群体、聚焦群众关切，将抓脱贫与防返贫紧密结合，多措并举，深入推进，着力织密扎牢困难群众防贫保障网。一是创新"三项举措"，持续织牢防贫密网。研究制定了《固阳县脱贫攻坚救助基金使用管理（暂行）办法》《固阳县 2020 年度精准扶贫防（返）贫保险工作方案》，投入专项救助基金 200 万元、防贫保险 85.5 万元，将全县 17.1 万农村人口全部纳入兜底保障范围。同时，建立定期监测预警机制，按季度排查监测对象收入支出，全面掌握其生产生活情况，及时消除致贫返贫风险，确保持续巩固提升脱贫成效。二是坚持"四个不摘"，巩固提升脱贫成果。制定了《固阳县脱贫攻坚三年行动方案》《固阳县脱贫攻坚"四个不摘"工作方案》《固阳县 2019—2020 年产业扶贫规划》，建立完善驻村干部管理制度和专项考评办法，确保"摘帽"不摘责任、不摘政策、不摘帮扶、不摘监管。三是用足"五项政策"，确保实现稳定增收。通过认真落实产业扶贫、易地扶贫搬迁后续帮扶、教育医疗救助、生态补偿、政策兜底保障等"五个一批"帮扶措施，积极推动贫困户持续稳定增收，实现共同致富奔小康。

问：您对固阳县未来发展有什么期许吗？

答：经过不懈努力，固阳县的脱贫攻坚取得了显著成效。贫困人口大幅减少，贫困发生率降至几乎为 0，所有贫困村全部出列，区域性整体贫困得到解决。贫困群众的收入水平大幅度提高，生活质量得到显著改善。同时，固阳县的经济社会发展也取得了长足进步，特色产业不断壮大，经济社会发展活力和后劲明显增强。如今的固阳县，已经摆脱了贫困的束缚，迎来了全面发展的新时代。展望未来，固阳县应将继续巩固拓展脱贫攻坚成果，与乡村振兴有效衔接，推动经济社会持续健康发展，让人民群众在推动中国式现代化进程中享有更多的幸福感、获得感，过上更加美好的生活。

教育扶贫　确保义务教育有保障

——市政协委员、时任市教育局副局长刘小荣专访

教育扶贫是解决贫困问题的根本途径之一，通过教育，可以帮助贫困人口提高自身素质，掌握脱贫所需的知识和技能，从而实现长期的脱贫目标。市教育局在推进教育精准脱贫方面，通过稳定并锤炼学生资助队伍，打造出学生资助工作的精兵强将，并重点帮助贫困人口子女接受教育，阻断贫困代际传递，让每一个孩子都对自己有信心、对未来有希望，也为教育扶贫各项学生资助工作的顺利开展奠定了良好的基础。

问：刘局长，您好，习近平总书记强调指出，要把发展教育扶贫作为治本之计，确保贫困人口子女都能接受良好的基础教育，具备就业创业能力，切断贫困代际传递，请您谈谈包头市教育局在精准脱贫方面采取了哪些具体措施？

答：教育扶贫的核心内容是义务教育有保障，具体包括两个方面：一是控辍保学；二是学生资助，在这两个方面，我们主要做法：一是制定控辍保学十项制度，针对脱贫家庭学生，建立"一县一案""一校一案""一生一案"落实机制，安排专人负责"内蒙古自治区控辍保学管理动态数据库"和教育部学籍网"控辍保学台账管理"数据整理，坚决做到不落一户、不丢一生。目前全市义务教育阶段脱贫家庭学生 329 人，无一人失学辍学。二是完善学生资助管理体系，调整印发学前、义教、高中阶段学生资助政策文件，分阶段、分层次实施"奖、贷、助、补、免"全方位混合资助政策体系，今年我市落

实义务教育阶段各项资助资金3912.24万元，惠及家庭经济困难幼儿、学生73689人。

问：为持续巩固教育脱贫攻坚成果，统筹推进乡村教育和教育振兴乡村工作，包头市教育局在解决教育资源不均衡方面采取了哪些措施？

答：在优化公共资源配置，发展城乡学校共同体。主要采取了两条措施：一是持续落实《包头市乡村教育振兴结对共建一体化发展的指导意见》，不断优化提升土右旗民一中、萨二中、固阳一中、达茂旗百灵庙中学等学校结对共建项目班的办学质量，吸引户籍学生回流，稳定当地生源，减轻学生家长的经济负担。二是继续巩固结对共建办学成果，投入专项资金450万元，推动城区116所优质学校与乡村58所学校结对共建，500余名教师参与支教，目前全市县域联盟内优质中小学与农牧区中小学结对率达到100%，实现教学同步、课程同步、活动同步、资源共享，城乡间、区域间、校际间"管理共融、人才共育、协同共进、资源共享、评价共促"的工作模式逐步形成。三是立足包头，辐射周边盟市开展组团式帮扶，遴选143名优秀教师到阿拉善盟、兴安盟、土右旗、达茂旗、固阳县等偏远农牧地区全职支教。四是推动骨干教师对口支教、优秀年轻干部互派挂职、专家团队服务基层等工作常态化、制度化、规范化开展。派出21个专家团队、24名优秀退休教师，共计243人为乡村学校提供全学科教学指导、学生心理辅导、多媒体使用等多方面的服务。

问：在提升乡村教师队伍水平方面采取了哪些措施？

答：在提升乡村教师队伍整体水平方面，主要采取了五条具体措施。一是积极申报自治区特岗教师计划、公费定向培养师范生计划及自治区优师计划，及时做好乡村教师储备。2022年根据四年内空编情况，申报自治区公费师范生计划84名（土右旗70名，达茂旗14名），申报自治区优师计划6名（达茂旗），为土右旗招聘小学科学特岗教师6名。三是打通绿色通道，将内蒙古师范大学、包头师范学院等本土院校纳入人才引进范围，2022年以来补充乡村教师150余名，确保乡村教师数量充足够用。四是提高能力素质，实施国培、省培、市培计划，对1600余名乡村教师培训实现全覆盖。五是严格落实乡村教师生活补助政策。将乡村教师补贴待遇落实情况纳入旗县区政府履行教育职能督导评价指标中，推动落实镇（苏木）及以下教学点教师差异化补助制度。乡村教师在职称评审、岗位聘用、表彰奖励方面给予倾斜政策。

就业扶贫 真金白银促就业稳增收

——市政协委员、时任市人社局就业服务局局长张瑞专访

就业扶贫是解决贫困问题最直接、最有效的方式之一。通过提供就业机会，贫困劳动力可以通过工作获得稳定的收入，从而实现家庭经济状况的改善，达到脱贫的目标。市人社局为促进就业扶贫、坚决打赢脱贫攻坚战，制定出台了一次性就业奖补、培训补贴、社保补贴等多项优惠政策，优化服务手段，采取便民举措，精准发力，从解决一件件群众关切的点滴小事做起，以优质的暖心服务做好企业的"知心人"，当好群众的"贴心人"，全力实现用工、求职双向奔赴，帮助贫困人口通过就业创业实现稳定增收致富。

问：张局长，我市贫困人口就业、创业培训方面有哪些具体的优惠政策？

答：一是实施一次性就业奖补，对吸纳5人（含5人）以上贫困劳动力就业，与其签订6个月（含6个月）以上劳动合同或就业协议，且工资待遇不低于当地最低工资标准的就业扶贫车间、社区工厂、卫星工厂、就业驿站、就业扶贫基地等载体，按照每人3000元的标准给予一次性就业奖补。二是实施创业培训补贴，建档立卡贫困户参加创业培训，SYB、IYB培训，课时不少于80课时，补贴标准为1000元；GYB培训课时不少于40课时，补贴标准为500元，培训期间给予每人每天100元的生活费补贴。三是实施项目制培训补贴，针对建档立卡贫困劳动力开展的职业技能培训，对未列入职业技能培训补贴目录的培训项目，给予培训补贴，补贴标准：按每人每天160元标准。四是实施一次性创业补贴，对首次创办小微企业和从事个体经营，且所创办企

业或个体工商户自工商登记注册之日起正常运营 1 年以上的建档立卡贫困劳动力，给予 5000 元一次性创业补贴。四是实施一次性求职创业补贴。政策内容：对贫困劳动力通过有组织劳务输出到户籍所在旗县以外就业的，按照每人一次性 1000 元的标准，给予求职创业补贴。五是实施一次性就业创业服务补助。政策内容：对经营性人力资源服务机构和劳务经纪人组织重点群体到企业就业，且签订 1 年以上劳动合同并参加社会保险的，每组织 1 人给予一次性就业服务奖补 100 元。

问：技能培训方面有哪些补贴政策？

答：一是实施以工代训职业培训补贴，对企业、农牧民专业合作社和扶贫车间等各类生产经营主体吸纳贫困劳动力就业并开展以工代训，根据吸纳人数，按照每人每月不低于 500 元的标准，给予一次性职业培训补贴，最长期限不超过 6 个月。二是实施职业技能培训补贴和鉴定补贴，建档立卡贫困劳动力参加就业技能培训的，给予职业培训补贴。对贫困劳动力利用闲暇时间参加职业技能培训，当年累计课时达到培训要求的，可按规定享受培训补贴。政策对象：建档立卡贫困劳动力、未继续升学的贫困家庭初高中毕业生（两后生）。补贴标准：根据培训工种专业和课时按规定确定。可享受期限：不同工种一年 3 次。三是实施培训期间的生活费补贴，职业技能培训的贫困劳动力在培训期间给予每人每天 100 元的生活费补贴。政策对象：建档立卡贫困劳动力。补贴标准：每人每天 100 元的生活费补贴。可享受期限：不同工种一年 3 次。

问：针对贫困人口中大学生就业创业有哪些优惠政策？

答：一是实施大学生公共服务岗位补贴和社保补贴，具有包头户籍 30 周岁以下全日制大专以上学历的建档立卡国贫人口中的高校毕业生可开发大学生公共服务岗位进行安置，补贴标准：每人每月 2950 元，可享受期限：三年。二是实施大学生创业担保贷款贴息，毕业 3 年内高校毕业生、城镇就业困难人员、建档立卡贫困户、返乡创业农牧民有创业意愿的，提供无担保无抵押创业担保贷款，贷款额度不超过 5 万元，贷款期限为 2 年，财政给予全额贴息。

生态扶贫　环境治理建美丽乡村

——市政协委员、时任市生态环境局副局长霍晓君专访

生态扶贫有助于推动贫困地区扶贫开发与生态保护相协调。通过实施重大生态工程建设、加大生态补偿力度、大力发展生态产业、创新生态扶贫方式等措施，可以加大对贫困地区和贫困人口的支持力度，推动贫困地区扶贫开发与生态保护相协调，实现脱贫致富与可持续发展相促进的目的。包头市生态环境局坚持精准扶贫、精准脱贫基本方略，细化实化政策措施，落实到村到户到人。加强项目资金管理，压实责任，严格考核，凝聚力量，真抓实干，实现贫困群众稳定脱贫、逐步致富。

问：霍局长您好，生态扶贫是习近平总书记提出的"五个一批"脱贫方式之一，是中央精减扶贫、精准脱贫方略的重要组成部分，请您介绍一下，市生态环境局在脱贫攻坚工作方面主要工作情况。

答：我们主要做法集中体现在三个方面：第一是围绕改善基础设施"聚合力"。几年来共拨付环境综合治理专项资金190万元，有力地改善合同沟村环境质量。2014年争取环境综合整治资金35万元用于改善扶贫村村容村貌和生态环境；协调企业投入资金20万元，为合同村建一所太阳能洗澡堂，完善村内基础设施建设，修建两座漫水桥，解决了合同沟村民下雨天行路难的问题。2015年开展生态文明示范建设，积极打造"生态文明示范镇、生态文明示范村"，争取农村环境综合整治项目库建设专项资金65万元用于生态环境治理；完成合同沟村委张三壕村危房改造项目、村村通水泥路修建项目等工程。我

局还积极助推全市十个全覆盖工作，出资 32 万元资助 12 个村购置垃圾转运箱和垃圾收集箱。2016 年市环保局加大资金投入，对怀朔镇三个村的环境综合整治项目开展帮扶，落实环保专项资金 80 万元，完成了道路建设、危房改造、安全饮水等 10 项工程建设。2017 年争取农村环境综合整治项目资金 10 万元（地方财政配套 10 万元）用于改善农村环境质量；编制完成了包头市典型示范区集中连片综合整治规划方案、怀朔镇规模化畜禽养殖粪便污染治理方案，将精准扶贫与生态保护、环境治理和美丽乡村建设紧密结合起来，为进一步强化精准扶贫工作打牢基础。2018 年市环保局创新思路，加大精准扶贫力度，谋划利用荒山荒坡搞分步式光伏发电项目，实现经济生态效益双赢的新风貌。2019—2020 年在怀朔镇合同沟村实施生活污水处理工程，将分配下达给我市的农村牧区环境整治专项资金 367 万元，其中 40 万元用于该村生活污水治理；争取农村环境综合整治项目专项资金 936 万元，用于固阳县解决农村综合整治项目治理，建设 527 个污水收集池，该项目建设时间为 2 年。

第二是围绕培育富民产业"增动力"。发展畜禽养殖污染防治绿色产业，落实产业帮扶措施，帮助贫困户垫资购买畜禽；设立农畜产品购销点，保证贫困户发展养殖项目获得稳定收益，建设珍禽养殖基地，通过企业带动当地经济和就业；因地制宜搞扶贫，力争实现"真脱贫"。

第三是围绕全面落实政策扶贫"添助力"。确保医疗教育卫生等社会保障扶贫落到实处，将所有贫困户纳入大病救助范围，提供送医送药服务，引导正规医疗救治，实现医疗费用报销比例达到 95%，因病支出大幅降低，我局为国贫户吴华争取医疗救助金 3600 元；为 8 户贫困户落实低保政策，对 2 户无劳动力未发展产业的贫困户通过临时救助和资产性收益等方式帮助脱贫，为国贫户王凯争取资产性收益补贴 600 元；为 2 名正在上初中、高中的学生落实了"两免一补"和每人 500 元的交通补助，同时，我局两位领导为每名学生每年帮扶 1000 元，让他们消除忧虑，安心学习。

问：生态环境局是怎样支持贵局派驻村干部扶贫工作的？

答：我局派驻的扶贫干部是一位工作责任心强、作风优良的好干部，他驻村之后认真摸底调查，建立贫困户档案资料，深入村组考察民情真实状况分析致贫原因，编写合同沟村委发展规划，有针对性制定了帮扶计划、措施和资金筹措方案。我局系统县级科级党员干部个人捐款共 41700 元，支持扶贫鸡项目。对贫困户进行慰问，发起"认购贫困户农畜产品，助力脱贫攻坚"行动，共认购"爱心扶贫卡"61700 元，号召副科级以上干部认购"扶贫鸡"194 只，认购资金 19400 元。

易地搬迁　贫困群众过上好日子

——市政协委员、市住房和城乡建设局副局长白俊奎专访

异地搬迁是改善贫困地区居民生活条件的重要方式之一，通过异地搬迁，将居住在生存环境恶劣、不具备基本发展条件的贫困人口搬迁到基础设施较为完善、生态环境较好的地方，从而改善他们的居住环境和生产生活条件，提高他们的生活质量。市城乡建设局通过建设产业基地、推广先进技术等措施，有效带动了贫困群众增收致富。同时，积极引导和鼓励龙头企业、合作社等市场主体参与扶贫产业开发，形成了"企业+合作社+贫困户"的产业发展模式，为贫困群众提供了稳定的收入来源。市城乡建设局将继续坚守初心和使命，以更加坚定的决心和更加有力的措施，推动脱贫攻坚工作取得更大的胜利。

问：异地搬迁是贫困群众脱贫的重要方法之一，先请您介绍一下达茂旗建设套马沟异地搬迁后续产业项目？

答：为妥善安置易地扶贫搬迁群众，拓宽增收渠道，我市在达茂旗乌克镇投资1.80亿元，建设套马沟易地扶贫搬迁后续产业帮扶项目。项目流转土地4500亩，集中发展农畜种养殖、粮食饲草料加工，建设住宿公寓、农畜产品展览馆、景观河道等，是集种、养、加工、旅游观光为一条龙的扶贫项目。项目建成后，将促进农业、旅游一体化发展，打造品牌项目龙头企业，提供就业岗位，带动周边贫困户经济发展，进一步推动搬迁群众增收致富。

问：具体是一种什么样的帮扶模式？

答：套马沟易地扶贫搬迁后续产业帮扶模式是：贫困户通过"企业打工＋产业订单＋入股分红"的模式实现了三个一批，即"企业用工就业一批、产业协作带动一批、资产收益保障一批"，通过"1+N"帮扶措施，即一个基地＋多种模式，实现了贫困户稳定增收脱贫和企业收益双赢。企业用工就业一批：基地共用工 331 人，其中贫困人口 67 人，易地扶贫搬迁户 22 人，打工每年人均收入 30000 元左右，实现贫困人口稳定就业。产业协作带动一批：基地订单收购贫困户（72 人）小麦、羔羊等农畜产品，其中易地扶贫搬迁户 33 人，贫困户人均增收 2000 元左右。资产收益保障一批：442 人建档立卡贫困户入股基地，其中易地扶贫搬迁户 213 人，贫困户每年人均分红 480 元。

问：固阳县异地搬迁项目具体实施情况？

答：在推进脱贫攻坚工程中，固阳县针对土地贫瘠、草场退化、交通不便、耕地减少、无生存和发展条件的贫困村的国贫建档立卡户，特别是常住人口在 50 人以下村居住的国家级贫困人口。按照"搬得出、稳得住、能致富"的原则，把"建房、搬迁、就业、保障、配套、退出"作为易地扶贫搬迁工程建设的重要内容，对 24 个村的无安全住房的建档立卡贫困户实施异地扶贫搬迁。2017 年，该县易地扶贫搬迁分为城内空置房安置、中心村或周边大村庄安置、幸福院安置和货币安置四种方式进行，涉及 6 个镇和金山工业园区的国贫户 603 户 1153 人，同步搬迁户 200 户 440 人。

产业扶贫　消除绝对贫困奔小康

——市农牧局副局长苏建义专访

产业扶贫是激发贫困地区和贫困人口的内生脱贫动力，从"输血"式扶贫转变为"造血"式扶贫，提高贫困人口的自主脱贫能力。按照"精准扶贫、精准施策、精准脱贫"的政策要求，市农牧局把产业扶贫作为农牧业发展的重点，因地制宜为包联帮扶村选准产业发展方向，采取多项农牧业产业扶贫措施，为脱贫攻坚注入持续动力，增强贫困户脱贫信心与活力，提高减贫能力，确保贫困户通过产业发展脱贫致富奔小康。

问：苏局长，自脱贫攻坚以来，我市实行包联包片制度，对口包联5个重点旗县区和31个苏木乡镇，以现场指导、定时服务的方式，助农龙头企业提升发展动力，从而帮助村集体经济发展壮大，提高减贫能力，增强贫困户脱贫信心与活力。具体有哪些工作措施？

答：实施产业扶贫助力消除绝对贫困，2020年，我市出台多项农牧业产业扶贫措施，在全市建档立卡贫困户7063户13517人重点推进产业帮扶，确保贫困户通过产业发展脱贫致富奔小康。一是制定了20项实用生产技术适用手册，组织农牧业专家录制玉米种植、肉羊养殖等生产技术视频教程5部，打包自治区农牧业视频教程26部，通过工作微信群和公众号等网络平台进行广泛宣传学习，同时结合春耕春播，农技专家先后共计65次深入田间地头，开展种植生产指导和技术讲座、接羔保育、肉羊改良品种技术指导、动物疫病防控等现场指导服务工作。二是针对建档立卡贫困户、集体经济、带贫企业这"三类帮扶对象",环环相扣、精准发力。对全市建档立卡贫困户中,无劳力贫困户 5071 人、丧失劳动力 774 人通过依靠流转土地、托管代养等方式获得稳定收入;弱劳力贫困户 3634 人依靠入股分红、代种代养等方式,发展适宜养殖,实现稳定脱贫;有劳力贫困户 4038 人通过发展适度规模种养殖业,目前已实现产业项目全覆盖。对村级集体经济发展,包头市重点做好指导工作,组建了 5 个集体经济帮扶指导组,形成了指导服务到县到乡到村的三级体系。

问:助力龙头企业发展有哪些帮扶支持?

答:全力做好支持带贫企业的发展,抽调 29 名业务骨干作为驻企联络员,帮助带贫龙头企业协调解决原料供应、产品调运、资金不足等困难问题,截至 4 月底,全市 181 家重点农牧企业中,常年生产的企业已全面复工复产,并引导 96 家带贫龙头企业、合作社与贫困户建立有效利益联结机制,发展村级集体经济,为贫困户提供劳动就业机会,把贫困户纳入产业化经营链条,分享收益。

问:产业扶贫项目推进上做了哪些工作?

答:因地制宜、因人而宜推动产业扶贫项目,强化产业项目选择和生产全程服务,增强产业落地的可操作性的扶贫的实效性。在支持贫困嘎查村和贫困人口选择产业项目与本地区优势主导产业相衔接的基础上,根据贫困家庭状况、立地条件、能力和意愿,帮助选择适宜种养殖项目。在生产全程服务方面,从产前的农资供应物资保障及资金问题,到产中的技术指导、病虫害防治等,产后农畜产品销售等各环节进行全程帮扶,确保贫困户从产业生产发展方面得到更多收益。截止到目前,包头市已争取高标准农田建设等资金 5.26 亿元,向贫困地区、贫困户予以倾斜,带动产业发展。

同时,包头市组建团队深入扶贫一线开展指导服务,我局 19 个二级单位、42 名专业技术人员指导服务覆盖到乡镇,105 名旗县区专业技术人员指导服务覆盖到村,1219 名产业指导员指导服务覆盖到户。全市三级指导服务已针对建档立卡贫困户 7063 户、13517 人开展了 82 次政策宣传和技术指导工作。

问：产业扶贫带动贫困户脱贫，收益如何？

答：我市创新农牧业发展科技成果应用，在贫困户增收上拓宽渠道。作为包头市大力推广的新技术，玉米大豆带状复合种植及玉米全膜覆盖种植技术可有效增产增收，目前已在土右旗、达茂旗和东河区落实 12000 亩。其中，光丰农民专业合作社整村土地流转引进新技术，带动二道河村贫困户，3 户贫困户在收取土地承包费 400 元 / 亩的基础上，还可以在合作社进行季节性打工，日均工资达到 120 元 / 天，实现脱贫。而在固阳县大力发展的设施农业，将贫困户纳入其中带动增收。

问：农产品销售渠道是否畅通？

答：为了使农产品卖得好，我们建立了销售渠道，提高脱贫户的农畜产品收入。与贫困地区开展了农畜产品产销对接活动，特别是深入持续开展消费扶贫，通过现有的 7 家农畜产品直销店，重点销售固阳、达茂、土右、石拐 4 个地区贫困户农畜产品，目前累计认购 600 多万元。今年还将进一步加大农产品销售的扶持力度，确保产得出、保增收。

问：苏局长，您在固阳县金山镇五分子村扶贫，有哪些经历？

答：我是 2018 年 3 月由市委农工部派到固阳县定点扶贫的一名专职扶贫干部，自扶贫工作开展以来，我始终在固阳县金山镇五分子村。到村里之后，我首先学习脱贫攻坚工作的一系列决策部署，强化帮扶意识，健全工作机制，规划了帮扶的一些措施，尤其是在拓宽扶贫思路上，在帮扶项目上下了不少功夫，通过一走访、二摸排、三落实的方法，及时掌握村里的贫困情况，想方设法争取项目，解决困难。

问：固阳县金山镇五分子村，对您而言意味着什么呢？五分子村扶贫脱贫之后走上乡村振兴之路，优势又在哪里？

答：驻村帮扶的两年多来，我对五分子村已有了深厚的感情，看着这个村子日新月异的变化，看着每一位老乡有改善的生活状态，每一寸土地每一条乡间路都见证了我这两年多来的扶贫路，回头看看，觉得无悔于自己当初来扶贫的决定、无愧于每一个老乡脱贫致富的期待。未来的五分子村会越来越好，习近平总书记说过："产业兴旺，是解决农村一切问题的前提。"五分子村不仅要发展产业，更要培育发展新动能，比如今年我们五分子村打算再新建一处仔猪育肥场，用来育肥，然后再卖猪肉，实现供、产、销一条龙！

健康扶贫　增进民生福祉为首要
——市卫生健康委员会副主任刘洪泽专访

健康扶贫对于提升贫困人口的生活质量、减少因病致贫和因病返贫现象、推动社会公平和正义具有重要意义。通过提供基本医疗服务、大病救助、健康教育等措施，可以有效减轻贫困人口的医疗负担，提高他们的健康水平，促进社会和谐稳定。市卫生健康委员会围绕让贫困人口有地方看病、有医生看病、有制度保障看病、少生病，集全市之力攻坚克难，协同推进，全面打响脱贫攻坚战，推动健康扶贫取得明显实效。将各级督查检查发现的突出问题，建立台账管理，有力有效保障健康扶贫工作稳步向前，持续深入推进健康扶贫工程取得决定性胜利。

问：刘主任，我市在全面贯彻落实党中央、国务院和自治区党委、政府脱贫攻坚决策部署中，将健康扶贫作为第一政治任务和首要民生工程。那我们在开展"健康扶贫"工作方面做了哪些工作呢？

答：首先是高质量实现基本医疗有保障，依据自治区基本医疗有保障具体工作标准，明确了目标任务和推进举措，实施了贫困旗县卫生院、卫生室"清零达标"专项行动，完成了建立台账管理的34个卫生院和298个卫生室的任务，基本实现了贫困旗县医疗卫生机构"三个一"、医疗服务能力"三条线"、医疗技术人员"三合格"的工作目标，确保贫困人口看病有地方、有医生。

问：针对不同的扶贫对象，在医疗救治方面做了哪些工作呢？

答：精准化推进分类救治，高质量落实"三个一批"政策，使贫困户切实得到了实惠。2017—2019 年底，连续 3 年对贫困人口逐户逐人调查病情、病种、病因，按照"四定两加强"措施，对罹患儿童白血病、儿童先心病、胃癌、肺癌等 27 种大病贫困患者提供规范化治疗，2018 年 1 月至 2019 年 12 月底，医疗扶贫救助基金住院受益人次 11276 人，总花费 9856.03 万元，报销 9322.34 万元，平均报销比例达 94.5%；慢性病 33460 人次，总花费 983.80 万元，报销 928.31 万元，平均报销比例均达 94.3%。涉及贫困人口的 5 个旗县区组建 447 个签约医师团队，实现常住贫困人口签约服务全覆盖，做到应签尽签，针对不同人群提供健康管理服务。各地区结合本地实际，积极探索健康扶贫新模式，固阳县依托"钉钉"系统为贫困人口提供家庭医生签约服务，极大提高了签约后随访服务工作实效，为全市贫困人口家庭医生签约服务提供了可实施、可借鉴的宝贵经验。目前，已在全市推广使用"钉钉"系统开展家庭医生签约服务工作，实现对履约及送药服务工作的有效监管，推动基层医疗卫生机构规范履约，做实做细签约服务各项任务。

问：在推进健康扶贫过程中，加强基层医疗卫生基础设施建设做了哪些工作？

答：一是针对基层人才、设备短缺问题，积极协调财政、编办、人社部门，累计投入 1.088 亿元，用于旗县医疗卫生基础设施建设和设备配备，旗县医院、苏木乡镇卫生院、嘎查村卫生室设施条件得到明显改善。二是二级以上医院对口帮扶和远程医疗已覆盖所有贫困乡镇卫生院。三是农村牧区订单定向免费医学生培养、全科医生规范化培训、全科医生转岗培训等项目持续实施，为卫生院培训专业人才 1385 人。四是加快推进基层专业技术人才公开招聘工作，补齐基层医疗卫生机构空余编制，不断夯实基层医疗卫生机构软硬件建设。

问：下一步，怎样继续开展"健康扶贫"工作？

答：推动健康扶贫关口前移，坚持"预防为主"工作方针，结合健康内蒙古行动和乡村振兴战略，作好长期规划，推进落实，从源头上防止因病致贫。一是做好重大传染病地方病攻坚行动。坚决打好新冠肺炎防控阻击战，全力推进贫困地区重大传染病和地方病攻坚防控行动，落实好各项防治任务。二是与健康包头行动融合推进。将贫困地区健康促进攻坚行动与健康知识普及行动、合理膳食行动、健康环境促进行动相结合，提升健康素养，引导形成健康生活方式；将新生儿疾病筛查、妇女"两癌"检查等公共卫生项目与妇幼健康促进行动相结合，提升妇幼健康水平；以疫情防治为切入点，加强贫困地区乡村人居环境整治和公共卫生服务体系建设。三是与乡村振兴战略有机衔接。深入总结在健康扶贫过程中有效的政策措施、管用的工作机制，逐步提炼形成长效制度机制，提前谋划健康扶贫与乡村振兴战略有机衔接，持续推进减贫工作。

金融扶贫　推进实施扶贫产业项目

——市政协委员、时任市金融办办公室主任马丽英专访

金融扶贫是扶贫工作一项重要的政策举措，为脱贫攻坚注入了强大的动力，通过金融手段和金融资源的有效配置，为贫困地区提供资金支持、金融服务和产业发展等方面的支持，从而助力贫困地区实现脱贫致富。市金融办围绕农业增效、农民增收、城乡联动的信贷支持方式，增加了对扶贫异地搬迁工程、农村基础设施建设、农牧业产业化发展等领域的资金投入。通过产业支持，以强带弱，带动了农牧户的脱贫致富。这种"输血"与"造血"相结合的方式，不仅解决了贫困群众的眼前困难，更为他们的长远发展奠定了坚实的基础。市金融办将继续发挥金融在脱贫攻坚中的重要作用，不断创新金融扶贫模式，提高金融服务的质量和效率，继续加大对贫困地区的资金支持和产业扶持力度，推动贫困地区的经济发展和民生改善，以实际行动践行精准扶贫、精准脱贫的理念，为包头市的脱贫攻坚工作作出重要贡献，为包头市的全面小康和现代化建设贡献力量。

问：马主任，请您介绍一下，市金融办在脱贫攻坚工作方面主要工作情况？

答：市金融办从 2014 年 4 月份开始承担帮扶固阳县下湿壕镇电报局村的精准脱贫工作任务以来，通过驻村干部的积极努力，累计落实到位社会帮扶资金 62.5 万元，先后投入水浇地开发、滴灌工程等建设中，开发和拓展水浇地共计 2500 余亩，受益人口 200 多户、500 多人，人均年收入增加 500 余元。

问：针对产业帮扶方面，我们做了哪些帮扶工作？

答：我办对口帮扶的下湿壕电报局行政村下辖 17 个自然村，植被优良，适宜养殖，羊养殖具备一定规模，全村养羊共计 2000 余只，目前已经形成后小东沟、白青窑、西湾子、王家渠、薛家渠、大圐圙图、小圐圙图、大英图等多处以养羊为主业的特色自然村。为此，市金融办组织小尾羊牧业科技公司和部分金融机构来到固阳县下湿壕镇电报局村委会办公驻地，召开"扶贫攻坚、项目助推、精准扶贫"对接会，并重点围绕种公羊引进、人工授精、胚胎移植、基础母羊等项目与农户进行了对接，羊品改良项目的引进农户在脱贫致富路上开拓了新思路，也为农牧业企业和农户牵起了一条红线。

为了迅速推进对接会成果落地，我们积极协调固阳县政府及相关部门、小尾羊牧业科技公司开展人工授精、种畜改良、基础母羊和种公羊引进等工作。农户和贫困户仅需给付小尾羊公司实施改良项目自付的款项，其余享受政府的补贴款。待改良等工作结束，经相关部门验收确认后，按照政策将政府补贴农户、贫困户的款项直接给付小尾羊牧业科技有限公司。

问：还有其他产业扶贫项目吗？

答：全力推进产业扶贫项目已成为市金融办助力脱贫攻坚的重要手段。2017 年底，我们带领驻村扶贫工作组在固阳县率先引进针对贫困户的光伏扶贫项目，截至目前光伏企业正在紧锣密鼓进行第二批入户登记，采集相关信息，预计 4 月中旬前，将实现全村贫困户光伏发电项目全覆盖。届时每家贫困户将年增纯收入 1500 元，稳定收益 20 年。

医疗扶贫　一体化政策落实落细

——市政协委员、时任市医疗保障局副局长张喜婵专访

医疗扶贫是打赢脱贫攻坚战的重要保障，是保障贫困人口基本医疗需求的重要措施，通过提供基本医疗保险、大病保险和医疗救助等多层次保障，确保贫困人口能够看得起病、看得好病，减少因病致贫、因病返贫的现象。市医疗保障局坚持对医保事业的全面领导，一切以人民健康为中心，紧紧围绕"两不愁三保障"，确保健康扶贫人员政策待遇落实，实现基本医保、大病医疗和医疗救助三重综合保障，聚焦"守底线、抓衔接、促振兴"的工作主线，不断夯实农村牧区基本医疗保障制度基础，持续提升医疗保障公共管理服务水平，不断增强农村牧区参保群众获得感、幸福感、安全感。

问：张局长，您好，医疗救助是打赢脱贫攻坚战的重要保障，事关群众切身利益，事关脱贫攻坚大局。请您介绍一下市医疗保障局在健康扶贫方面所做的主要工作。

答：市医疗保障局成立于 2018 年，局党组高度重视，把精准扶贫作为重大政治任务来抓，成立专班，举全局之力、全系统之力，强力推进脱贫攻坚，在"精"和"准"上下功夫。建立起覆盖全市、科学合理、支撑有力的政策体系，筑牢基本医保、大病保险、医疗救助"三重保障线"，发挥政策效能，保障贫困人口不因大病、重病支出陷入贫困。强化宣传力度，提高政策知晓率，指导旗县区及时落实贫困人口资助参保政策，建立帮扶机制，实现了全市 13326 名建档立卡贫困人口参保全覆盖，贫困人口在市域内定点医疗机构

实现了"一单式"直接结算。健全医保基金垫付等机制，支持开展贫困人口"先诊疗后付费"工作，减轻了贫困人口垫付压力。2020年度，财政全额补贴个人缴费部分419.29万元，发生医疗费用1203.92万元，结算资金1010.84万元。我市脱贫攻坚主战场固阳县年度内有建档立卡贫困人口8000多人，土右旗3000多人，达茂旗2000多人，石拐区200多人，不管人数多少，工作都扎实到位，都在"两不愁、三保障"工作中取得成效。其他旗县区的贫困人口也尽数出列，圆满完成脱贫攻坚任务！

问：再请您具体介绍一下在脱贫攻坚中，如何确保医保政策待遇落实落细、贫困患者应享尽享？

答：主要采取了四项具体措施。

一是针对慢性病、重特大疾病分类施策。由市医疗保障局牵头与卫健委、扶贫办联合印发《关于进一步规范建档立卡贫困人口门诊特殊慢性病管理工作的通知》，进一步规范了我市建档立卡贫困人口门诊特殊慢性病管理工作，将慢性病病种扩大到48种，其中：医保部门经办28种、卫健委经办慢性病20种，明确了医保与卫健部门慢性病病种范围，并细化了建档立卡贫困人口慢性病管理服务，组织医疗专业人员对申报慢性病贫困人口上门服务、现场检查，保证建档立卡贫困人口慢性病应享尽享、不漏一人。

二是组织实施大病集中救治，强效缓解因病返贫。按照自治区文件要求，并结合我市实际情况，市卫健委在自治区大病集中救治病种的基础上增加了甲状腺癌和前列腺癌两个大病集中救治病种，共计32种，建档立卡贫困人口发生医疗费用的实际报销比例达到90%，很好地缓解了贫困人员因病致贫返贫现象。

三是提升优质化服务水平，开展"先诊疗、后付费""一站式"服务。打造"基本医疗保险＋大病保险＋医疗救助＋医疗扶贫救助"的医疗保障模式，在县域内医疗机构、医保办事大厅设立"一站式"即时结算窗口，建档立卡贫困人口在我市定点医疗机构就诊发生的医疗费用，通过"先诊疗、后付费"，市域内"一单式、一窗式、一站式"服务，缩短贫困人口结算办结时效，减轻了贫困人口垫资负担和医疗费用负担。

四是构筑防返贫致贫安全医保屏障。为有效防返贫、控新贫、稳脱贫，切实提高脱贫攻坚质量，制定了《防止返贫致贫大病医疗保障工作方案》，对建档立卡贫困人口医疗保障、边缘户医疗保障和已参加城乡居民基本医疗保险的普通农牧民医疗保障政策及水平进行明确，构筑防返贫致贫的安全医保屏障。

走访调研　推广种植枸杞增收入

——时任市林业和草原局规划和财务科科长郭彭飞专访

问：走访调研是脱贫工作的重要组成部分。通过组织实施生态保护修复工程、落实生态补偿政策、发展生态产业以及雇佣贫困人口参与工程建设管护等措施，为全市的脱贫攻坚和乡村振兴注入了强大动力。郭书记，您好，首先感谢您从百忙之中抽出时间来参加包头市政协《脱贫攻坚专辑史料》口述史录制，您一起回顾那些脱贫攻坚的热血记忆。您在到任土右旗将军尧镇武大城尧村驻村工作队队长兼第一书记之前做了哪些准备工作？您对武大城尧村的第一印象是什么？您到了这个村之后，对它第一印象是什么样的？

答：第一步先了解村内基本情况。在我上任前有位驻村干部，通过和他交流，我了解到一些基本情况，比如人口土地贫困状况等，我自己也学习研究了一些扶贫的基本政策：从"五个一批"到这之外的一些政策都进行了系统的学习，主要是这两方面的准备工作吧。武大城尧村的基础条件还是不错的。通过前面几年美丽乡村的建设，村容村貌还不错，但群众精神面貌相对来说不太好。典型的事是起初经常在开会时大家为争当贫困户大打出手！村内环境这种硬件条件不错，但人口素质精神面貌方面亟待提升。

问：您在探索扶贫方式的过程中有没有遇到困难挫折，您是如何解决的？

答：其实困难还挺多的，特别是发展产业，到每户人家做思想工作还算容易，因为只要耐心沟通为百姓着想他们就会接受，但只要一面临关乎集体利益的事困难就比较多了，因为大家想法各不相同，这时候统一思想有难度。

就比如说之前我在村中准备发展种植枸杞的产业，面临的第一个问题就是流转土地，要发展枸杞产业肯定需要成片种植成片经营，当时我们规划打造一个1000亩的示范基地，一期工程争取到的资金可种植200亩，所以面临需要流转200亩的土地。但200亩地涉及了好几十户人家，每户人家情况不尽相同：有在村自己种地的、有在村自己不种地流转给别人的，还有干脆不在村流转给他人的……这么多情况就需要挨家挨户分别做工作，涉及原本自家种地每年都会有收入，一下子流转出去，村民心中肯定不舍得，所以做起他们的工作比较困难。流转土地这件事大家意见不统一、涉及面又较广，所以工作做得比较久。

问：您是怎么把咱们党的扶贫政策和群众的致富意愿结合在一起的？

答：把党的扶贫政策包括除扶贫之外别的惠民政策都得学习好，再就是靠入户详细了解每家的情况，向他们宣讲政策，这样两头都弄清，做好政策的传声筒、民意的扩音器，工作起来就方便多了。鉴于党的政策比较宏观，是大的方针，而每家都有不同的情况，这就需要找准致贫的病因，再对应脱贫方式精准扶贫。村民们没有了解党惠民政策的渠道，这就需要咱们第一书记带头学习总结，做好上传下达，最后将政策最大化地惠及每家每户。

问：有什么工作中关于脱贫户的难忘记忆吗？

答：有一位70多岁不幸患脑梗的村民，叫王志强（王大爷），他房子有很大裂纹，不再适合长久居住了。大爷脑梗说话不利索，我劝导他们盖房子的过程也比较困难，他们觉得自己年纪大了，再撑几年就会去世，盖房又是折腾的大工程，打心里不想盖。我觉得既然有"危房改造"这项政策，住在安全又亮堂的房子里多好！为了做通工作我跑了二三十趟，起初老两口就是不同意，没办法我又给他们的儿子做工作，好在他们的儿子欣然支持！他们的儿子在萨拉齐当老师，但工作忙，一时回不来，我提议他选个休息日回村，一起跟村"两委"沟通，加加班，把旧房东西倒腾出来，在原有的地基上盖，乡政府有施工队，弄完后就拎包入住了，不用操心。新房落地建成，一家人很高兴，其间大娘高兴地说："国家政策好！施工完是政府找人装修的，活干得也仔细！"住进亮堂的屋里，他们请我去新家吃糕，我也特别欣慰，总算住新房了，其间为做通工作付出的辛苦也是值得的！

问：您是如何做到绿色发展，实现生态与富民双赢的？

答：咱们内蒙古代表团的代表在参加内蒙古代表团审议时，多次提到内蒙古绿色发展事宜，结合习总书记重要讲话，我想我作为林草部门工作人员，怎样在我村把总书记对内蒙古的重要指示和村实际结合起来呢？通过探索，我找到一条发展枸杞产业的路子，既能增收又有益于环境，增添了绿化。村里的公共区域，比如道路两侧、村里小广场可绿化的地方我们都绿化了，村里空气很清新，还能发展庭院经济。庭院经济就是百姓的私人区域，我们向村民免费提供苗木，村民自己种植，激发了主动性和积极性。百姓在房前屋后种植的果品经济林包括果子、杏仁、李子、红枣、海红果等，品种丰富多样。通过发展庭院经济后，各家自己想吃点什么也方便多了，还节省开支。种植枸杞提高了百姓的收入，所以通过这三项举措实现了与生态富民相结合的思路。

问：您认为应如何把精准扶贫工作与乡村振兴结合起来，实现贫困人口不返贫？

答：咱们国家也制定了很多好的政策，包括从国家大的政策来说设立了5年的过渡期。这五年要巩固脱贫成果且与乡村振兴相衔接，乡村振兴是向更高更好的方向发展。乡村振兴面更宽了，包括产业兴旺生态宜居要建设宜居宜业和美丽乡村等，是对农村更全面的安排和部署。包括像继续选派第一书记也是一项好的政策，因为在脱贫攻坚这几年中第一书记驻村干部发挥了重要的作用，打通了最后一公里，所以在乡村振兴这个阶段第一书记还要继续发挥作用。

志智双扶　决心打赢脱贫攻坚战

——时任包头市科学技术协会组织宣传部部长吕国辉专访

问：志智双扶是脱贫攻坚工作中不可或缺的一部分。市科协紧紧围绕市委、市政府的脱贫攻坚大局，聚焦贫困地区的科技需求和短板，积极探索科技助力精准脱贫的"科协模式"。通过整合科技资源、搭建技术服务平台、开展技术培训等多种方式，不仅提升了贫困地区的科技水平，更为贫困群众打开了致富的大门。吕书记，您是哪年就任达茂旗西河乡德令沟村第一书记的？您在就任之前做了哪些准备工作？

答：2017年3月驻村，什么都没做准备。找我谈话后的星期六，晚上单位办公室通知我第二天去青山宾馆开会，开完会宣布所有驻村干部到会场外坐大轿车到所驻地区，到了之后达茂旗委旗政府组织了一个欢迎会，将到会各乡镇的第一负责人、党委书记介绍给我们相互认识，简要地向我们介绍了一下当地的现状以及工作规划，当天我就住在旗里了。

问：请您简要介绍一下您刚到任时德令沟村的基本情况。

答：德令沟村属于咱们达茂旗西河乡，是我们西河乡最大的一个行政村，下辖11个自然村。按照第七次全国人口普查的结果，我们村户籍登记住户911户，户籍人口1826人。德令沟村位于西河乡正南面，离西河乡政府大概25公里，在咱们达茂旗的最南边。我驻村这个村落紧靠固阳县，距村委会所在地直线距离500米。达茂和固阳的交界地十年九旱，耕地都是旱地，主要种植小麦和油菜籽。

问：当地贫困户致贫的原因是什么？

答：致贫原因为以下几种，因病因学致贫，患病家中就会缺乏劳动力。村里很多孩子考上的大学是三本，三本学校收费相对高一些，所以对于农村家庭来讲负担比较重。还有因灾致贫，如发洪水等自然灾害都是没办法控制的。村民年龄偏大，劳动力欠缺，40 岁以下的人口几乎没有，基本上都在 50 岁以上。年轻劳动力外出打工了，但每年春耕和秋收时在外的打工人就回到村中种完地再回到城里。

问：在这个过程中您是如何探索扶贫方式？

答：毛主席说过：没有调查就没有发言权。所以我先到贫困户家中调研：他们是怎么致贫的？有什么愿望？现在的生活状况？在调研的基础上研究，向乡干部村干部他们"取经"，我有不明白的事都会选择向他们这样长期工作在基层的干部请教，他们也会倾囊相授。再就是请教村里的老党员、村长等，讨论当下遇到的问题，大家一起集思广益，提出的办法接地气且符合村中实际。

问：您认为当地贫困户的自觉意识怎么样？您是怎么做贫困户思想工作的？

答：我们村的贫困户分成有劳动能力和丧失劳动能力的两种。丧失劳动能力的几乎占一半，都是年龄偏大且长期生病还有卧床不起的人。毛主席早就说过，人的思想是一股强大的力量。无论是扶贫工作还是生活中遇到的事，人的思想非常重要！调动了人的主观能动性就能产生巨大的潜力！比如说我们有位贫困户姓常，家里因为供养孩子上学致贫，负担较重，家以放羊为生，我便问他养羊能挣多少钱？一月花销有多大？心中有数后再给他讲解国家相关政策开导鼓励他。其实他们自觉意识比我们想象的要强很多，清楚地知道自己为什么贫困且努力想要摆脱这种状态，也努力地在探索在实践，在这时我们再借助国家的脱贫政策添把火。

问：您在日志中经常强调扶志和扶智的重要性，您是从什么时候开始意识到送钱送物这种扶贫方式并不能从根本上解决贫困问题的？

答：刚开始我们驻村工作队以为贫困户们家庭收入较少，但通过和居民聊天后发现多数情况是收入相对较少，不见得揭不开锅。在这个时候再增加些收入改善他们目前的生活状态，送他米饭油管用吗？显然他们不缺这些，而且还会造成负面影响，大家会坐享其成，其他人家也会产生嫉妒心理，觉得为啥他家能享受政策福利我家就没有，产生消极"等、靠、要"思想，这是不利于脱贫以及脱贫后长期靠双手致富的。要把脱贫这个项目做好就要找见它的病根，治标很简单治本不容易。扶贫与扶志要相结合，如果靠给这种简单的方式而不启发他们的智慧实际上解决不了问题。

问：您是怎样把党的扶贫政策和群众脱贫的意愿结合在一起的？

答：当地党委和政府针对贫困户有大方向的宏观政策，我们按照这个政策再根据每家贫困户的具体情况开方，所以每家都不一样。就像我们村有个贫困户姓苏，他养羊比较多，他跟我说还想养羊。我说不能再养了，达茂旗为生态保护不再适宜过多放牧了，改养猪吧，市里的猪肉价格多贵啊，养的话能多挣钱！我跟他分析情况，他自己也打听了市里猪肉的价格，就接受了我们的建议。我们给他提供猪仔，他便开始养猪，这样一来就把国家政策与个人意愿结合到一起了。

问：请您介绍一下您对健康扶贫的认识？

答：我下乡以后就发现我们村民对日常生活不是太讲究，可以说非常不讲究，尤其不懂得健康相关的常识。刚驻村时与村民们不太熟悉，但渐渐随着入户走访的交流，大家拉起家常来也就拉近了心的距离。在开玩笑闲聊当中将有关生活健康的科普小知识，比如注意饮食卫生等讲给他们听。正好我在科协工作过，科学普及是我们科协工作的职责之一。利用这次驻村的机会说出来让村民们受益。跟他们讲好多病都是平日生活中不健康的习惯久而久之酿成的，大多数村民口味重，或多或少血压、血脂会比较高。我们好多个贫困户患脑梗、脑血栓就是和平日抽烟、吃咸等不健康的生活习惯有关。

问：我们了解到，您在贯彻落实"志智双扶"工作中，有许多创新的做法，这当然与您作为第一书记、帮扶工作队长的职责是分不开的，您觉得在具体实施中，对您的支持来自哪里？

答：首先离不开各级党委政府的支持，刚才提到我排水受伤后督导组的领导、扶贫办的领导还关切地看望了我，心里暖暖的，这与各级党委政府的支持分不开，与派驻单位、帮扶单位的支持也是分不开的。就拿我驻村前所在的科协来说，单位的领导同事们都去村里看过我。离开单位4年后，科协现在的三位领导都是在我驻村后来到单位工作的，他们也给在驻村的我打过电话了解情况，不久后还来到村里看望我。因为中央有八项规定，科协领导在看望我时都是自己出钱给我买了好多生活用品，我感受到了他们在生活上的关怀、在工作上对我的支持。包括帮扶单位稀土研究院的领导们也都来看望过我，打心里非常感激他们！

问：您觉得在这4年的驻村工作当中感受最深刻的是什么？扶贫工作中您有哪些收获？

答：至于收获，我驻村4年了，在沉甸甸的驻村日志当中我写过这么一句话：超越了平庸。意思是说我工作这么多年也快退休了，能在这个时候为国家脱贫攻坚这样大的项目贡献点自己的力量我觉得十分荣幸！所以说驻村工作在我50多年的人生道路中也算是比较出彩的一笔，能为老百姓做点事我很骄傲。

问：打赢脱贫攻坚战已经转到实施乡村振兴战略上来了，您个人对下一步工作是怎么考虑的。

答：对于下一步的工作，我会服从组织的安排。组织上需要我接着驻村我就接着做，还应回到单位我就回到单位。看组织如何安排我就怎么去做。一切听从党的召唤。

三、脱贫感怀

古稀老人　享受政策努力脱了贫 —— 吕兰柱

6 月的黄芪地里，盛开着洁白的黄芪花。

固阳县下湿壕镇电报局村 71 岁的吕兰柱老人正在给黄芪地里拔草，他的脸上荡漾着笑意。"去年总共收入了 3 万多元钱，卖黄芪收入了 1 万元，养羊收入 1 万多，还有低保和各种政府补贴。"

枯燥的数字背后是脱贫增收的喜悦。然而几年前，吕兰柱家却接连遭遇不幸，生活陷入一片凄苦。

连遭不幸成为贫困户

那是 3 年前的夏天，电报局驻村工作队、村"两委"入户，开始贫困户精准识别工作，当他们来到新民渠村吕兰柱家后，询问的话匣子一打开，吕兰柱老两口就开始抹眼泪，诉说起近些年来家庭遭遇的不幸。原来，吕兰柱唯一的儿子因涉嫌非法集资被判刑，正在监狱服刑。两个女儿的家庭也相继发生意外，大女婿因病去世，二女婿则因车祸离世。

接连遭遇的不幸，几乎压垮了吕兰柱夫妻，吕兰柱患上了高血压，老伴得了间歇性心脏病，都需要经常服药。虽然日子越过越艰难，但吕兰柱老两口在伤心难过之余，还要省吃俭用抚养年幼的小孙子。

驻村工作队队员张俊、李治辉多次上门疏导吕兰柱夫妻的情绪。经个人申请、村民评议和家庭收入测算，吕兰柱一家于 2017 年上半年被识别为国贫户。"哎！我这活成个甚，到老了，活成个贫困户了，羞了哇！"这不服气的话，几乎成了吕兰柱当时的口头禅。成为贫困户后，吕兰柱变得更加沉默寡言了。

享受政策努力脱了贫

在驻村工作队员的帮扶下，吕兰柱和老伴享受了低保政策，帮扶责任人李治辉鼓励吕兰柱力所能及发展种养殖业。驻村工作队员每次入户，吕兰柱不再像过去一样诉说家门不幸，而是专注研读、学习工作队员发放的各类政策宣传资料，研究扶贫政策。"贫困户种植黄芪，每亩补贴 500 元。这么好的政策，还不发展，说不过去。过去想也不敢想。"吕兰柱当机立断，赊种子、雇农机，当年就种了几亩黄芪。

这之后，每次驻村工作队员走村入户来到新民渠村，一进村口，就能看到吕兰柱在自家的黄芪地里拔草松土。"我的黄芪长势咋样？只要好好侍弄，我不信长不好。"浇地的水不足了，吕兰柱还时不时驾着自己那辆破旧的三轮车到其他水井拉水浇地。功夫不负有心人，吕兰柱家种的五六亩黄芪第二年纯收入达 25000 多元。此外，吕兰柱家还享受托管养鸡、光伏发电等帮扶政策。2018 年 12 月，对贫困户帽子耿耿于怀的吕兰柱主动申请脱了贫。

瞅准行情走上幸福路

国家的扶贫政策是扶上马，送一程，所以吕兰柱仍然享受国家对于贫困户的帮扶政策。手里有了些钱，吕兰柱兴致勃勃地对驻村工作队队员说："我打算养些羊，羊现在行情不赖，一斤带骨羊肉 20 多块钱，一只羊羔七八百块钱。现在我种黄芪有收入了，可以买点羊。现在买一只母羊，政府给补贴 600 元，买一只种公羊，政府给补贴 80%。不发展养殖业，对不起政府的好政策。"年轻时就放过羊的吕兰柱对重拾老本行信心满满。"好，我们大力支持你，我们可以帮助你协调内蒙古小尾羊公司，他们有好品种。"帮扶责任人李治辉说。

一番交谈后，李治辉却好几天也没有接到吕兰柱要买羊的电话。他不放心，和其他驻村工作队队员一起到吕兰柱家"家访"。却见吕兰柱斜歪在炕沿，蔫蔫的，老伴坐在炕沿边不吱声，老两口好像刚刚拌了嘴。"老吕，咋了？有什么心思？说说看！"驻村第一书记张俊笑着逗吕老。"张书记，快不要说了，他前两天说起个买羊，我劝他这么大年纪了，凑合能生活就行了，养羊可累人了。"吕兰柱的老伴说。吕兰柱不爱听这话，和老伴伐起来。见两人又拌开了嘴，张俊急忙劝："吕婶，你也别太担心了，老吕既然有信心养，咱们就试试，养的中间累得受不了了，就卖掉。能养，就继续养下去，能有甚解决不了的问题呢？"张俊调侃道。过了些日子，驻村工作队员再次走访来到吕兰柱家时，发现新房东面的羊圈里出现了 18 只羊，正在悠闲地觅食。原来，吕兰柱的老伴已经想通啦。

随着又一年的羊品改良工作开始，电报局村争取到县里的改良政策，实施胚胎移植，移植一枚胚胎 1500 元，政府全部埋单。驻村工作队第一时间想到了吕兰柱，吕兰柱当即决定，适龄母羊全部实施胚胎移植。眨眼间几个月过去，胚胎移植的母羊进入产羔季节。吕兰柱笑着回忆，他家的第一只小羊羔出生在山坡上。"那只大羊生下小羊，10 多分钟后小羊就站了起来，20 多分钟就能吃奶，下午，我怀抱着小羊羔，赶着羊群就回家了，心里那个高兴呀！"转眼到了 2019 年冬天，吕兰柱家的羊已经从 18 只增加到 30 多只。吕兰柱像养娃娃一样养羊，不仅家里的每只羊都有名字，而且羊是几月份配的，大概几月份出生，他都在小本上记得清清楚楚。吕兰柱如今腰板直了，小日子过得幸福满足，笑容常常挂在脸上。

勤劳自强　因残致贫到主动脱贫——裴爱花

　　走进土右旗将军尧镇武大城尧村村民裴爱花家，宽敞的院子收拾得整整齐齐，鸡舍里 10 多只蛋鸡正在悠闲觅食，靠近屋子的一处空地上种着绿油油的大葱，一侧的果树今年秋天就能结果。一望而知，这是一个典型的勤劳农家。

　　如果不是坐下来细聊，没人知道，裴爱花一家曾经是贫困户。从致贫到脱贫，裴爱花经历了许多难言的苦痛，也获得了扶贫干部的真心帮扶，加上个人的勤劳、自尊、自强，如今，裴爱花一家人的小日子过得有声有色。

提起那些年，她红了眼眶

　　裴爱花家里外两间屋，外间屋的火炉烧得很旺，火炕上躺着裴爱花的丈夫赵成林。由于腰椎间盘突出，1995 年冬天，赵成林实施手术，但手术失败，从此半身瘫痪。"我们在医院住了 20 多天，腊月二十，我花 300 块钱雇了辆车，把他拉回了家。"时隔多年，回忆起当时的情景，裴爱花仍眼眶发红。那一年，赵成林 37 岁，裴爱花 30 岁，两个女儿一个 13 岁，一个 8 岁。上有老，下有小，家里还有繁重的农活，12 亩地里种着小麦、玉米、糖菜。这日子该怎么过？年轻的裴爱花在无数个夜晚哭肿了眼睛。有人曾劝裴爱花改嫁，但她可怜两个年幼的孩子，也不忍心看着丈夫没人照顾，于是决定咬紧牙关把苦日子支撑下去。此前，裴爱花家的日子还算过得去，丈夫多少有点文化，脑筋活络，裴爱花也挺勤快，所以贫困这个词离她很遥远。但丈夫的突然瘫痪改变了这一切。

两个孩子要上学，家里的地要种，脾气变得很坏、有轻生念头的丈夫需要人伺候，这一切都离不开裴爱花。"秋天起糖菜时，每天早晨 4 点多就得起来，把牲口喂完，给大人、娃娃吃好，地里黑得还看不见，我就得摸黑干活，把糖菜挖出来，用刀切好，再雇车往 10 多里外的党三尧村送，每天回来都得晚上八九点，吃完晚饭，还得给他买药、洗涮，每天都得忙到深夜 12 点以后才能睡觉。"裴爱花含泪告诉记者，秋天地里忙起来，她中午顾不上回家，孩子由奶奶照顾，她的午饭就是早上出门时带的两张烙饼。为了多挣些钱给两个孩子交学费，除去农忙，裴爱花晚上还要帮别人织毛衣，织一件衣服挣 5 元。就这样熬了一天又一天，熬了一年又一年，裴爱花终于把大女儿送进了大学校门。大学头一年学杂费有七八千元，这可愁坏了裴爱花，她自家只攒下 1000 元，她姐姐给拿了 1000 元，剩下的钱只好出去借。可是外人不相信她有偿还能力，劝说："你一个女人家，能担动这家庭了？还叫娃娃念书？"裴爱花说，她的大女儿学习非常优秀，当时却哭着说："妈，要不我不念书了。"只上过小学的裴爱花深知文化的重要性，她不同意："不行！你得念！"东凑西凑才借到 5000 元，钱还不够，幸亏她一个朋友又借给她 1000 元，这才凑够了第一年的学费。七八年后，裴爱花才还完大女儿上大学借的外债。等小女儿上大学时，裴爱花又开始替小女儿借学费，那些年，裴爱花一家年年都要借外债。

如今，裴爱花大女儿大学毕业，留在了南京，已经成家。小女儿大专毕业，也在乌海成了家。2014 年，裴爱花家因丈夫残疾被识别为贫困户，从此，帮助他们脱贫，成为驻村扶贫干部的心头大事。

说起这两年，她嘴角上扬

用裴爱花的话说，她被识别为国贫户后，村里来了两个驻村干部，一名干部是包头市林业和草原局办公室主任郭彭飞，另一名干部来自土右旗环保局。

"郭书记三天两头来我们家，问寒问暖。'姨，你有吃的吗？有烧的吗？'他们帮扶我们，给了猪、鸡、化肥、种子，给我老汉办了低保、医保和养老金，给我们增加了不少收入，减轻了不少负担。"裴爱花说，有了驻村扶贫干部的帮扶后，感动之余，她觉得自己也要有信心，要用双手创造美好的生活，"人家帮咱们，咱们不能好吃懒做不动弹。"

不愿总是坐等政府的帮扶，裴爱花在家里原有12亩地的基础上，又承包了20多亩地，都种上了玉米，除给自家牲畜留一些外，其他的都卖掉了。"自从郭书记来了，在村里建了加工厂，还建了200多亩枸杞林，我不离村，也能打点儿工，年前，我干了一个星期，一天能挣100多块钱。我还在将军尧镇参加了一周病人护理知识培训班，每天给100块钱补助，我还学会了科学照顾病人，回家后能给老汉拍拍背、翻翻身、按摩按摩。"裴爱花说。

如裴爱花所言，作为驻村扶贫干部，郭彭飞自2017年来到土右旗将军尧镇武大城尧村担任驻村第一书记以后，一直非常关心贫困户的脱贫情况。"我来了以后，发现裴阿姨虽然丈夫躺在床上动不了，但是她精神面貌非常好，对生活特别积极乐观，我们非常想帮助她，现在，她是我们'志智双扶'的典型。我们建了一个枸杞林基地，优先让贫困户打工，像裴阿姨这样的贫困户不用出门，每天都有现金收入；另外，立足于庭院，发展庭院养殖业，比如养点猪、养点鸡，也能增加些收入；我们这里外出打工的人比较多，空出的土地，裴阿姨在力所能及的情况下承包下来，也能增加收入；最后，像赵成林这种有残疾的情况，我们还有个兜底政策，落实低保、医疗保障政策，这样就保证他们又能脱贫又能增收。"

正是因为有国家的好政策和驻村扶贫干部的多方帮扶，加之自己的勤劳努力，2017年底，裴爱花一家成功脱贫。"我2017年来这里担任驻村第一书记的时候，这个村子有195户、493名贫困户，到2019年已经全部实现脱贫。"包头市林业和草原局办公室主任、武大城尧村驻村第一书记郭彭飞说。

2019年是裴爱花家收入最高的一年。这一年，她家总收入达到17000多元。从过去连温饱也解决不了，到现在日子一天天好起来，裴爱花日子好过了，心情也变好了，内心充满了感恩，她高兴地加入到村里的"巾帼志愿服务队"，成为一名专门调解家庭矛盾的志愿者。不仅如此，2018 年 3 月 8 日，裴爱花一家获评土右旗"最美家庭"荣誉称号，同时还荣获了"2019 年度自治区级文明家庭"荣誉称号。

裴爱花的两个女儿非常孝顺，每年都给家里寄钱，家里的外债，是母女三人一起在偿还。裴爱花的丈夫赵成林也很体谅老伴儿的辛苦，"她这些年不容易！"感慨的话里透出感激。度过最初的痛苦期，赵成林现在能自己用手干的事儿，就尽量自己干。如果有时间，爱玩爱热闹的裴爱花会主动参加村里的文艺活动。

曾经生活给予裴爱花的苦难，如今已经以另外的方式给予了她补偿……

走致富路 从门外汉到南瓜大王 —— 石卫东

从一个种地的"门外汉",到成立合作社,再到成为远近闻名的"南瓜大王",九原区哈业胡同永丰村村民、包头市卫东南瓜农民合作社理事长石卫东注册了"卫东南瓜"品牌,建成集冷藏储存、深加工销售、交通运输、集中收购为一体的大型南瓜市场网络。一路走来,他带领村民共同致富,成为包头市有名的脱贫致富带头人。

毕业回乡他种起了南瓜

20世纪90年代,哈业胡同镇基本上是靠种植玉米和葵花维持生活,靠天吃饭、种植结构单一。

1995年,高中毕业的石卫东回到了家乡——九原区哈业胡同永丰村,成为一名农民。回乡头一年,石卫东与父母辛勤劳作了一年,毛收入仅有7000元,除去成本,人均收入不到1500元。面对窘境,石卫东认识到,循规蹈矩不能致富,只有打破常规,才有机会寻求到一条致富新路。20岁的石卫东想着要走出不同于祖辈们的一条新路来。他要带领村民一起,干出一番事业来。这之后,他先后尝试种过经济效益更高的芝麻、蓖麻等,但每一次都以失败告终。

一次偶然的机会,石卫东发现,包头市场上的南瓜都是外地运送回来的,批发价格居然 1 块多钱一斤。"咱们也能种的南瓜,居然能卖到这么高的价钱?"带着惊喜与好奇,当年,石卫东就尝试着种了 4 亩南瓜。由于是本地种植,质优价廉,一进入市场便受到欢迎。"当时一亩玉米收入仅为 700—800元,四亩地的南瓜竟然卖了 1.2 万元,每亩收入高达 3000 多元。"面对收入高出种植传统作物好几倍的南瓜,石卫东看到了希望。从此,他与南瓜结下了不解之缘。

科学种田小南瓜扎根包头

第二年,石卫东放大了胆子,合伙同村人种植了 68 亩南瓜,大家一起算了一笔账,按照一亩地 3000 元计,68 亩地怎么也能卖 20 多万。可是到了秋天,自己的南瓜却不如外地南瓜品质口感好,南瓜难卖最终赔本。爱琢磨、好研究的石卫东发现,原来南瓜的商品性、消费地域特点、消费人群、上市期等是影响南瓜产值的主要因素。问题找到了,解决的办法总会有的。那段时间,石卫东上网查阅了大量的南瓜种植资料,先后自费去寿光、京津冀、新疆、甘肃等地区观摩和学习。取经回来,他先后引进了 36 个南瓜品种与当地常规品种进行种植比较试验,聘请专家教授进行技术指导。那段时间,村民们总能看到,石卫东每天泡在试验地里,不是打枝、掐叶,就是细心观察记载,分析南瓜生长习性和规律。功夫不负有心人,从 2005 年开始,他先后筛选出了适合包头地区种植的 7 个优质南瓜新品种,逐年扩大种植面积,按品种熟性,分期播种、分批上市,产值也逐年增加。

石卫东逐渐成为种南瓜的行家里手,他带动的本村、本镇种植户也越来越多,种植面积也越来越大,不仅在前山地区大面积种植南瓜品种,2012 年在巴彦淖尔市的后山明安镇推广种植 2000 亩改良 2 号和哈克南瓜品种,与前山地区正好推迟 1 个月上市期,不仅解决了南瓜上市期集中、收购压力大的问题,而且由于后山地区气温低,日夜温差大,种出的南瓜品质好,产值高,成为市场上的抢手货,也为当地农民带来更丰厚的收益。

近两年，石卫东还瞄准了适宜种植南瓜的外埠市场。2014年，在河南南阳推广种植600亩，2015年扩大种植面积达2000亩，比在包头市种植可提早2个月采收，延长了南瓜采收上市期，南瓜种植产值显著增加，农户纯收入明显提高。

共同致富大家富才是真的富

怎么才能带领大家共同致富呢？多年来这个问题一直萦绕在石卫东的脑海里。他总觉得个人的力量总是势单力薄，形不成规模，只有全村人、全镇人共同发展，规模化生产，集约化经营，才能走上共同致富的道路。石卫东把自己种南瓜的经验与同村的乡亲们进行了讲解宣传，在把自己掌握的技术毫无保留地传授给大家的同时，每年还自费组织农民参加各类培训班、举办培训班，聘请专家为农民授课，真正培养出一批"懂技术、善经营、会管理"的新型农民。

2009年，石卫东注册成立了包头市卫东南瓜农民专业合作社，担任合作社理事长以来，以订单农业、统一种植、技术服务、统一收购销售等模式，带动农户，扩大生产规模。通过几年的发展，合作社已经拥有300亩南瓜试验田，2800平方米的仓储冷库、2处先进设备的装货平台等基础设施，在管理上逐步走向规范，从当初的52户种植户发展到现有381户，带动周边农户1672户，辐射到了巴彦淖尔市、鄂尔多斯市、赤峰市、银川市、河南省、河北省等周边省市。石卫东从一个种地的"门外汉"，成为远近闻名的"南瓜大王"。

目前，卫东南瓜农民合作社已经建成一个集冷藏储存、深加工销售、交通运输、集中收购为一体的大型南瓜市场网络，主要销往北京、天津、辽宁、吉林、上海等15个省市地区。"卫东南瓜"在全国的南瓜销售市场已有了一席之地。

"如果农户一年种10亩的话，每年仅南瓜一项收入就可达到3万多元。"石卫东说，村民们的腰包鼓了，种瓜的信心就更足了。如今，南瓜已成为九原区不可缺少的种植品种，成为农民致富的重要途径。目前，合作社已形成了"市场＋合作社＋基地＋农户"的产业化模式，具有典型的引领和辐射带动作用。石卫东主动与市农广校对接，专门为哈业胡同镇 101 户农户举办了培训班，为每户农民免费发放价值 15 万元的南瓜优质种子、有机肥和地膜，与每户签订种植收购协议，严格按照南瓜标准化生产技术进行生产，每户保底收购价 7000 元。2017 年，石卫东又着手开始帮扶哈业胡同镇贫困户，从根本上实现精准脱贫。

今年，石卫东在固阳县、石拐区 101 户农户示范推广黄金二号南瓜新品种 210 亩，在自己的试验基地引进 20 个南瓜品种进行品比试验，筛选出不同优良品质的南瓜新品种。"让'卫东南瓜'成为更多人熟知的品牌，也让更多的农民致富，让更多的贫困户脱贫。"作为"南瓜大王"，南瓜就是石卫东生命的一部分，带动村民致富是他不懈的奋斗目标。

快板大叔　勤劳致富唱响脱贫歌 —— 徐全良

固阳县金山镇协和义村委九分子村的徐全良原本是贫困户，两年时间里，他在扶贫干部的帮扶和自己的努力下顺利脱贫。脱贫后他自编自唱打起了快板，赞美如今的美好生活。徐全良还被固阳县委、县政府评为"自主脱贫优秀个人"。

脱贫的日子"累并快乐"

推门而入，徐全良家的小院里，鸡、羊、猪各自悠闲地待在圈舍里，或觅食或酣卧，狗狗拴着，见有人进来，欢快地上蹿下跳。这是属于农村冬天才有的静谧时刻。

我们是来了解徐全良的脱贫故事的，但却听到一段声情并茂的快板。两年的贫困户生活，让徐全良意外有了这项技能。

徐全良的老伴儿患病，他不仅要照顾病妻，还要操持家务、喂鸡、喂羊，所以不能出远门打工，而地里的收入又太低，加上老伴儿看病支出大，2014年，他被扶贫干部和村"两委"班子精准识别为贫困户。从那以后，他成为扶贫干部重点关照的对象，隔三岔五，包头市残联教救部主任、协和义村委驻村工作队队长、驻村第一书记尚永福和帮扶责任人韩美丽就会到徐全良家坐坐，和他谈谈心，拉拉家常，看看他有什么困难。

"他们时常过来，想方设法帮助我。"徐全良家先是迎来了 80 只扶贫鸡，然后政府又免费帮他家盖起了鸡舍，再然后，两头补贴猪又出现在他家的猪圈里，加上原有的羊，院子里热闹异常，徐全良累并快乐着。喂猪、喂鸡、喂羊，期待它们长大，成为徐全良脱贫的希望。

许是经验问题，许是其他原因，徐全良家的鸡死了一些，猪的长势也不喜人，徐全良能不能如期脱贫？能！因为村里还有针对他的其他帮扶措施。

徐全良家原来有 60 亩地，因为土地贫瘠，大部分都退耕还林了，这样，每亩地每年有 150 元的补贴。此外，徐全良和老伴儿已 60 岁了，还有养老保险，村里又按政策给他们老两口申请了低保。

竹板一打咱把政策夸

在村里的持续帮扶下，2016 年，徐全良顺利脱贫。

脱贫后的徐全良时刻不忘村干部对自己的帮扶，非常感谢国家的扶贫政策和扶贫干部们的帮扶努力。

徐全良不仅仅是嘴上说说，他也是这么做的。过去，徐全良没有机会出去打工，后来，周边村子有了农业合作社，村里优先推荐他去打工，打药、拔草、割油菜、搬玉米，这些农活儿对于徐全良再熟悉不过。但他毕竟年岁不小了，这些农活有的也并不轻松，但他还是想去干。徐全良说："我挣点儿，就能少给政府增加点麻烦。"在合作社打工一天，徐全良能挣 120 到 130 元，每年因此能增收几千元钱。

如今徐全良的一儿一女已经成家另过，家里日子也一天天好起来，徐全良就迷上了打快板，他还自己搞"创作"，虽然只上到小学二年级，但那些快板的词儿都是他自己写的。

他创作的快板内容以歌颂党和国家的扶贫政策和扶贫干部为主，他自编自唱的快板颂《政府暖民心》里这样说："打竹板，响连声，各位亲人大家听，党的政策暖民心，万众一心齐脱贫。十九大，放光芒，习主席，把话讲，中国的未来靠共产党，全国人民奔小康。政府怕我们不好过，出资给我们盖鸡舍，党的恩情温暖我，我的生活大改变……"他还真心感谢扶贫干部对他们这些贫困户的悉心帮扶："……不分天寒地冷冻，不怕雷电风雨大，不分酷暑烈日晒，不怕连日奔波没吃喝。这样的政策哪朝有，让我这平民百姓该说啥？这样的干部哪时有？走到哪里哪里夸！"

如今，徐全良过得很快乐，他养的 6 只羊长得体格健壮，以后他准备长期养羊。老伴儿看病可以按 95% 报销，加上退耕还林补贴、低保金、养老保险、养殖收入，他的日子过得没有啥烦心事，打快板成为他最喜爱的娱乐项目。

易地搬迁　住新楼房过上好日子 —— 余根兰

益民小区是固阳县最大的易地搬迁安置点，其中益民五期安置了 100 户、316 名贫困户。曾经租房居住、连房租都交不起的余根兰受益于国家的精准帮扶政策，仅仅花了 3500 元钱，就拥有了属于自己的 67 平方米的新楼房。与一般的住宅不同，余根兰家所在的 3 单元门楣上方写着"易地搬迁"四个大字。

过去，真难

今年 56 岁的余根兰命运多舛。13 岁那年，她的父亲就去世了，她是老大，还有一个妹妹，两个弟弟，这意味着她要照看弟妹，承担更多的家庭责任。一天学没有上过的余根兰结婚后，和丈夫感情融洽，但不遂人愿，丈夫 44 岁那年因胸膜炎去世，当时她才 40 岁，唯一的女儿才 6 周岁。

十多年前，由于在集宁老家无法生活，余根兰带着女儿来到包头市昆区投奔亲戚，她在昆区一处城中村租了间平房，一个月房租加水费和电费 110 元。之后她找了一个在绿化公司种草的工作，月薪 500 元，但好在时间灵活，能接送女儿上下学。期待中的亲戚并没有向她伸出援手，她只能带着女儿艰难度日。"那时真难呢，我整整吃了一年的白水泡馒头，偶尔才能给姑娘买一袋方便面，做点拌汤吃。房租常常从这个月拖到下个月才能交。姑娘的学校一旦要钱，我就只能向同事借，等下个月开工资后再还。"回忆起过去的苦日子，虽时隔多年，余根兰仍忍不住流下眼泪。

这样的日子整整过了一年零六个月，后来有人给她介绍了个对象，也就是余根兰现在的丈夫文清珠。文清珠的女儿比余根兰的女儿大 2 岁，两人在同一所小学上学。文清珠挣钱比余根兰多些，他每天给自己女儿买一个饼子当早点，也会给余根兰的女儿买一个。看到文清珠为人厚道，余根兰对他说："只要你对我姑娘好，不嫌弃她，我就嫁给你。"文清珠说："我不嫌弃。"于是，两个都曾遭遇过不幸的人，共同组成了一个新的家庭。

这时，包头市的教育政策发生变化，农村孩子上学不用再缴纳学杂费等费用，于是，余根兰和丈夫带着两个孩子回到了丈夫在固阳的老家。在固阳县城，他们租了一间房，一年房租 1700 元，这一住就是 11 年。11 年仿佛倏忽即逝，但在这 11 年中间，其实也发生了很多事。由于长年操劳，文清珠患上了下肢静脉曲张，经常腿疼，只能从事简单劳动，一家人的日子过得还是紧巴巴的。文清珠的女儿主动提出，妹妹学习比她好，还是供妹妹读书吧。就这样，大女儿初中没有毕业就辍学打工去了。转眼到了 2017 年，余根兰的女儿已经上了高中，就读于固阳一中。也是在这一年，他们一家被识别为建档立卡贫困户。

什么时候能拥有一间属于自己的房子呢？这成为余根兰不敢想的梦。她不知道，这个安居梦，其实正渐渐向她走近。

新居，真暖

被识别为建档立卡贫困户后，各种帮扶和温暖接踵而至。帮扶责任人梁慧昌很快为余根兰一家申请了资产收益、土猪代养入股分红和低保，为全家四口人代缴了新农合医疗，为文清珠进行了慢性病鉴定和大病救助，从此享受家庭医生签约和送医送药服务；为家里三口人代缴了养老保险（二女儿是在读学生，不能享受代缴养老保险）。随着余根兰的女儿考上了内蒙古大学，帮扶责任人又为她办理了大学生教育救助、泛海助学行动和国酒茅台教育救助，切实解决了她上学困难的问题。

更大的帮扶是住房。2017年，帮扶责任人为他们申请了易地搬迁项目，当年年底，余根兰一家终于住上了位于县城、装修一新的新楼房。细细打量余根兰家的新居，整齐的地砖、崭新的橱柜，屋里的新床和衣柜，都预示着这个曾经泪水涟涟的家庭已经苦尽甘来。客厅靠墙的位置立着一台跑步机，余根兰笑着说，这是在北京学习美容美发的大女儿买的，说着她走上跑步机，打开开关，随着跑步机快步走起来，脸上的笑容阳光明媚。入住新楼房，有了暖气费和物业费，意味着支出增加。"我们把农民请上楼，还要稳得住，我们不会因为你住进楼房就不管你了，而是要扶上马，送一程，给你同步配套一些公益性岗位，让大家好光景有盼头。"固阳县委宣传部负责人这样表达实行易地搬迁的初衷。

入住新居后，帮扶责任人给余根兰介绍了一个到县环卫中心工作的机会，她扫的马路离家很近。"现在一个月挣1600块钱，听说马上要涨工资了，能涨到1900块钱。"余根兰笑着说，她老伴儿文清珠现在打零工，一个月也能挣1000多元。加上其他补贴，她家2019年全年总收入达到42952元。

"这几年过得真高兴呢。别人是十分感谢，我是一百分感谢党、政府和工作人员。我辛苦了一辈子，没想到现在竟然住上了新楼房！那天抓阄，工作人员说我抓了个5楼，我说6楼我也高兴，好歹我现在有自己的住处了。"余根兰笑声朗朗，客卧里，她20岁的小女儿正在上网课。曾经的那些苦难已经远遁，此刻，岁月如此静好……

自主创业 还带着村民共同致富——李有贵

走进固阳县西斗铺镇大二分子村委元龙局村，远远就能听见阵阵牛叫声。李有贵正在给牛添饲料，看着抢食的大黄牛，他边摸牛角边温柔地说："听话，都有份儿！"

现在的李有贵，是远近闻名的养牛能手，可几年前，他的日子还十分艰辛。5年时间里，驻村工作队和镇村干部见证了他生活的变化，他也真真切切地感受到了帮扶政策的有力。

自主创业不愿光靠补贴

谁能想到，今年53岁的李有贵，在5年前，还是村里有名的国贫户。老伴身体不好，干不了重活，靠几亩薄田维持生计的他还要供女儿上大学，日子过得十分艰辛。"家徒四壁，处处漏风"，不只是他家里的真实情况，更是他内心的写照。2014年，镇里评定李有贵家为建档立卡贫困户。

驻村工作队和镇村干部多次入户调查，和李有贵交心谈心，渐渐地，他打开心结，下定决心要摆脱困境。镇村领导看在眼里，积极为他出谋划策。李有贵家的田都是旱地，又没有充足的劳动力，发展种植业不是一条好的出路。2016年，在镇政府和村委会的积极争取下，李有贵家退耕还林48亩，每年能拿到7200元补贴，总共8年。

"土地都退耕了，不能就指着政府活啊，得自己争口气了！"拿到退耕补贴的李有贵有了信心，开始主动找致富的路子。他看着村里连片的草坡地，有了想法，"这不就是天然的草场吗？我要养黄牛，发展养殖业！"苦于没资金，他主动找到镇政府，把自己的想法一说，立刻得到了众人的认可。老李说干就干，四处筹措，村"两委"和驻村扶贫工作队也主动联系信用社为他贷款8万元，他又向亲戚朋友周转了一部分资金。2017年3月，李有贵和村里其他几户农户一同购买了80多头肉牛，他自己就买了20头，搞起了规模化联合养殖。

"像李有贵这样不等不靠不要的贫困户，我们就是多跑几趟，再累也愿意帮他！"大二分子村委帮扶责任人白雪峰说。镇里、村里还积极联系让他享受了牛补贴1万元、牛舍补贴8000元，就这样，李有贵开始了他的养牛脱贫路。

参加培训、请教专业户、四处考察……爱钻研、肯吃苦的李有贵"多方取经"，通过认真学习和实践，他逐渐积累经验，终于找到并掌握了肉牛养殖门道，加上县里农牧部门的专家多次对他进行专业培训，并提供后续技术支持，李有贵的养牛事业很快就有了起色。退耕还林补贴加上卖牛的钱，让李有贵一家的日子有了盼头，2017年底，李有贵如愿脱贫。

自己富了拉乡亲们一把

一分耕耘，一分收获。由于李有贵管理到位，喂养精细，他养的牛都不愁卖。现在养殖规模达到了30多头，每头牛收入近1万元。看着李有贵养牛赚了钱，村里不少贫困户也跃跃欲试。

李有贵常说："因为有了党和政府以及乡亲们的支持和帮助，我才有现在的好日子，所以我有责任带领和帮助乡亲们早日脱贫致富。"经过再三思量，李有贵觉得组织村民们都养牛，或许能产生更大的效益。为此，他将小母牛无偿交给想养牛的村民们，让村民们在家散养育肥，待出栏时他再统一回收。这样村民们无须出钱、闯市场、担风险，就能获得固定收益，稳定致富，他的养牛场也无须新增成本就能快速实现规模养牛，扩大效益，一举两得。有贵的做法极大地激发了附近村民们的养殖热情，养牛的村民越来越多。邻村十分子村贫困户范长生向他请教"养牛致富经"，现在养牛 10 头；十八顷村 3 户贫困户也来讨教养牛技术，其中贫困户孔德利养牛 20 多头……大二分子村委书记张白小笑着说："李有贵就是村民致富路上的'孺子牛'。"

如今，李有贵已经是养牛专家了。"看吃食、看粪便、看反刍"，他的养牛经广为传播，村民养牛遇到问题，都向他讨教。李有贵毫无保留，热心帮助。李有贵还积极自主创造增收路径，他先将养牛技术教给妻子，自己又抽身去红泥井村包了几百亩地种植马铃薯。

李有贵通过自己辛勤的付出，住进了宽敞明亮的新房，家里也置办了许多新式家具和电器，日子过得红红火火。谈起未来，李有贵信心满满，"县里农牧局最近推行'家庭农牧场'政策，养殖牛年出栏在 20 只以上的就能享受 10 万元的流动资金，我想试一试，再盖一个大一点的牛舍，把养殖规模继续扩大。这样村里有剩余劳动力的贫困户，也能来牛舍打工，我给他们发工资。扶贫干部说，只要我们踏踏实实干事，党的好政策也会一直鼓励我们发家致富。"

自主脱贫　好日子离咱们不远了——张有福

这是一个不幸的家庭，两年前，张有福的老伴儿患病去世，家里欠下巨额外债。但张有福又是幸运的，因病返贫后，张有福被扶贫干部和村里识别为贫困户，并获得一项项救助。张有福有志气，虽然年龄大了，但张有福不想总是坐等别人的帮扶，于是担任了村里的保洁员，每天认真打扫卫生，想通过劳动挣钱，早点还完外债……

因病致贫后，帮扶接踵来

张有福是固阳协和义村村民，2015 年被认定为建档立卡的贫困户。张有福的家是一个普通的乡间农家，家里的墙壁上挂着三个相框，每张相片上都有老伴儿。"第一张是她跟我结婚时照的，第二张是我们的全家福，第三张……"最后一张照片，是张有福老伴儿的黑白遗像。2015 年，相携大半生的老伴儿被诊断出患了癌症，张有福难过之余，带老伴儿四处看病，家里的积蓄很快花光了，他开始借钱给老伴看病。"前后带老伴儿去了两趟北京，借的钱花完了，人也没了。"张有福叹息。到 2017 年老伴儿去世时，张有福一共向亲戚朋友们借了 40 多万元，怎么还这些钱呢？他很发愁！

驻村工作队和村委会干部都很关心张有福，继 2015 年开始享受建档立卡贫困户可以享受的医疗报销标准后，2016 年，驻村干部给张有福送来一只价值六七千元的种公羊，这只种公羊是县农牧业局免费资助他的。接下来，村里又给张有福免费盖了羊圈，2017 年，张有福家又迎来一只种公羊，这只种公羊国家补贴 80%，张有福自己只出了 1400 元钱。羊生羊，如今，张有福家的羊圈里已经有了 10 只羊。2017 年，村里还给张有福家垒了院墙。

张有福家的另一块收入来自退耕还林。张有福的地加上儿女的土地，一共退耕还林 41 亩，每亩每年补贴 150 元。"自己只留了 4 亩地种点玉米。"张有福说。

走上公益岗，早日还清债

考虑到张有福家的实际情况，协和义村委还安排张有福担任村里的公益岗位——村保洁员。这个岗位是给村里有劳动能力的建档立卡贫困户的，每月工资是 600 元。

自从当上村保洁员，张有福和另一名贫困户就把村道的卫生承包了。"我一天打扫三次，早上 6 点起来打扫一次，中午扫一次，下午 6 点再出去转转。如果路上有脏东西就再打扫一回。另外还要清扫一个公厕。"张有福说，早上扫完路，他就回家喂牲口，最后再做自己的早饭。一天两三趟扫下来，大概需要 3 个小时。"累吗？""不累，对于庄户人家，这点营生不算啥。"张有福笑道，笑容里有满足。

张有福今年已经 66 岁了，农村年满 60 岁的老年人，每月可以获得 198 元的养老保险。张有福一年所有的收入加起来，大概有 3 万元左右。2018 年，张有福顺利脱贫。脱贫不脱"政策"，目前，张有福仍是驻村干部重点关注的对象。"他们几乎天天过来，有时我放羊出去不在家，他们就给我打电话，通过电话了解我的情况。我现在还有七八万元外债。"通过自己的劳动所得尽快还完外债，成为张有福目前生活的最大动力。

如今，张有福一个人住。他的一儿一女都已经成家，两个孩子都在包头市区打工，日子过得并不宽裕。"女儿一年回来几趟，给我洗涮洗涮。"虽然外债压身，但张有福非常乐观，也很健谈。

张有福家的院子里，两只黑色的鸡来回溜达。"下的是绿壳蛋，有营养，这个鸡蛋不卖，我留着自己吃。身体好了，才能好好工作，挣钱还债。"虽是农闲时节，但张有福闲不下来，现在他没有什么发愁的事儿，只是在半夜，他会想念逝去的老伴儿，于是就吸上一支烟……

2019 年，张有福被固阳县委、县政府评为"自主脱贫优秀个人"。

满怀信心　换理念想干啥都能成 —— 刘心刚

刘心刚，九原区麻池镇武家村支部书记，在他的带领下，村里有了仓储物流园区，打破了传统产业长期占主导地位的状态，实现了产业结构的转型升级，武家村村民正在书写着自己的致富篇章。

心往一处想干啥都能成

2017 年春天，曾做过多年蔬菜商的刘心刚每天琢磨，如何利用闲置 7 年的集体土地带领乡亲们做点什么？他用了 3 个月的时间上网搜集资料，罗列出河南省南街村、山西省皇城村、陕西省党家村等集体经济模范村，随后他带领"两委"班子用近一个月的时间挨个学习考察这些模范村，白天考察走访，晚上开会总结、深夜撰写经验报告，近一个月高强度的工作，刘心刚没有丝毫倦意："看看人家的支部怎么带村民致富，学回来经验自己发展，我一点都不累，浑身都是劲儿。"付出总有回报，经过细致深入地走访问询，武家村"两委"班子基本摸清了模范村的发展模式，干事创业的激情被点燃。但刘心刚深知，发展集体经济急不得，集体资产和农民的血汗钱一分也不能浪费。经验与模式都是别人的，要想自己发展，在借鉴、吸收他人经验的同时，还需要结合自身实际，量身定制武家村发展计划。

武家村是九原区麻池镇的一个行政村，面积 1.3 平方公里，现有村民 496

人。村子紧邻高速公路出口，北靠包头火车站，东临昭南大道，西接呼铁物流园区，南依包头市绕城公路，区位优势明显，具有发展仓储物流业得天独厚的条件。"建物流园这个想法是经过'两委'、党员代表、村民代表数月多次开会讨论最终确定的，我觉得这件事儿可行！"刘心刚满怀信心地说。为了筹措资金，刘心刚请教经济学，法学专业人士，召集"两委"班子初步形成筹资计划计划，号召村民入股，最终以全村村民为主体，个体村民参与入股的模式成立了包头市鑫励农民专业合作社。"村民积极得很，不到一个月，500万集资目标迅速完成。"谈起村民的支持与热情，刘心刚感慨万千："我们武家村村民心往一处想，劲儿往一处使，干啥都能成。"

大踏步走上致富路

短短3个月内，武家村党支部带领村民建设的物流园区落成了。项目总占地面积200亩，可以容纳近50辆大型货车。园区一期投资1050万元，二期预计投资1200万元将于2019年实施建设，三期预计投资2600万元将于2021年建设实施，截至目前，已有北京诺达强鑫物流有限公司、畅联物流公司等40家公司入驻物流园区，园区建成后，安排就业岗位150个，缴纳税款200万元，村民每人每年可增收1万—1.5万元，"村集体经济发展有了积累，就一定程度上改善了老百姓的生产生活条件"，武家村传统产业结构的顺利转型，不仅为村民带来了更高的收入，还有效缓解了就业问题，为进一步拓展知名度、畅通招商渠道，刘心刚积极利用互联网技术推出新媒体广告，他说："新鲜的东西我们不懂，但是我们请来了年轻人教。点开微信链接，有园区简介、图片和招商电话，真是一目了然，转发朋友圈大家都能看见，我们再辛苦也值得。"从群众中来，了解村民的迫切愿望，到群众中去，为村民谋发展想出路。刘心刚就是这样一位基层党支部书记，用赤诚之心，怀着强烈的责任感和使命感，带领村民大踏步走上致富道路，走进新生活。

政策感召　掌门人念的扶贫秘籍 —— 马爱峰

从包头市区向正北行 53 公里，就进入阴山北麓的固阳县。这里气候干燥寒冷，一年里无霜期不到 100 天。这里曾经有多个贫困村，村里没有什么资源，也没有什么产业，农民依靠传统种植马铃薯勉强维生，也不知道怎么才能脱贫致富。

为了摘掉贫困这顶帽子，凭借固阳独特的地理环境和气候特征，马爱峰带着他的内蒙古田丰农牧有限责任公司（以下简称"田丰农牧"）通过马铃薯种植和深加工的企业模式，走出了一条产业带动、产业扶贫的道路。

马爱峰是固阳本地人，农民出身，考学进城，组建公司，下海经商……被称为"土豆掌门人"的马爱峰似乎从未停下过"折腾"的脚步。

"以前每次回乡探亲，故乡贫困的画面都深深地刻在我的心里。出门是泥巴路，到处猪粪臭；乡亲们的房屋，大多低矮破烂；土炕上铺着烂席子，椅子坐上去满是灰尘……"面对家乡的困境，马爱峰苦苦思索，想要为家乡做些什么。

2010 年春天，在固阳县大力发展马铃薯产业的政策感召下，马爱峰决定回乡投资种土豆。带着对家乡的无限深情，抱着"小土豆、大产业"的坚定信念，他创立了内蒙古金薯农业科技有限责任公司和内蒙古田丰农牧有限责任公司。

大手笔的投资落在一个还未脱贫的小县城，一开始，马爱峰身边的家人和朋友极力反对。"实际上我是想搞马铃薯深加工，进而带动乡亲们致富，也算我对家乡尽了一份力。农民种地收入低，主要是因为深加工这一块跟不上，利润流失了。如果我们有马铃薯的深加工生产线，把马铃薯转化成淀粉，就按每斤 4 毛钱的利润，1 吨挣 800 元，如果一年能加工 3 万吨，这个数字就很可观了。"对于回乡投资，马爱峰有自己的打算。"农民增收需要企业来带动，这个'龙头'我来当。"

固阳县地处高纬度区，昼夜温差大、日照充足，空气清新无污染，极为适宜马铃薯的种植生长。利用固阳县的天然优势，马爱峰和田丰农牧探索了一条"公司＋基地＋农户"的产业助力扶贫特色路径。

自从 2010 年田丰农牧落户固阳，产业扶贫就给当地的贫困人口带来了莫大的惊喜。靠土地流转挣租金，入园区打工挣薪金。这让固阳县农民在内蒙古田丰农牧有限责任公司的带领下摆脱了"靠天吃饭"的日子。"我们流转了大量农民的土地，这样农民就有了收益；在这个基础上，园区优先招聘贫困户来打工就业，让他们在家门口就地打工，多挣一份工资，这是两种收益；我们给农民低价提供优良的种子，之后保护价收购，这样农民又有了一个可靠的收入来源；企业跟政府合作的一些资产收益性项目，每年会有固定的回报率，政府再把这笔钱分配给丧失劳动力的贫困户，这也是对贫困户一个很大的支持。"谈起带动贫困户脱贫致富，马爱峰如数家珍。"目前，我们还在发展农产品电商。去年年底，电商在我们园区的单日流量已经达到一万件，有了这个平台，农民、农户也可以把他们的产品通过园区发到全国各地。这又是增收的一条新路子。"

如今，以马铃薯为主线，"土豆掌门人"马爱峰带领田丰农牧开发了一个全产业链，深加工的产品达到 70 多种。田丰农牧也从自治区农牧产业的重点龙头企业，荣升成为国家级的重点企业。建成的综合性产业园区，也涵盖了马铃薯仓储物流交易、马铃薯新品种开发、马铃薯脱毒种薯生产、马铃薯主粮化产品研发、本地特色农产品深加工以及其他农产品的加工孵化等多个板块。

把小小的马铃薯做成大产业后，通过各种形式的利益联结机制，田丰农牧直接或间接带动增收的农户达到 1600 多户，户均增收 4000 元。马爱峰说，"我们把它做成产业链，才能让土豆这个产业的发展越来越稳定，不仅能带动农民放心种土豆，也能在产业链条上创造大量的就业机会，带动固阳当地的经济发展。"

利益联结　抱团发展谋宏图大业 —— 刘旺生

2011年，外出打工多年的刘旺生回到家乡——固阳县怀朔镇贾油房村，自己打了两口井，组织农民成立了一个合作社，打算大干一番。2013年，政府又给打了12口井，村里的旱地变成了水浇地。但落后的品种、资金的匮乏和丰产后的销售难始终是制约刘旺生们增收致富的坎儿。直到去年，刘旺生的合作社开始和一家农业龙头企业合作，才开始慢慢地迈过这道坎儿。"农牧局经过调研发现我们这里的问题后，联系到了内蒙古华商欣谷农业科技开发公司，公司和我们合作社签了合同，给我们统一提供种子和化肥，到了秋天再统一收购，我们就不用担心收成烂在地里卖不出去了，现在只要一门心思把地经营好就行，而且这个利润是很明了的。"连增农牧业合作社负责人刘旺生喜滋滋地告诉记者。

村民蒲占海今年加入了刘旺生的合作社。蒲占海给记者算了一笔账，给合作社种地，按亩产6000斤，一斤0.65元的价格算，一亩地能收入3900元，刨去前期费用2400元，一亩地净利润能达到1500元。"自己种的话，年景好的时候收入差不多；年景不好就没有收入，和公司、合作社合作，就避免了这个风险。"蒲占海说。

公司＋合作社的模式，不仅带来了销售方面的保障，而且给蒲占海带来了新的马铃薯品种，公司派驻的现场负责人从购种、切种、配肥到后期田间管理的全程跟踪服务，更让他和先进的农牧业技术接上了轨。

"今年公司给提供的是夏波蒂和冀张薯十二这两个优选品种，夏波蒂是原产加拿大的加工用薯，年初就已经定好了6毛5的价格，所以这就保证了收入。冀张薯十二是菜薯，秋天收获后我们公司自己消化一部分，其余的通过大宗贸易方式销往国内其他马铃薯加工企业。"内蒙古华商欣谷农业科技开发有限公司马铃薯事业部经理程晓东说。

与合作社和农民合作，对于公司来说是多赢而不是负担。内蒙古华商新股农业科技开发有限公司近年来一直致力于马铃薯主粮化的研究，包括已试验成熟并投入生产的马铃薯馒头、马铃薯花卷以及各类马铃薯糕点。以前原料大部分从外地采购，成本比较高，而且质量得不到保证。在固阳县启动订单种植项目后，公司在保证自身用料的基础上，同时带动了一部分农民增收致富。

内蒙古华商欣谷农业科技开发有限公司总经理郭瑞鹏告诉记者：去年在固阳县试验了2000多亩，今年已经发展到将近5000亩。通过试验示范，将逐年扩大种植面积。另外，公司业务马上拓展到生鲜农产品的供应上，其中包括呼包鄂地区的社区便利店连锁业务。"这样通过扩大公司规模，采取基地直采、订单农业的垂直供应模式，实现与农民的长久利益联结机制，更好带动农户发展。"郭瑞鹏说。

刘旺生刚回来的2011年，合作社只组织起五六个农民。实现公司＋合作社＋农户的订单式种植后，又有30多个农民加入。现在，种地加上在合作社打工，社员们一年能有一万五六的收入。可以预见，未来几年，刘旺生的合作社肯定会越来越红火。在企业、合作社和农牧民三方的共同努力之外，来自政府方面的顶层设计更为这种联结机制注入强大动力。

选择回乡　赢得更好的工作机遇 —— 白　茹

　　这段时间回到下湿壕镇，常有亲友和同学问我，你毕业于内蒙古科技大学，可以到大城市工作，为什么要选择回到偏僻的乡镇？我的回答是，在这里我能就近照顾父母，也可以报答关心帮助过我的家乡人。

　　2018年，父亲被查出患有重病，这对我们一家来说无异于晴天霹雳。当时，我正上大二，母亲患高血压10余年，伴有多种疾病，不能干重体力活儿，家里的生活开销和我的学费全靠父亲的打工收入。父亲忽然倒下了，母亲带着他多方求医，四处找亲戚借钱。但治疗费贵得惊人，一针营养药就要1200多元。我每天穿梭于学校和病房，心理压力特别大。

　　"要不我别上学了，省下钱给爸爸看病吧。"我对无助的妈妈说。

　　"不行，没文化就没出路！"妈妈打断了我的话。

　　艰难中是家乡人帮我们渡过了这一关。那一年，我家被定为国家级贫困户，村里、镇里、县里的领导多次到家走访，帮我们申请各种救助和补贴。家里墙上的明细表清晰地记录着这几年的每一笔款项：药费报销和低保收入30340元，我的各类上学补助23300元，征地补贴……还有合作社代养30只羊的收入，今年预计能达到16800元。这一笔笔救命钱为我家撑起了生活的保护伞，也使我的学业得以继续。

　　2019年，我爸的病情逐渐稳定，我家也成功地摘掉贫困帽。村委会领导说，摘帽不摘政策，过渡期内国家会一如既往地帮助我们，"你们就放宽心吧"。

今年 7 月，我从内蒙古科技大学计算机科学与技术专业毕业，当同学们走上工作岗位时，我第一时间回到村里，想着为多病的父母分忧。其间，村领导帮我申请固阳县公益岗位，7 月 12 日递交申请，8 月 26 日公示，9 月 1 日我就走上了工作岗位。

现在我的工作单位是镇政府党建办，目前负责对接县委组织部，把上级的有关文件精神传达到下湿壕镇各个村。

驻村第一书记范彦君说，我可以在公益岗位上工作三年，目前扣除五险一金后每月收入 2600 多元，其间还不误参加其他的招聘考试。我想，这里的工作环境挺好，还可以每天回家，我学的知识也能用得上，用我的工作能力回馈帮过我的父老乡亲，我觉得很值得。更难得的是，三年里我还可以通过自己的努力，赢得更好的工作机遇和未来。

因地制宜　好政策扶持一心脱贫——冯玉柱

提起冯玉柱的"脱贫故事"，还要从几年前说起。

今年 46 岁的冯玉柱，是下湿壕镇后白菜村村民，借着党和国家精准扶贫政策的东风，不甘落于人后的他，不等不靠、自力更生、埋头吃苦，用自己勤劳的双手，告别了曾经的苦寒，摘掉贫困户的帽子，大步迈向小康。几年前，他靠打点儿工、种点儿地，日子还过得去。没承想，2016 年 10 月，媳妇郭俊林因为骨质增生做手术，花了 11 万多元，基本都是借的，还落下了不能干重活的毛病，大女儿还在乌海上大学，生活的重担一下子全压在了冯玉柱身上。那一年，他靠四处打零工苦苦支撑着这个家。

2017 年 11 月，冯玉柱一家因病因学被识别为贫困户。一系列精准扶贫政策接踵而至：享受大病医疗费用报销政策，报销比例达 95%，报销费用 9 万多元，自己承担 17000 多元；享受低保补助，基本生活有了保障；享受普通高校家庭经济困难入学资助，每年 6000 元，大女儿的大学学费有了着落；享受教育救助"两免一补"政策，免学费书本费补交通费，小儿子上学也不再发愁；享受退耕还林补贴，每年 495 元……

大家都说，冯玉柱这下好过了。

可冯玉柱觉得贫困户的帽子戴在头上不光彩，他到处寻找机会，要摘掉这个"贫困户帽子"。

"国家扶贫政策好，但不能全靠政府，自己得做点儿啥。"生活一点一滴的改善让冯玉柱生出了一心脱贫的信心和决心。

听说黄芪营养价值高，市场前景好，于是冯玉柱花了半年时间奔波于各种黄芪大户地里，通过考察，他惊喜地发现后白菜村的气候适宜黄芪生长。

2018年，冯玉柱试种了7亩9分黄芪，享受补贴金3950元。

秋天，村委和镇政府"牵线搭桥"，冯玉柱的黄芪很快就卖光了。当年，除去人工、机械开支，他还还了一万多的外债。

冯玉柱乐了。

有了好政策的扶持，冯玉柱劲头更足了。买了三头猪，准备发展养殖业，政府给补贴了1500元。后白菜村扶贫对口单位县委党校又给每户贫困户免费发放了20只小鸡仔，他也受益了。4月份，村委会考虑他的实际情况又安排他到后白菜村委片林当护林员，每月工资800元。扩大规模种植12亩黄芪……每天忙得不亦乐乎。

"群众要脱贫，因地制宜采取多项扶贫措施才能让他们早日脱贫。冯玉柱老实肯干，不等不靠，2018年我们多方协调为他争取到金融扶贫贷款5万元，让他发展养殖业和种植业，农产品销售上，我们还会竭尽所能帮助他、支持他。"后白菜村委驻村干部王成山说。

2018年底，昔日的贫困户冯玉柱光荣脱贫。

"我还年轻，还能再多种点地多放点羊。"冯玉柱说，"现在外债基本还清了，两个孩子上学也不成问题了，再努把力还能存点积蓄，我的日子和城里人的差别也不大了。现在我们村上人脱贫致富的信心都特别足，国家政策这么好，大家没有理由不往前奔！"

如今，不能干重活的妻子陪小儿子冯炜恒在县里上小学二年级，大女儿冯兰慧马上也要大学毕业，等着实习，冯玉柱自己留守在家，一面卖黄芪秧苗，一面养殖70多只羊、4只猪，每月还有作为护林员的固定工资，日子的热乎劲儿，让他忘记了几年前的他还在水深火热之中……

疫情发生后，作为党员的冯玉柱带头捐了100元。他说："我有困难时，党和政府没少帮我，我也要尽一份力，支援抗疫。"他还在后白菜村委路口的帐篷党支部义务值守了一个月，风雨无阻。他的女儿冯兰慧也自告奋勇加入，作为大学生志愿者主动承担起疫情防控期间的信息核对汇总及材料报送工作，整整两个月与后白菜村干部们一起抗战在一线。

在他的黄芪地里，他唠起了今年的打算：再贷款 5 万元，买羊买猪，其余种植黄芪……夏已至，贫正去。

活得硬气　党的好政策让咱翻身 —— 王真虎

"咱活得要硬气！"老王一看到驻村工作队的干部就爱提这句话。

老王叫王真虎，是固阳县兴顺西镇兴顺西村的农民。早些年，老王得了布病，当地人叫它"羊咩咩病"，是羊给传上的。得了这病，先是发烧不断，然后浑身疼痛难忍，胳膊腿儿也失掉了力气。为了看病，老王只好放下了家里的营生，几年下来，家里的积蓄搭进去了不说，还没少拉下"饥荒"。等病治得差不多了，家却被拖垮了。"家里的土地都是旱地，赶上那几年年景不好，到了秋天，能把种子钱挣上就不错了。"看着别人的日子一天比一天好，自己只能拼凑着过日子，老王每天除了叹气还是叹气。

2017 年秋天，老王成了建档立卡贫困户。看到老王家的光景，第一书记刘岗鼓励老王："别泄气，相信党的政策，大家的生活一定会好起来。"听到这个消息，老王心里却总觉着不是个滋味儿。他琢磨着，自己年轻时哪样农活儿拿不起来？哪样农机农具使唤得不是得心应手？要不是因为得病，自家的光景也不比别人家差。如今成了贫困户，虽说眼看就 60 了，腿脚还算利落，靠政策救济可不行，人活得还要硬气些。没过几天，刘岗带着工作队开始走访贫困户，到家里商量帮扶计划。到了老王家，刘岗问他有什么打算，老王叹了口气说："家里的地是旱地，指望不上了，别的人家靠的也是养殖，有养羊的，也有养牛的。咱也想养几只羊发展起来，活得硬气些，可是没钱哇。"看着老王无奈而又期盼的目光，刘岗笑着说："你想闲下来，我们也不会让你闲，生活要想好起来，还得靠咱自己的双手。养羊是个好主意，不过养几只可不行，怎么也得成群。现在有无息金融小额贷款，搞养殖政府还有补贴，咱们算算，养上 30 只看看需要多少钱？"

2018 年一开春，老王怀里揣着在信用社贷出的 3 万块钱，和工作队一块到了养殖基地。看到清一色的良种"澳洲白"，还听工作人员说基础母羊都带着肚子，老王的脸上露出久违的笑容。经过精挑细选，30 只基础母羊和 1 只种公羊被老王拉回了家。基础母羊每只补贴 400，种公羊一只补贴 5600，一共补了 17600 元，算下来省了近 2 万元。看着圈里这些被阳光照得白花花的羊，老王的眼里生出了希望。没过多久，母羊开始陆续产羔了，畜牧科技人员定期到老王家进行技术指导。学会了科学喂养，老王养的羊生病少产羔多，羊群眼瞅着就壮大起来。到了秋天一算账，老王光是小羊羔就卖出去 40 多只，毛收入超过了 3 万元。想到自己还借住在兄弟家，老王心里就憋着一股劲儿："争口气，活得硬气些。"

2019 年刚过春节，村里就传来了好消息。老王他们村里的地都是坡地，不适合耕种，全部退耕还林了，国家还按每户的还林亩数发放补助，原来不见效益的土地现在也有了收入。按政策，老王家有 50 来亩地，当年就领到 7000 多元。补助一打到卡上，老王就拿着这笔钱又买了羊。

夏天来了，上边又来了政策，被鉴定为危房的或是无房的，国家可以给补贴盖房。老王是贫困户，按政策可以盖 30 平方米两间房，还能享受 22000 元盖房补贴。老王心里一估算，自己拿上万儿八千的就可以住新房了，这笔钱现在拿得出了。新房建好后，刘岗和村支书刘兴亮来到老王家，说要帮他庆贺一下。老王拉着他们的手动情地说："两年前我一无所有，想翻身，没钱翻不了，是党的好政策，让咱翻了身，活得硬气了。"

种植黄芪　好政策改变贫穷面貌 ——路红伟

一大早，路红伟便和妻子来到地里。这几天正是黄芪的播种季节，两口子起早贪黑地忙碌着，生怕耽误了农时。

路红伟家住固阳县下湿壕镇小帮郎村。年过半百的他，种植黄芪已经 20 多年，但直到最近几年，种植效益才有了明显提升。

"2018 年，县就业局在咱们镇里组织了个黄芪种植培训班，咱也参加了。"路红伟告诉记者，当时就业局的干部到他家，告诉他有这么个培训班。他没想到，这次培训不仅没有任何费用，而且每天还要给他们培训补贴。路红伟感叹，"咱只知道政策好，但不知道政策竟然这么好。"

在培训过程中，路红伟学到了很多实践中没学到的知识。"以前，咱种黄芪只等季节一到，把籽一撒，剩下就看老天爷脸色了。"路红伟说，通过学习他才知道，种黄芪水很重要，种之前要浇水把地阴湿，种完了还要再浇一次水。除此之外，培训班的老师还教给他们如何科学地使用肥料，才能在确保品质的前提下进一步提高黄芪产量。"这个培训班，可真没白上。"路红伟告诉记者，现在他家黄芪亩产比过去提高了 20% 到 30%，仅此一项，年收入就增加了 5000 元左右。

2018 年 7 月，在就业部门和当地政府的帮助下，路红伟申请到 73 万元的扶贫贷款，免利息、免担保，这笔资金同样对他发展黄芪种植提供了巨大的帮助。"这笔贷款到期了，咱把它还上，然后再贷一次，养点儿羊。"路红伟介绍，他在去年参加了养殖业培训，从那之后就萌生了养羊的想法。村民告诉记者，以前路红伟两口子可不是现在这样有干劲儿，那会儿，他家里两个孩子上学，支出多、收入少，还塌了不少饥荒，两口子整天愁眉苦脸的。但时过境迁，是党的扶贫政策改变了这一家人。

2017年底，得知路红伟的女儿大学毕业后，没找到合适的工作，就业局和村镇里的干部又来到他家，告诉他大学生公益性岗位招聘的信息。2018年初，路红伟的女儿路雅琴经过培训，顺利地进入下湿壕镇政府，从事大学生公益性岗位工作。此外，路红伟正在念大学的儿子也先后获得了贫困大学生助学金3万多元，这笔资金确保他可以顺利地完成大学学业。

不仅如此，针对农村留守老人多，且不少老人慢性病缠身的实际情况，就业部门和当地政府免费组织了老人保健及陪护方面的培训。路红伟和妻子王凤枝都参加了这次培训，因为他们还照顾着年近八旬的老母亲。"从种地到娃娃上学到照看老人，党的好政策把咱一家人都照顾到了。"路红伟感慨道。

如今，在农忙之余，路红伟还担任了村里的保洁员。他告诉记者，虽然已经50多岁了，但在这村里他还是个"年轻人"。"党和政府这样帮咱们，咱也得争口气，好好干，以后的日子一定会越来越好。"路红伟笑着说。

精准帮扶　好政策让我脱了贫困 —— 董四根

打扫棚圈、挤奶、喂羊喂鸡、照顾小牛犊……清晨 6 点，董四根就开始在自家小院里忙碌起来，一直忙到八九点，才回到家里匆匆吃了口早饭。周而复始的劳作没有让董四根觉得厌烦，看着院子里的小牛犊、小羊羔，董四根满脸笑容："2015 年的时候，我家只有一头奶牛，现在家里有 12 头牛、30 只羊了，乡里乡亲都说我是勤劳致富，其实是党和国家的好政策帮我顺利脱了贫。"

55 岁的董四根是达茂旗石宝镇点素不浪嘎查的农民，眼部先天性残疾。2015 年 2 月，同是残疾人的妻子因药物中毒生了一场大病，让本来就不富裕的家庭雪上加霜，董四根变卖了家产、东借西凑支付了妻子看病的 5 万元医药费。正当董四根一筹莫展之时，党和政府的扶贫政策让他们一家看到了希望。

2015 年 12 月，达茂旗政府通过摸底调查，了解到董四根家因病、因残致贫的情况后，董四根一家被整户识别为建档立卡贫困户。帮扶干部不仅经常到家看望、了解情况，更是帮助他们申请了医保报销补助，社保兜底保障、健康扶贫、产业扶贫、易地搬迁扶贫……

"多亏了党和国家的扶贫政策，每年给我们补贴 348 元的医疗补助；有了合作医疗和大病救助的双保险，妻子的病再也不用担心看不起了，2015 年她看病的 5 万元，通过医疗保险报销了 28000 多元；扶贫干部给我们申请了民政救助，又补贴了 9000 多元；每年春耕的时候，政府都会通过产业扶贫项目为我们家解决化肥用料，每年能省 2000 元左右的化肥钱，解了我们的燃眉之急。"董四根回忆起刚刚过去的这几年感激地说道，"精准扶贫的好政策，我们家一个也没落下，都享受到了。"

最让董四根感到开心的是，在政府的帮扶下，他家 30 多年的土坯房在 2017 年换了新颜。2017 年春天，村主任贾根龙来到董四根家，说起农村危旧房改造的事儿，建议董四根换个新房，"可是家里积蓄不多，好日子刚有了奔头，不想因为建新房又欠一堆饥荒。"董四根发起愁来。"国家给贫困户补贴，新房建下来自己花不了多少钱。"贾根龙给董四根吃了一颗定心丸。就这样，董四根只花了 10000 元，60 平方米的新房就盖了起来，大棚圈、独立的厨房、卫生间、热水器、洗衣机、液晶电视一应俱全。看着窗明几净的新家，董四根开心地说："要不是党和国家的政策好，我这辈子也住不上这么好的房。全村整村搬迁，村里还聘用我为新村保洁员，负责新村街道卫生，一年还有公益性岗位工资 900 多元。"

对于政府的温暖关怀，董四根一家感激万分，但他也不能"等靠要"，自己也铆足了劲儿一步一个脚印地走在脱贫的路上。"党和国家的政策这么好，扶贫干部这么帮我们，我自己也得加油干啊。"2015 年底，董四根筹措资金买了一头奶牛，从最初的卖牛奶，到赚了钱再买小牛犊、小羊羔，慢慢地发展起了自家的养殖业。

通过党和政府的因地制宜的扶贫政策，再加上董四根一家的勤劳努力，2017 年 12 月，董四根一家彻底摘去了"贫困户"的帽子，现在他家里已经有 12 头牛、30 只羊了。董四根一家这样有干劲的贫困户在达茂旗不是个例，相信在政府的帮助下，越来越多的贫困户能够告别贫困，奔向小康。

辛勤劳动　平凡日子越来越红火——尚雨雨

　　我所在的包头市固阳县兴顺西镇赵巴地村，年轻人都外出务工了，我们一家是村里唯一一户年轻家庭，可是我们的日子过得十分紧巴。我们一家三口是 2017 年底被识别为贫困户的，识别之初家里一无所有，仅有的几只羊就是维持生活的全部收入来源。我性格内向，不愿与生人交流，所以无法外出务工。逢年过节，看到同村其他同龄人务工回来，一个个穿得又好、吃得又好，羡慕不已。孩子也总是和我说，张某某家的孩子有什么好吃的、李某某家的孩子有什么好玩具，这使我更加自卑，一度十分消沉，感觉日子过得没有了奔头。

　　我记得非常清楚，2018 年刚过完年，村委书记领着几个人来到我家，询长问短，原来他们就是驻村工作队和帮扶责任人。后来，他们又来我家鼓励我养殖，说政府还给补贴，我就试着养了 3 头猪。再后来，他们就经常来我家，并且帮我联系销路。当年年底的时候，收入就有所增加，我给孩子买了新衣服、新玩具，我也觉得生活有了盼头。

　　2019 年初，驻村工作队队长郝昀、村党支部书记张志忠、兴顺西镇党委副书记姚俊峰和我家的新帮扶责任人祁海军来到我家。他们和我商量，针对我有劳动能力的实际情况，要为我匹配长效产业，养羊或者养牛，但是我认为，发展长效产业投入大，家里也没有多少钱，所以没有信心。后来，他们多次给我做工作，说可以使用扶贫小额贷款和产业补贴，还帮我算了一笔账，养1头牛大约投入资金1万元，政府可补贴5000元，还可以使用小额信贷，将来每头牛的收益都在6000元以上，而且是可以持续发展的产业，不仅能脱贫而且能致富。

在他们的鼓励下，我终于拿定主意养牛。牛买回来后，我更忙了，经常要出去放牛、买草料、做防疫，虽然辛苦，但看着养的牛个个膘肥体壮，我心里充满希望。养牛的开支也日益增加了，针对这一情况，驻村工作队建议我与同村的其他养殖户共同放养，利用空闲时间在村内及周边打零工。谁家盖房子、锄地、收油葵缺短工我就去打日工。慢慢地与人交流也多了起来，对生活也更有信心了。中秋节前，我还走出村子，到鄂尔多斯市达旗打短工负责烤月饼，挣了1万多元。在2019年动态调整时，我家的人均收入达到了9000多元，成功地摘掉了贫困的帽子。

通过一系列的政策帮扶及驻村工作队的帮助，2020年我家的牛已经从9头发展到了15头。因为疫情原因今年务工减少，驻村工作队又帮我配了2头猪，还安排了村内保洁员的公益岗位。我相信，我的日子会越来越红火。

脱贫明星　让希望之花开满大地 —— 王二丑

初夏时节，后山大地开始显现勃勃生机。固阳县下湿壕镇新窑坡村村民王二丑在村东头自家地里，看着已经长得一拃高的黄芪，黝黑的脸上禁不住堆满了笑容。

王二丑以前是村里有名的国贫户，全家 4 口人种植不到 5 亩地，一半种土豆，一半种玉米，即使赶上了雨水充沛的好年景，全年的收入也不到一万元钱。再加有个孩子身患疾病，让原本贫困的家庭更加雪上加霜。

随着固阳县扶贫政策和扶贫力度的逐年加大，王二丑承包了村里 30 亩地，其中 3 亩用来培育经济价值相对较高的黄芪苗，收入的大幅增加，让他住进了宽敞明亮的砖瓦房，一举成为村里的脱贫明星。"以前住的都是土坯房，现在连牲畜圈都是砖砌的。"说起自家翻天覆地的变化，王二丑总是感慨万千。

黄芪种植更是让王二丑对生活充满了憧憬。3 亩黄芪苗全部栽种到他承包的 20 亩土地中，按照保守的估计，每亩产出 1200 斤黄芪计算，王二丑预计仅黄芪的收入就能达到 7 万元，再加上种植的 40 亩土豆，全年收入有望突破 10 万元。

事实上，在下湿壕镇因为种植黄芪受益的远不止王二丑。今年全镇将种植黄芪和黄芪苗一万多亩。黄芪种植已经成为下湿壕镇的主导产业，并对全镇建立健全稳定脱贫致富长效机制起到推动作用。

下湿壕镇党委副书记牛巧凤说，"我们当地的自然条件适宜黄芪生长，种植出的黄芪品质相当不错，能卖出个好价钱。为了顺利推进扶贫攻坚各项工作，如期实现下湿壕镇贫困人口脱贫致富标，我们充分发挥黄芪种植传统优势，提高中药材综合效益，通过引导群众集中规模化种植，以市场为中心，转变生产方式持续稳定增加群众收入。"

不仅如此，一系列扶贫政策的出台，也让农民脱贫致富的信心越来越高涨。下湿壕镇给国家级贫困户育黄芪苗每亩补贴 500 元，市级贫困户育黄芪苗每亩补贴 400 元，非贫困户育黄芪苗每亩补贴 300 元，鼓励群众集中种植，对集中连片 100 亩以上的合作社给予育黄芪苗每亩补贴 500 元。

"黄芪种子的价格高，补贴款正好用于购买种子，节省了我们不少成本。"王二丑说，多亏了政府的好政策，让像他这样的贫困户生活越来越有了奔头。

在政策扶持的同时，下湿壕镇还对种植黄芪的农民进行了技术上的培训，并积极给农民寻找黄芪的销路。"2017 年，政策的扶持力度再次加大。对于用蒙芪种子并施用有机肥的商品田、育苗田、繁种田和普通农户每亩补贴 400 元、贫困户每亩补贴 500 元。对使用蒙芪种子并施用有机肥的商品田，企业按订单保护价每斤 4 元收购，每收购 5000 亩，每亩补贴 300 元。"牛巧凤说，未来还要打造黄芪交易市场，集中储存、销售黄芪，进一步带动农民致富增收。

一腔热情　返乡创业走致富之路 —— 贺明伟

一粒粒饱满的荞麦经过筛选后，从传送带上被送往了不同的目的地。颗粒大的做成了荞麦米，真空包装后走向了全国各地，颗粒小的加工成了荞麦粉，销往包头及周边地区。在轰隆隆的机器轰鸣声中，贺明伟的"杂粮梦"正在变成现实。

贺明伟是土生土长的固阳人，十多年前就离开家乡在包头做零配件生意。生活渐渐富裕起来，他的乡情和乡愁也越来越浓，返乡创业的想法也越来越强烈。红土地，种杂粮，到处都有荞麦香。固阳县地处大青山西段，1300 米的平均海拔，让这里光照充足且昼夜温差大，适宜杂粮生长。多年在外闯荡的贺明伟，发现了杂粮市场的巨大潜力。

"我的不少外地朋友，尤其是在南方的朋友都喜欢荞麦米、小米等杂粮，他们常常会托我邮寄。我们这里把杂粮当饭吃，南方人按'药'吃，比如说他们把小米和海参放在一起，就成了名贵的保健食品。杂粮卖到包头市场只有几块钱一斤，销到南方就能达到二十元一斤。"贺明伟瞅准了南方市场，萌生了生产经营杂粮的念头。

带着一腔热情，贺明伟返乡创业。他引进了优良的杂良品种，在流转回来的土地上进行统一种植，希望通过这样统一规划的模式，提高品质，实现种植质量的统一。"以前，我从村里给朋友买的小米，无论从色泽、颗粒大小，还是从口感上，一次和一次都有差别。我们的产品要想真正站稳脚跟，叫响品牌，唯一和有效的途径还是提升产品质量。"

正是秉承着这样的经营理念，贺明伟成立了杂粮研发中心，不断试种荞麦、燕麦、小米等杂粮的新品种，最终把适合在大后山种植、品质好的品种保留下来。不仅如此，杂粮中心目前正在研发像杂粮饼之类的杂粮即食食品，希望能够打开旅游市场的大门。为了适应南方的消费习惯，贺明伟还在包装上下功夫，不仅有几斤装的小袋，还有更适合携带的够一次煮粥用的小包装。贺明伟的"杂粮梦"不仅寄托着他个人发展壮大事业、实现自身价值的希望，也承载着家乡人脱贫致富的梦想。

贺明伟的杂粮加工厂带动了下湿壕镇学田新村 300 多户农民脱贫增收，平均每人每年的收入多增加 1000 多元。"我给他们提供种子，指导他们种植，最后以高于市场价回收他们种出的杂粮。"贺明伟说，随着企业逐步走上正轨、逐步发展壮大，他想带着更多的父老乡亲把日子过得更加红火。

辛勤养殖 赶着羊群走上致富路 —— 张 飞

"老张，过来看看你，家里都还好吧？"5月21日下午，走进固阳县金山镇协和义村村民张飞家中，帮扶责任人高海龙熟悉地与他打着招呼。"挺好，都挺好！"张飞把高海龙让进屋，两人坐在炕头，热乎地唠起了家常。

61岁的张飞，是2014年底被识别为贫困户的，从2015年开始，张飞得到了各种帮扶。家里先是建了新的砖瓦房，"现在住的房子，盖房时国家给补贴了25000元，我盖房也花了25000元钱，等于我一分钱都没花就住上了新房。"张飞说。

随后，张飞通过土地退耕还林每年拿到了固定数额的补助。2017年，扶贫干部帮他建起了鸡舍，并帮他买入一批小鸡。2018年，他和老伴儿又在县里的环卫部门干起了打扫卫生的活儿，每人每月收入1800元。

"2019年5月，听说村里有了扶贫政策，许多人家都在搞养殖，我也想回到村里。"他的想法得到了帮扶责任人高海龙的支持。高海龙原本在固阳县农牧局工作，现在是协和义村的驻村扶贫干部。多年从事农牧行业的他非常懂行，他让张飞买了10只杜寒羊，每只大羊1500元，国家给补贴800元，个人出700元。"今年元月份，就下了24只羔子，现在小羔子值钱，一只能卖个八九百元钱，我卖了13只，现在家里还有21只羊，都是母羊。光卖羊就挣了1万多元钱。"说起养羊带来的收益，张飞高兴得合不拢嘴。

说起为什么选择养羊，张飞的老伴儿葛大姐告诉记者，"以前家里养鸡，但是当年养当年就杀了，挣不上多少钱。村里干部跟我说养羊合适。"

高海龙说，"张飞家养的杜寒羊是固阳县的改良品种，这种羊是杜泊羊和小尾寒羊杂交的，集中了杜泊羊产肉量高和小尾寒羊体形大、多胎、肉质好的优点。"高海龙不仅给张飞提出好的养殖建议，还在接羔、饲养防疫等方面给了他技术指导。张飞自己花 2200 元又买了一只种公羊，"除了草料和开支，等于我攒了 10 多只羔子。"尝到养殖甜头的张飞表示，他决心把养殖业进行到底。张飞的老伴儿葛大姐则当起了协和义村里的保洁员，一年下来也有不少收入。

协和义村 346 户 649 人已经全部脱贫。如今的协和义村，一条条通村公路、一幢幢崭新住房、现代圈舍无不展示着当地面貌发生的巨大变化。高海龙依然奔波在脱贫攻坚一线，检查帮扶项目实施情况，对已脱贫户进行跟踪服务、动态管理，定期了解贫困户家庭情况。高海龙说，他的心愿就是让协和义村所有的人都能过上好日子奔小康。

热心公益　村里飞出来的金凤凰——雷　丽

在固阳县银号镇南营村，提起雷丽，周边村民都赞不绝口，夸她致富不忘乡里人，夸她是村里飞出的"金凤凰"。

雷丽，何许人也？何以得到乡亲们如此高的赞誉？在位于"后山雷丽"农特产品直营店，首先映入眼帘的是产自固阳县的猪肉、羊肉、白面、莜面、荞面、胡油等，再加上还有切片机、绞肉机、锯骨机、真空包装机、多组立式卧式冷藏冷冻展示柜、小型冷库等，俨然一个后山农特产品的加工销售车间。"今年是我网络销售农副产品的第 6 个年头，实体店销售第 5 个年头，从起初的没有店面，到 25 平方米的小店、100 平方米的店铺，再到多家店面，我要让固阳的农特产品走向更多的家庭。"

1981 年出生的雷丽如今是固阳县银号镇小有名气的脱贫致富带头人。她高中毕业后一直从事家电维修工作，因为老家在农村，所以经常帮周围的市民购买一些老家的土鸡蛋、红皮小麦面、莜面、猪肉等。村里的乡亲们也托她卖鸡肉、羊肉、猪肉。细心、聪明的雷丽看到了其中的商机，2013 年初她开始组建合作社和直营店，2014 年 5 月 26 日固阳县雷丽农民专业合作社正式成立，注册地址在她的老家固阳县银号乡西营子大队南营子村。主要经营大后山农村健康散养肉类、面粉类、胡麻油等精品农牧产品。在销售的过程中，雷丽的勤劳、热情打动了很多朋友，有朋友推荐她去农广校、就业局、妇联各种平台学习。在这里，雷丽不仅学到了好多创业兴业的知识，明确经营方向，也认识了好多合作社、龙头企业负责人。大家一起分析农户、贫困户、合作社实际存在的问题，互相交流经验，引荐产品搭建货源及销售平台，就这样，她的销售范围不断扩大。在经营过程中，她坚持经营地道的农家放心产品，为此，她的脚步遍布固阳县各镇及周边明安、额尔登敖包、满都拉、托县、土右、巴彦淖尔等地区采购，通过免费品尝、买赠等方式推广给客户。同时，她以现场加工现场体验的方式，让顾客亲眼看见体验品的制作过程，带动原材料的销售，再加上库房配送、微商电商等，发展到100多家稳定的供应客户。就这样，她实现了固阳农民生产的农特产品直接走向市民餐桌的目标。仅2017年，她就向当地农民收购价值近133万元的农产品，覆盖农户300多户。

日子富裕了，雷丽开始想着更好地回报乡亲，在固阳县慰问留守儿童、孤寡老人、环卫工人等活动中，总能看到她的身影，她还主动参与了捐助易妈妈绿色生命工程，三主粮土地认领、贫困儿童微心愿实现、固阳县工商联百企帮百村扶贫攻坚战等活动。

今年雷丽农民专业合作社农村笨鸡认领工作已经开始，她已向60户农户认领了近2000只笨鸡，年底每户有望增收1000—2000元。她还计划实现年销售农特产品350万的目标，从而带动更多剩余劳动力就业及部分农村贫困户的增收。

易地搬迁　母子两人脱贫摘帽子 —— 石美俊

48 岁的石美俊是下湿壕村贫困户，今年 6 月她刚刚搬进现在的新房里，40 多平方米的房子，总共造价 4.5 万元，政府给她补了 4 万元，她自己只能拿了 5000 多块钱。虽然家具简陋，但是比起过去的房子，石美俊觉得不知要强上多少倍。固阳县下湿壕镇下湿壕村通过易地扶贫搬迁，今年全村 11 户贫困户全部住进了新房，极大地改善了他们的生活居住条件。"以前住的那种土房子跑风漏气，下雨下雪的时候经常为房漏而发愁，现在搬进这个新房，住房问题再不用担心了，宽敞又明亮。"石美俊高兴地说。

由于丈夫早年去世，多年来石美俊一直一个人带着儿子生活，母子俩相依为命，靠打工和种地维持生活。去年当地政府通过实施易地扶贫搬迁，给她和其他 10 户贫困户统一盖了新房，他们从原来的旧村搬了出来。就在去年，石美俊的儿子考上了大学，政府又给她补贴了 3 万元，同时给他们娘俩都上了低保，加上种地、打工的收入，如今石美俊母子俩的生活正在逐步改善。

固阳县下湿壕镇下湿壕村驻村干部张成良说："通过一系列的措施，像石美俊她们母子俩达到持续脱贫，'两不愁三保障'是一点问题都没有。"据了解，在推进脱贫攻坚工程中，固阳县针对土地贫瘠、草场退化、交通不便、耕地减少、无生存和发展条件的贫困村的国贫建档立卡户，特别是常住人口在 50 人以下村居住的国家级贫困人口。按照"搬得出、稳得住、能致富"的原则，把"建房、搬迁、就业、保障、配套、退出"作为易地扶贫搬迁工程建设的重要内容，对 24 个村的无安全住房的建档立卡贫困户实施异地扶贫搬迁。2017 年，该县易地扶贫搬迁分为城内空置房安置、中心村或周边大村庄安置、幸福院安置和货币安置四种方式进行，涉及 6 个镇和金山工业园区的国贫户 603 户 1153 人，同步搬迁户 200 户 440 人。

致富先进　不等不靠脱贫摘穷帽 —— 张凤山

黑黑瘦瘦，头发浓密，虽个子不高，但总是倔强地挺立着。

"这不就是张凤山嘛。"

提起张凤山，在固阳县怀朔镇朝力干村可谓是无人不知、无人不晓。脱贫致富的先进户，奋斗不息的苦行僧，共同致富的领头羊……在这许多标签里，最让张凤山骄傲的，就是脱贫致富先进户的称谓。

张凤山是朝力干村的普通农民，因为妻子患病需要长期吃药，两个孩子上大学，日子一直过得紧巴巴的，在精准扶贫工作中被识别为建档立卡贫困户。"争上一口气，不给国家拖后腿。"张凤山凭借着那股子倔强劲儿，说干就干。敢想敢做的他在家附近建起了多个圈舍，猪、鸡、羊，凡是会养的、能养得起的他都敢尝试。养殖业最重要的是防治疫病，张凤山一方面购买相关书籍刻苦自学，向书本请教，向县畜牧局专家请教，每天按时观察鸡和羊的健康状况；另一方面，在帮扶责任人的帮助下，多次走出去学习，吸收先进的养殖理念，提高养殖技术。在张凤山的带动下，妻子高美珍虽然腿疼到膝盖变形不能弯曲，也丝毫不放松，直着腿、咬着牙给羊添草料、打扫院子。"国家扶持咱们，咱们要争气往上走。"高美珍嘴里说着话，手里还在不停地忙着农活。

干养殖是艰难的，也是艰辛的。疫病防控不到位，羊生病甚至死亡率都很高，学习防疫专业知识，这让没有上过一天学的张凤山感到非常吃力。但他毫不气馁，迎难而上，努力克服自身年龄大、记性不好等因素，勤学习、勤实践，还参加了两次种养殖技术培训班，掌握了专业养殖方法和疾病防控技术，这让他发展养殖的信心更足、劲头更强。

为了解决他的后顾之忧，镇村干部、帮扶责任人动用多方力量为张凤山联系销售渠道，截至 2019 年底，已帮助出售土鸡 500 只，肉羊 100 只。不等不靠，张凤山借助国家好政策，通过自己的辛勤劳动，目前已达到"两不愁、三保障"标准，日子也是越过越红火，他的脸上整天带着笑容，感谢的话总也说不完。

"健康扶贫让我们能看得起病，吃得起药；产业扶贫给了我脱贫致富的机会；金融扶贫又给了我发展产业的资金支持，只要不怕苦、不好吃懒做，有党和政府的帮助肯定会过上好日子。"张凤山不仅心里明白，还经常把这些好政策讲给邻居和其他村民听。而这样的身边榜样，更为决战决胜脱贫攻坚凝聚了人心，鼓舞了干劲。

帮扶创业　让我的生活越来越好 —— 徐翠英

"感谢党的好政策，让我的生活越来越好了。"东河区河东镇壕赖沟村村民徐翠英高兴地说。

徐翠英家有四口人。徐翠英和丈夫因文化水平较低，平时在外打零工维持家用；女儿已经工作，儿子在上大学，一家人虽不富裕但都自食其力。2015年，女儿苏婷查出了患有紫癜性肾炎，母亲徐翠英把自己的肾移植给了女儿，手术花费16万多元，母女俩每年药物及化验费用约10万元，只能靠徐翠英丈夫一人打零工的家庭陷入困顿。

2017年11月，在贫困人口动态管理摸底清查工作中，东河区河东镇了解到徐翠英一家的情况，严格筛查把她家纳入了国家级精准扶贫建档立卡贫困户系统。此后，镇扶贫干部多次入户了解徐翠英家基本情况，得知徐翠英以前组织村内妇女从事家政工作，有相关工作经验，目前身体能够承受相应的工作量，并且有自主创业脱贫意愿。但在选择自主创业项目时信心不足，犹豫不决，害怕失败。

对此，扶贫干部们细心给她讲解脱贫政策，耐心劝导，排除掉徐翠英内心的疑虑，提振了她脱贫致富的信心和决心。在确定徐翠英脱贫意愿后，镇村干部积极与就业局联系，并与帮扶单位东河区公安分局沟通，在多方协调下，申请成立了河东镇脱贫攻坚项目——包头市源万顺家政服务有限责任公司。

目前家政公司场所建设、手续办理、保洁员招聘等工作已经完成，并已基本对外营业，徐翠英在该家政公司中担任业务负责人，保守预计年收入达到 2 万元。徐翠英一家在自己脱贫的情况下，还帮助解决了村内其他劳动力的就业问题。

依托帮扶干部、驻村干部、帮扶单位的群策群力，立足贫困户实际和意愿，东河区河东镇为贫困户量身制定脱贫措施，使各项措施更有操作性、可行性，实现了扶真贫、真扶贫。

搞好养殖 像滚雪球一样扩产业 —— 刘云江

"咩咩咩……"天没亮，羊圈里的羊就"叫"我起床了。

入秋了，我早早出去割了两个小时的草，给它们过冬做准备。这些"宝贝"让我成了村里的脱贫奇迹，下多大辛苦伺候都不觉得累。

今天谭书记过来了，想让我把养羊经验分享给更多的乡亲，我一口答应了。虽然这个第一书记来村里的时间不长，但我是去年在他手里"标注"的，从那以后我再也不用顶着"贫困户"的帽子了。

在别人眼里我是个脱贫奇迹，可奇迹哪是随随便便创造的？我总跟扶贫干部说，是有了你们的帮助才实现的。

我是固阳县怀朔镇阳湾村村民，2015 年，我被识别成建档立卡贫困户。忘不了 6 年前我带着几十万饥荒灰溜溜回到村里的情景。2016 年，政府给了我 15 只基础母羊和 1 只种公羊。2017 年发展到 50 只的时候，我正犹豫要不要继续养，市里的张院忠书记来了。他反复嘱咐叮咛，鼓励我好好发展产业，靠自己的能力脱贫致富。从那时起，我下定决心，一定要像滚雪球一样把产业做大做好。我贫困，别人替我急，我再不自己鼓起劲来好好干，咋能行？我用小公羔换小母羔，规模很快发展起来。2018 年我卖了 40 只羊，2019 年卖了 50 只，前一阵又卖了 80 只，现在还养着 81 只。辛苦不白下，我养的羊膘好、品相好，别人一只卖 700 块，我一只能卖到 800 甚至 900 块。2018 年，我的年收入就达到了将近 4 万块，2019 年将近 6 万，今年预计能达到 9 万。

　　谭书记经常来问我养羊经验。我不是自夸，我能下辛苦，又爱琢磨，还敢试，几十年的老羊倌都不一定有我的办法好。谭书记信我、看重我，我也信他。有一次，他的一句话点醒了我，"刘二哥，你的 50 只母羊两年下 3 次羔，怕缺营养。"我就给羊添加多维葡萄糖、氨基酸、黄金搭档、微量元素。100 只左右的养殖规模，一年死 10 多个羔子一点也不稀奇。可从 2019 年开始，我家一个羊羔都没死。这样的"奇迹"，让越来越多的乡亲相信我了，家里的羊生了病都来问我。下一步我准备编一本"养羊经"，供大伙儿借鉴，帮父老乡亲一起致富，我义不容辞。习近平总书记不是说了吗，"一花独放不是春，百花齐放春满园"。

　　去年我给儿子买了房，今年 8 月 8 日，我给儿子热热闹闹地办了婚宴。想起以前我和老伴儿总爱发愁，愁到半夜睡不着，第二天半前晌才起，一天没精神。现在一天忙到晚沾枕头就睡，第二天四五点被羊叫醒，心里既踏实身子又有劲儿。

老有所居　把生活写进了诗句里 —— 徐佃义

"我老汉今年七十三，不愁吃来不愁穿。医疗教育有保障，住上楼房好喜欢。""老有所养吃得好，老有所依穿得暖。老有所乐唱歌舞，老有所居住楼房。"说起现在的好日子，家住石拐区化工厂幸福大院的徐佃义笑容满面。老人虽然只有小学文化，但他把幸福生活写进了诗句里，字里行间流露出幸福的满足感。

徐佃义和老伴儿庞玉华是石拐区吉忽伦图苏木白菜沟嘎查村民，是石拐区建档立卡贫困户。2016 年，老两口享受国家"十三五"易地搬迁政策，拆除了旧房，搬入了化工厂幸福大院，住进了面积 52.88 平方米的楼房。"以前在村子里住，买东西、出门、看病都不方便，赶上国家的好政策，我们搬进了楼房，房子都是装修好的，搬铺盖卷就能入住。每天和老伴儿出门晒晒太阳、遛遛弯、和邻居们打打扑克聊聊天，这种生活以前都不敢想，特别感谢政府和帮扶干部！"庞玉华笑着说。

记者走进徐佃义家，整洁明亮的两室一厅，阳光透过窗户洒进屋内，墙壁上"石拐区建档立卡贫困户明白卡""石拐区易地扶贫搬迁政策扶持惠及卡""2019 年政策明白卡""吉忽伦图苏木精准扶贫工作备案表"等内容十分醒目。

据了解，政府还出资为徐佃义老两口代缴了 305 元的商业保险，他们还享受退耕还林补偿以及医疗救助。这些帮扶措施，让两位老人没有了后顾之忧。

"住院报销比例达到 95%，每年养老金约 3700 元，每年一卡通各类补贴约 6418 元，2016 年以来产业分红 2200 元。2017 年，徐佃义家人均收入达到 6159 元，达到了'两不愁、三保障'的标准。"石拐区吉忽伦图苏木白菜沟嘎查驻村第一书记李文渊表示，"目前该村集体经济项目以养牛和养鸡为主，随着村集体经济的发展，解决了易地搬迁贫困户和一般农户的后续生活问题，并且以提供就业岗位、产业分红等带动贫困户和搬迁户增收，为他们的生活提供基本保障，让他们的生活更加富裕。"

脱贫摘帽 在致富路上的奔跑者 —— 杨占林

回顾脱贫致富的这两年，杨占林感慨地说："感谢党的好政策，感谢各级干部的真帮实扶，让我家能迅速改变贫困现状，实现脱贫摘帽，走上致富之路。"

杨占林是达茂旗乌克忽洞镇二里半村委会南刀不盖自然村村民，主要依靠种地为生。因为种的都是旱地，年年干旱少雨，让他家的收入极不稳定。为了给儿子买房娶媳妇，本就入不敷出的他更是欠下了很多外债，生活一落千丈。2015 年，杨占林的家庭被识别为建档立卡贫困户。自精准扶贫工作全面开展以来，二里半驻村干部根据杨占林家庭致贫原因，为他量身制定扶贫计划，规划种养殖业，并时常到杨占林家中进行技术指导和政策宣讲。杨占林通过享受产业帮扶、健康帮扶、生态帮扶等各项政策帮扶后，2017 年，家庭人均收入达到 11975.13 元，实现稳定脱贫。

脱贫后的杨占林受到了极大的鼓舞，他没有止步不前，而是更加拼搏，开始自主发展产业。2018 年，杨占林通过无担保、无抵押、政府贴息的金融扶贫政策贷款 5 万元，购买了 100 多只羊，2019 年又申请了 5 万元贷款，购买了 6 头牛，开始大力发展养殖业。杨占林说："党和国家政策这么好，我们就更应该自力更生，加把劲、好好干，不能坐享其成。"

这两年，杨占林一家人特别忙碌，种地、养牛、养羊，一年四季都不得闲。在全家人的共同努力下，如今，杨占林家的羊发展到 397 只、牛 14 头，还流转了土地 200 多亩，并且多为水地，收入较以前成倍增加。

现在，杨占林成为村里贫困户争相学习的脱贫致富模范，并多次在村委会上和其他贫困户分享脱贫致富的经验。谈到脱贫后的生活，杨占林对未来充满信心："我们现在不愁吃，不愁穿，住得也好，路修到家门口，水通到厨房里，看病也有了保障。虽然我上了年纪，但是在党的好政策和扶贫干部的帮助下，对今后的生活特别有信心，只要勤劳就能致富！"

挖贫困根　百姓生活有了新奔头——郝　军

金山镇五分子村的郝军，每天清晨起床后做的第一件事情，就是来到羊圈和猪圈边查看。看着肥壮的羊群和今年刚买回来的猪仔，他的脸上露出了幸福的笑容。

还没聊上几句，郝军的电话就响个不停，电话那头是找他购买小羊羔的客户。他饲养的羊羔体态好、成活率高，现在是远近周边供不应求的抢手货。很难想象，眼前这个意气风发的中年人，一年前还家徒四壁。郝军说："那时候收入微薄，我又身体不好，有肝硬化，地里的活儿干不了多少不说，一年还得住好几回院。"

回忆起几年前的苦日子，郝军感慨万分，"被认定为贫困户后，在我最困难的时候，是政府帮助了我。"自身没有一技之长，依靠打零工也是朝不保夕，郝军想要改变生活面貌的愿望一天比一天强烈。

在驻村干部的帮助下，2019 年，郝军通过产业扶持养羊成功脱贫。今年年初，他看好猪肉的行情，又从村里的仔猪繁育基地买了一头猪，准备再给自家增加点儿收入。"肯定得自己想办法把生活往好刨闹了哇，人家政府把你扶起来，还能一辈子靠住政府吃喝不动弹了？"说起现在的生活，郝军言语里充满了干劲，"准备把羊养好的同时把猪也养起来，闺女现在在县里上初中甚钱都不用家里花，政府学费、生活费连交通费都给解决了，我争取好好挣钱，给她上大学攒下点儿。"

郝军说的五分子村的仔猪繁育基地，建设于 2018 年。据驻村第一书记苏建义介绍，猪舍占地 5 亩多，当时买了 101 头种猪。2019 年投入运营后，村委的干部领办创办的同时也进行了入股，贫困户可以在猪舍按低于市场价 20% 购买仔猪，村民也可以代养，繁育基地会收购，村民也可以按自己的意愿卖给价格更好的买家。

"现在我们的繁育基地运行得特别好，每个月会出栏 200 多头仔猪，全年预估能繁育 3000 多头仔猪。"尝到了产业扶贫的甜头，郝军打算跟着扶贫产业的方向走，这样他心里感觉更踏实。

身残志坚　靠奋斗一样能脱贫困 —— 高　贵

从包头市固阳县下湿壕镇油坊壕村委会出发，前往南壕村的高贵家，还没到目的地，就看到一个拄着拐杖的人正在打扫种养殖生态大棚门前的卫生，随行的驻村干部吴鹏介绍，这就是高贵。高贵现年 56 岁，年轻时常年外出靠做电工维持家里的生活。2004 年，妻子做了心脏开胸手术，丧失了劳动能力，给妻子治病欠了不少外债。就在妻子身体逐步好转、生活迈向正轨的时候，不幸再次发生。2011 年，高贵的大儿子因车祸丧生，接连的打击，使高贵的身体一天不如一天。2014 年，他被确诊为股骨头结核病，双腿落下了终身残疾，靠双拐行走，这个家庭一下子就跌入了更加穷困的境地。高贵说："家里生活非常困难，又缺劳力又缺资金，又做不成什么工。"2017 年 6 月，高贵家被纳入建档立卡贫困户。

面对家庭的贫困和自己残疾的身体，高贵没有向命运低头。他常说："我双腿虽然残了，但脑子不残，我还年轻，残疾人靠奋斗一样能脱贫！"再次外出打工已不可能，只能在当地发展。他和村里另外一位残疾人杨玉共同瞅准了养猪项目。2017 年 5 月，油坊壕村党支部书记张美计为高贵、杨玉担保贷款 15 万元，帮助他们建起了 500 平方米的种养殖生态大棚，购买母猪 6 头、肉猪 8 头。10 月，在驻村干部吴鹏的帮助下，高贵在固阳县邮政储蓄银行办理扶贫贷款 5 万元，并购买了种猪 1 头。

两个残疾人养猪，劳力是最大的问题，因都是腿脚部残疾，一辆电动三轮车成了他俩共同的"腿"。记者看到,在喂猪时,高贵负责驾驶,坐在车斗子里的老杨负责将猪食舀出,配合得十分默契。为了保证猪肉的品质,他们用当地的玉米、麸子加上豆粕自己加工猪饲料,首批猪出栏后供不应求。

"像老高、老杨这样的残疾人干劲儿都这么大,我们作为健全人,更应该这样干,肯定都能早日脱贫。"在高贵、杨玉的带动下,下湿壕镇油坊壕村的贫困户们都铆足了劲比赛,看谁先把"穷帽子"摘掉。如今,高贵也有了新的打算,"脱贫肯定没问题,但致富还得更加努力,我们想扩大养殖,今年发展到 60 头猪!"他说,有了张美计和驻村干部吴鹏的帮助,自己才有资金扩大养殖规模,自己也会将养殖过程中积累的经验传递到每一个想要脱贫致富的村民中,从而实现共同脱贫致富。

自强自立　模范脱贫路上摘穷帽 —— 方枣女

1994年，固阳县银号镇大圙圙村方枣女的丈夫在建筑工地打工时，被高空坠物砸伤脑袋导致昏迷不醒。在方枣女的悉心照顾下，虽三个月后醒来，但生活几乎不能自理，智力也受到了严重损害，成了一个智力和身体双重残疾的人。24年来，上有年迈多病、需要赡养的公婆，下有上学的孩子，再加上丈夫日日夜夜需要照顾，全家的重担都压在了方枣女的身上。她一个人种地、养殖、务工，仍难以维持丈夫的医疗费用和家里的日常开销。

2014年，经村民代表大会评议，方枣女一家被识别为国贫户。通过驻村扶贫干部和帮扶责任人介绍的国家各项扶贫惠农政策，方枣女看到了脱贫致富的希望。为了早日脱贫，方枣女决定养羊，也就在这一年，她饲养了十只羊、几只扶贫猪和十几只芦花鸡，当年就见到了效益。方枣女是远近闻名的勤快人，在料理好家务的同时，她通过帮助村民割葵花、收黄芪、锄地等务工挣钱，就这样，一家人的生活有了明显的改善。至2017年，方枣女的羊已经发展到了30多只，每年都可销售10只左右，儿子也可以外出打工了，她家终于摘掉了贫困户的帽子。

当走进方枣女家井井有条的小院和干净整洁的家，能够深切感受到她家的新气象。聊起往事，方枣女动情地回忆，早些年，丈夫躺在床上连翻身都困难，大小便完全失禁，她只能一遍又一遍地为丈夫擦洗身体，更换衣服，为了更好地照顾丈夫，她还学会了剃头、打针、擦药和一些按摩的基本手法，她还要一手抱着不懂事的儿子，一手做饭、做家务，照料患有疾病的公公、婆婆。现在好了，在她的坚持下，丈夫的身体有了好转、孩子长大了，精准扶贫工作的全面开展给她指明了奔向幸福生活的道路，她相信自己的生活一定会越来越好。

明星公鸡　黄芪红公鸡这下火了——刘天云

今年 63 岁的刘天云是固阳县下湿壕镇的贫困户，过去靠种地，老两口的收入只能勉强糊口。为了帮助他脱贫增收，驻村干部鼓励他养鸡。今年他饲养了 50 只黄芪红公鸡，每只 27 元的鸡苗他只掏了 7 块钱，6800 元的鸡舍他只掏了 500 元，其余全都是政府补贴。由于饲料里加了当地特产黄芪，他的红公鸡还没出栏就预订一空，每只鸡能卖到 100 块钱。

政府在下湿壕村委推进到户产业，种植黄芪 650 亩（其中育苗 320 亩），覆盖国贫户 85 户，实施退耕还草 1410 亩，覆盖国贫户 25 户，补贴养猪 86 头，覆盖国贫户 48 户，肉羊养殖 133 只，杜泊种公羊 8 只，建羊圈 19 户 800 平方米，覆盖国贫户 30 户。

整村实施滴灌改造 700 亩，覆盖国贫人口 65 户 128 人。整村发展养殖"黄芪红公鸡" 5350 只，给每户建 12 平方米鸡舍 104 处，覆盖国贫人口 95 户 168 人。补贴资金 73.1 万元；通过提前协助养殖户做好销售计划，统一由合作社进行管理，统一简单包装，联合"五联五帮"单位及对口单位的提前认购集中销售，为贫困户解决养殖后顾之忧，放心养殖，保障农户的养殖收益。

通过各类项目的整体推进，像刘天云这样的贫困人口，收入稳定长效发展，实现了稳定脱贫。

后　记

　　《包头市脱贫攻坚史料选编》完成编撰，即将出版。这是政协包头市委员会编撰的以记述包头脱贫攻坚艰难历程、生动实践和决定性成效为主要内容的史料性图书。

　　编撰工作自 2023 年 7 月份启动以来，历时半年，在时间紧、任务重的情况下，几易其稿，增删数次，终于付梓。本书编撰过程中，十四届政协党组书记、主席赵君，副主席傅民等领导多次召开专题会议，听取工作进展情况，及时解决编写过程中的各种问题，积极组织编撰力量，有力推进了编写工作的进度和工作质量。许北怀、杨清宇、胡云晖、刘昊征、冯源、魏栋、许庆、李丽娜、杜雅婷等同志全程参与本书编撰。

　　市政协《包头市脱贫攻坚史料选编》的编辑出版，得到了各级领导和各旗县区、各部门的大力支持。本书在编撰过程中，参考了《向阳花开——内蒙古驻村扶贫工作纪实》《脱贫路上党旗飘——包头市驻村"第一书记"工作纪实》《打赢脱贫攻坚战——我奋斗　我脱贫　我幸福》

《幸福都是奋斗出来的——包头市脱贫攻坚典型事例选编》《学习强国　北疆视点》《包头扶贫印记》《脱贫攻坚新闻报道选编》等相关资料，收录了包头市档案馆、包头市广播电视台采录的部分口述史料。在此一并表示诚挚的感谢！

　　由于编者业务能力欠缺，水平有限，编撰工作中或有失误和不足，恳请读者批评指正。

图书在版编目（ＣＩＰ）数据

包头市脱贫攻坚史料选编 / 包头市政协文化文史和港
澳台侨外事委员会编；赵君主编 . -- 北京：中国文史出
版社，2023.12

ISBN 978-7-5205-4540-2

Ⅰ . ①包… Ⅱ . ①包… ②赵… Ⅲ . ①扶贫－工作概况－
包头 Ⅳ . ① F127.263

中国国家版本馆 CIP 数据核字（2023）第 244799 号

责任编辑：梁　洁　装帧设计：杨飞羊

———————————————————————————

出版发行：中国文史出版社

社　　址：北京市海淀区西八里庄路 69 号　邮编：100142

电　　话：010-81136606 81136602 81136603（发行部）

传　　真：010-81136677 81136655

印　　装：廊坊市海涛印刷有限公司

经　　销：全国新华书店

开　　本：16

印　　张：22

字　　数：200 千字

版　　次：2025 年 1 月北京第 1 版

印　　次：2025 年 1 月第 1 次印刷

定　　价：72.00 元

———————————————————————————